シリーズ編集
野村総一郎 防衛医科大学校病院・病院長
中村 純 産業医科大学医学部精神医学・教授
青木省三 川崎医科大学精神科学・教授
朝田 隆 筑波大学臨床医学系精神医学・教授
水野雅文 東邦大学医学部精神神経医学・教授

精神科臨床
エキスパート

これからの
退院支援・地域移行

編集
水野雅文
東邦大学医学部精神神経医学・教授

医学書院

〈精神科臨床エキスパート〉
これからの退院支援・地域移行

| 発　　行 | 2012年5月15日　第1版第1刷Ⓒ |
| | 2012年7月15日　第1版第2刷 |

シリーズ編集　野村総一郎・中村　純・青木省三・
　　　　　　　朝田　隆・水野雅文

編　　集　　水野雅文

発行者　　株式会社　医学書院
　　　　　代表取締役　金原　優
　　　　　〒113-8719　東京都文京区本郷1-28-23
　　　　　電話 03-3817-5600（社内案内）

印刷・製本　三美印刷

本書の複製権・翻訳権・上映権・譲渡権・公衆送信権（送信可能化権を含む）は㈱医学書院が保有します．

ISBN978-4-260-01497-7

本書を無断で複製する行為（複写，スキャン，デジタルデータ化など）は，「私的使用のための複製」など著作権法上の限られた例外を除き禁じられています．大学，病院，診療所，企業などにおいて，業務上使用する目的（診療，研究活動を含む）で上記の行為を行うことは，その使用範囲が内部的であっても，私的使用には該当せず，違法です．また私的使用に該当する場合であっても，代行業者等の第三者に依頼して上記の行為を行うことは違法となります．

JCOPY　〈㈳出版者著作権管理機構　委託出版物〉
本書の無断複写は著作権法上での例外を除き禁じられています．複写される場合は，そのつど事前に，㈳出版者著作権管理機構（電話 03-3513-6969，FAX 03-3513-6979，info@jcopy.or.jp）の許諾を得てください．

■執筆者一覧

水野　雅文　　東邦大学医学部精神神経医学・教授
佐久間　啓　　あさかホスピタル・院長
藤井　康男　　山梨県立北病院・院長
澤　　温　　　さわ病院・院長
堀川　公平　　のぞえ総合心療病院・院長
津久江一郎　　医療法人せのがわ・理事長/院長
岡村　武彦　　大阪精神医学研究所　新阿武山病院・院長
近藤　廉治　　南信病院・理事長
根本　隆洋　　東邦大学医学部精神神経医学・准教授
武士　清昭　　東京武蔵野病院・精神科
窪田　　彰　　錦糸町クボタクリニック・理事長
菅原　道哉　　社会福祉法人恵友会・理事長
三浦　勇太　　新宿東メンタルクリニック・院長
森越　まや　　株式会社ラグーナ出版・代表取締役

（執筆順）

■精神科臨床エキスパートシリーズ
刊行にあたって

　近年,精神科医療に寄せられる市民の期待や要望がかつてないほどの高まりを見せている.2011年7月,厚生労働省は,精神疾患をがん,脳卒中,心臓病,糖尿病と並ぶ「5大疾患」と位置づけ,重点対策を行うことを決めた.患者数や社会的な影響の大きさを考えると当然な措置ではあるが,「5大疾患」治療の一翼を担うことになった精神科医,精神科医療関係者の責務はこれまで以上に重いと言えよう.一方,2005年より日本精神神経学会においても専門医制度が導入されるなど,精神科医の臨床技能には近時ますます高い水準が求められている.臨床の現場では日々新たな課題や困難な状況が生じており,最善の診療を行うためには常に知識や技能を更新し続けることが必要である.しかし,教科書や診療ガイドラインから得られる知識だけではカバーできない,本当に知りたい臨床上のノウハウや情報を得るのはなかなか容易なことではない.

　このような現状を踏まえ,われわれは《精神科臨床エキスパート》という新シリーズを企画・刊行することになった.本シリーズの編集方針は,単純明快である.現在,精神科臨床の現場で最も知識・情報が必要とされているテーマについて,その道のエキスパートに診療の真髄を惜しみなく披露していただき,未来のエキスパートを目指す読者に供しようというものである.もちろん,エビデンスを踏まえたうえでということになるが,われわれが欲して止まないのは,エビデンスの枠を超えたエキスパートの臨床知である.真摯に臨床に取り組む精神科医療者の多くが感じる疑問へのヒントや,教科書やガイドラインには書ききれない現場でのノウハウがわかりやすく解説され,明日からすぐに臨床の役に立つ書籍シリーズをわれわれは目指したい.また,このような企画趣旨から,本シリーズには必ずしも「正解」が示されるわけではない.執筆者が日々悩み,工夫を重ねていることが,発展途上の「考える素材」として提供されることもあり得よう.読者の方々にも一緒に考えながら,読み進んでいただきたい.

　企画趣旨からすると当然のことではあるが,本シリーズの執筆を担うのは第一線で活躍する"エキスパート"の精神科医である.日々ご多忙ななか,快くご執筆を引き受けていただいた皆様に御礼申し上げたいと思う.

本シリーズがエキスパートを目指す精神科医，精神科医療者にとって何らかの指針となり，目の前の患者さんのために役立てていただければ，シリーズ編者一同，望外の喜びである．

　2011年9月

シリーズ編集　野村総一郎
中村　　純
青木　省三
朝田　　隆
水野　雅文

■序

　精神障害に対するケアの場が，地域中心のものであるべきことは今更論を待ちません．欧米では，半世紀以上も前から脱施設化が実行され実現されてきました．しかし米国の脱施設化は大量の治療中断者やストリートピープルを生み出し，イタリアでは当初旧精神病院の建物の中に多くの生活者がとどまらざるを得なかったことも知られています．脱施設化や退院促進を唱えるのは簡単ですが，住居の確保ひとつをとっても容易なプロセスではありません．しかし地域化の重要性は認識されていても，入院中心から地域中心の精神科サービスへの転換を具体的に指南して，いつ，なぜ，どのようにして，そしてどうなったか，という疑問に本音で正直に応えてくれるテキストは少ないようです．

　長期入院者を地域生活者へと変えていく過程は，それ自体が非常に困難な実証研究的プロセスです．地域化に関する学術論文は内外にみられますが，それらを手術室で行われた同じ術式の治療成績のように比較することはできません．わが国では診療報酬の保険点数は全国均一ですが，利用できるサービス内容や技能は，施設差も地域間差も非常に大きいのが現実です．各疾患の占める割合も違うでしょうし，精神病理的重症度，社会経済的背景，知的機能水準，処方哲学，提供される医療サービス内容ももちろん異なります．施設周辺地域の風俗習慣も違えば精神疾患に対するスティグマ，地域資源の所在，支援体制も異なるでしょう．

　つまり退院から地域生活への変換は，劇的な環境変化を体験する当事者だけでなく，施設全体にも医療者個人にとっても，長大なケースレポートになるような体験です．1件ごとが実証研究もしくは社会実験なのですから，通常の論文や報告書では書ききれない部分や内容がたくさんあるはずです．

　そこで本書では，まず全国各地で地域に向けた風通しのよい病院を運営し，地域ケアの中に入院施設を調和させながら日々の臨床を発展させている先生方に，ご自身の理念や退院促進，地域支援のノウハウ，実践上の困難などをご紹介いただくことにしました．また地域の中からも，特に入院施設が乏しい地域からは独自のコミュニティ中心型のサービスが発生しており，さまざまな施設がネットワークを形成して地域の中での治療の完結を目指す動きも出てきています．当事者満足度の高い地域生活に必要な援助，あるいは退院によって得られるものは何か，地域からできること，地域で用意しなければならないものは何でしょうか．コミュニティに根を張っている診療

所・地域資源からのアプローチも率直に書いていただきました．

　《精神科臨床エキスパート》シリーズの1冊である本書では，こうした今日の臨床実践の中から，これからの精神科地域サービスの在り方を考えるヒントとなる一書を目指しました．本書が，読者諸氏の日常の精神科臨床のお役に立つなら，編者にとって望外の喜びです．

　2012年5月

編集　水野雅文

■目次

第1部　総論　（水野雅文）　1

総論　精神科地域ケアのストラテジー　2
- 地域化への道のり……………………………………………………………………2
- ソーシャル・インクルージョンを維持する連携の構築……………………………3
- 再施設化（re-institutionalization）への危惧………………………………………4
- 地域ケアの臨床倫理…………………………………………………………………5
- 向老社会における地域ケア…………………………………………………………6
- 今後の課題―就労支援とリカバリー………………………………………………7
- まとめ…………………………………………………………………………………9

第2部　事例紹介　11

第1章　統合型精神科地域治療プログラム（OTP）に基づく地域移行と病院改革の歩み　あさかホスピタルの場合　（佐久間 啓）　12

- 長期入院から地域移行を進めるには………………………………………………12
- あさかホスピタルにおける地域移行の試み………………………………………12
  1. 地域移行準備期（1997〜2001年）　13
  2. 地域移行実践期―ささがわプロジェクト1stステージ（2002〜2006年）　16
  3. 地域移行展開期―ささがわプロジェクト2ndステージ（2007〜2011年）　18
  4. ささがわプロジェクト3rdステージ（2011年〜）　22

第2章　公立単科病院における退院支援・地域移行の実践 （藤井康男）24
山梨県立北病院の場合

- 退院促進とダウンサイジングの背景にあったもの……………………………………24
- 退院促進前の北病院の状況……………………………………………………………25
- ダウンサイジングと退院促進のチャンス到来………………………………………26
    1. 援護寮の話からダウンサイジングへ　26
    2. 「北病院機能強化プラン」の成立　27
- 長期在院患者の退院促進………………………………………………………………28
    1. ダウンサイジングの理想と現実　28
    2. 「動く」病床と「動かない」病床　28
    3. 長期入院患者の退院先　29
    4. 退院させるにはまず"気合い"　30
- 現状と今後の展開………………………………………………………………………32
    1. 小規格併設型指定入院医療機関の運営開始　32
    2. 病床は減らして人を増やす　33

第3章　精神保健法からみる退院支援・地域移行の歴史 （澤　温）35
さわ病院の場合

- 「退院支援・地域移行」という言葉が嫌いなワケ……………………………………35
- さわ病院の社会復帰小史………………………………………………………………35
    1. 精神保健法前史　36
    2. 精神保健法後史　37
- 歴史の中で見出したこと………………………………………………………………41
    1. 患者の声を聞き，できることから始める　41
    2. 「必要なときのお節介」の保障が大切　43
- 地域に戻すために必要なこと…………………………………………………………44

第4章　長期入院患者の退院と地域生活支援─「治療共同体」から「生活共同体」へ　のぞえ総合心療病院の場合 （堀川公平）45

- 長期入院患者を取り巻く状況…………………………………………………………45
- 精神科医療変革前の当院の状況………………………………………………………46
- 当院の変革を始めるに至った3つの理由……………………………………………46
- 当院における精神科医療変革について………………………………………………47
    1. 方法論としての「力動的チーム医療」　47
    2. いかにして「力動的チーム医療」を当院に導入し，変革していったか　47

- 退院促進・地域生活支援システムとしての精神科病院の姿 49
- 「力動的チーム医療」の要：「治療共同体」について 50
- 「スタッフチーム」の教育，研修について 51
- 「力動的チーム医療」的視点からみた施設の整備について 51
- 「力動的チーム医療」を生かすための統合機能 53
- 「力動的チーム医療」による長期入院患者の退院支援と地域生活支援の実際 53
  1. 長期入院患者をいかに理解するか─乳児期想定による理解と対応 53
  2. なぜ退院に尻込みし，退院を拒むか 54
  3. 患者・スタッフ関係について 54
- 地域生活支援について─「治療共同体」から「生活共同体」へ 55
  1. スタッフができるサポート 55
  2. メンバー同士でないとできないサポート 55
- 「病院作り」から「街づくり」へ─地域とのトラブルの対応と対策 56
  1. 生やさしくなかった地域との関係作り 56
  2. 「社会に認知された」という錯覚からの脱却 56
- 立場の違いを理由にせず，とにかく試してみることが大切 57

第5章　新・旧の入院患者の退院促進　瀬野川病院の場合　（津久江一郎） 59

- 退院促進という1つの流れ 59
  1. 信念に基づき打ち出した独自の将来プラン 59
  2. 医療・介護連携時代の退院支援・地域移行を 61
- 退院促進の実践 61
  1. 病院のアウトライン 61
  2. 退院促進をいかにして進めていくか 64
- 運営および経営 68
  1. 病院経営指標 68
  2. マンパワー 68
  3. 人件費比率 68
- 自立支援医療（精神科通院）制度の現況 70
- 就労移行支援事業所・就労継続支援B型事業 70
- 新・旧の入院患者の退院促進と認知症患者対応が最重要課題に 71

第6章　院内チーム医療から地域チーム医療へ　新阿武山病院の場合　（岡村武彦） 73

- 転換期を迎えた精神科医療 73
- 新阿武山病院の特徴 73

- 抗精神病薬最適化の取り組みからチームが動き出した……74
  1. 患者の「回復」という最終目標の共有が足がかりに　74
  2. 研修などを通じて他職種との連携を強化　76
- メタボリック・シンドローム予防に取り組む……77
  1. NSTによる栄養指導　77
  2. チームアプローチの内容と成果　77
  3. 職種間の確執を乗り越えて　79
- スポーツを通して地域支援を試みる……79
  1. 参加者との交流が回復の礎に　80
  2. 精神障害者スポーツの歴史　81
  3. スポーツが生み出す効果　81
- 精神科医療の活動の広がりを……83

第7章　敷居の低い精神科病院と地域　南信病院の場合　（近藤廉治）　84

- 退院支援・入院治療の本音と建前……84
- 全開放を目指して……85
- 入院した日から社会復帰訓練―代理行為をやめる……85
- 自然に社会性を身につける……86
- テレビがないことによる患者同士の交流……86
- 入院を悪とする病院批判に接して……87
  1. 電気けいれん療法（ECT）への批判　87
  2. 作業療法への批判　88
- 誰もが見学できる病院づくり……88
- 精神科病院と他科との違い……89
  1. 建物について　89
  2. 病院の構造・備品（舞台装置）について　89
  3. 構造（舞台装置）の説明　89
- いつ入院を考えるか……90
- 入院は統合的（複合的）で合理的な治療方法……91
  1. 入院のメリットを考えるその1：どの病院にも共通すること　91
  2. 入院のメリットを考えるその2：小規模病院ならではのもの　92
- 精神科医療の望ましい姿とは？……97

第8章　精神疾患への早期介入の取り組み　東邦大学医療センター大森病院の場合　（根本隆洋，武士清昭）　99

- 早期介入という潮流……99

- 早期介入と精神病未治療期間（DUP）……………………………………………99
- 治療臨界期……………………………………………………………………100
- 顕在発症の予防………………………………………………………………100
- 東邦大学大森病院での取り組み………………………………………………101
  1. ユースクリニック　101
  2. イルボスコ　103
- 認知機能リハビリテーション…………………………………………………105
- 症例提示………………………………………………………………………107
  当事者の手記　109
- 統合失調症の概念の変化……………………………………………………110

第9章　故郷の東京下町へ帰ろう―東京都墨田区での退院促進・地域定着支援事業　錦糸町クボタクリニックの場合　（窪田　彰）　112

- 墨田区の取り組みの特徴：医療機関が事業主体に……………………………112
- 東京下町の地域特性…………………………………………………………112
  1. 日本一の精神科医療過疎地　112
  2. 医療・福祉両面で連携した事業受託　113
- 東京下町での地域ケアの実践…………………………………………………115
- 墨田区の退院支援事業の実際…………………………………………………116
  1. 対象の選択から本人・主治医へのアプローチ　117
  2. 多岐にわたる支援内容　117
- 事例をめぐって………………………………………………………………119
- 退院支援事業の意義…………………………………………………………122
- 今後の課題と制度変更に伴う不安……………………………………………123

第10章　感情労働の社会関係資源―恵友会活動　社会福祉法人恵友会の場合　（菅原道哉）　125

- 精神保健・福祉の変遷と恵友会のあゆみ……………………………………125
- 自立支援法前後の恵友会の状況………………………………………………126
- 感情の客観化…………………………………………………………………127
- 感情の交換価値化……………………………………………………………128
- 直接対人サービス業…………………………………………………………129
- 感情保健………………………………………………………………………130
- 恵友会で考えていきたいこと…………………………………………………131

第11章　地域の診療所が果たせる役割
新宿東メンタルクリニックの場合　　（三浦勇太）135

- 診療所の開設で気づいたこと……………135
- 関わりの留意事項……………136
  1. 当事者の意志（will）を尊重する　136
  2. 家族も対象にする　136
  3. チームアプローチを地域の中で行う　136
- 実際の臨床経過……………137
  1. 入院から外来への移行期　137
  2. チームの形成　138
  3. 薬物療法　139
  4. より一層の社会への進展を目指す　139
  5. 再発の臨界期　140
  6. 家族支援　141
  7. 地域の機能強化　144
- 克服すべき課題……………144
  1. 社会の側に現存する受容の不十分さ　144
  2. 地域支援の場における医学的視点による認知機能強化アプローチの進捗困難　145
  3. ローカルバリア　145

第12章　地域における障害者雇用の現状と課題
株式会社ラグーナ出版の場合　　（森越まや）146

- 「やりたい仕事を作る」ために会社設立……………146
- ラグーナ出版について……………147
  1. 会社設立に至った経緯　147
  2. サービス利用者の内訳　149
  3. 就労支援の実際　149
  4. 自立訓練（生活訓練）の併用　152
  5. ピアの力　152
  6. 就労支援の開始前と終了後の問題　152
- 日本の精神障害者の制度的背景……………153
- 地域とつながりのある福祉サービスであること……………153
- 暮らしながら，働きながら，回復するために……………155
  1. 医療と福祉の連携の重要性　155
  2. 医療の役割としての疾患・障害特性の見立て　156
  3. 福祉の役割としての強み（ストレングス）の見立て　156

- まとめに代えて……………………………………………………………………156

第3部　座談会　（水野雅文，澤 温，佐久間 啓，窪田 彰））　159

座談会　精神科入院・地域ケアの行方　160

- 地域ケア実践の歴史と変遷…………………………………………………161
  - 「よくなったら退院」，それに尽きる　161
  - 理想と現実の溝を埋めるために　162
  - 日本一の精神科医療過疎地での取り組み　162
  - 包括的な精神科地域ケアの実践　163
  - 2つの精神科—大学病院と精神科病院との乖離　164
- 精神科医療の現在と未来……………………………………………………164
  - 残念ながら報酬や罰則がないと何も進まない　164
  - 試行錯誤を積み重ねることの重要性　165
  - 診療所は「コミュニティケア型」と「オフィス型」の二極化に　166
  - 病院の役割は「地域医療の拠点」　167
  - 50床だけ切り出してスーパー救急を設置　168
- 人材育成の大切さと難しさ…………………………………………………170
  - 患者の「外の顔」を見せる　170
  - 専門職が力を発揮できる環境づくり　171
  - 現場の情報はコメディカルから学ぶ　171
  - ミーティングによる問題共有　172
  - 精神科病院を「経験」させるにはどうするか　173
- 地域にどう理解してもらうか………………………………………………174
  - 住民感情は地域や状況によってさまざま　174
  - 家の垣根に鉄条網　174
  - 思わぬ形で周囲が味方になってくれることも　175
- 一般診療科との連携…………………………………………………………175
- 患者の高齢化…………………………………………………………………177
  - 増加する訪問診療　177
  - 特養やデイサービスへの移行をどう考えるか　177
  - 患者同士の強固なネットワーク　178
- 精神保健福祉サービスへの民間参入………………………………………178
  - 民間参入のメリット・デメリット　178
  - 入札結果次第で職員全員入れ替え　179

- ●補助金や資源の効果的活用……………………………………………………………180
  - 医療と福祉が連携した退院支援・地域定着事業　180
  - 退院促進支援員というフリーハンド　181
  - クリニックと病院の関係が緊密に　182
  - 医療と福祉を1つにとらえているイタリア　182
  - 医療中心のサポート体制への転換が必要　183
  - デイケアの重要性　183
- ●各施設の取り組みを読んで……………………………………………………………184
  - 「必要は発明の母」　184
  - 早期発見にどうつなげるか　185
  - 薬とお金の管理をどうするか　186
  - 長期入院患者は長い目でサポート　187
  - 大きな効果を生むこともあるピア活動　187
- ●「やってきてよかった」と思ったこと…………………………………………………188

●索引……………………………………………………………………………………………191

第1部

総論

総論

精神科地域ケアのストラテジー

● **地域化への道のり**

　わが国の精神科病床数が他国の，特に欧州や北米の病床数に比べて，あまりに多数であると指摘されて久しい．しかし病床数の"適正"数の多寡は論者の立場によっても変わるだろうし，「病院」も"病"床」の定義も国によってさまざまであるうえ，提供されるサービス内容も医療レベルも全く違うのだから，数のうえでの単純な国際比較は実は簡単ではない．それでも今日までわが国の病床数はあまりに多いと繰り返し指摘を受け，国際的にも指弾され続けている．

　わが国では脱施設化，地域化のお手本としてイタリアの精神医療が取り上げられることが多い．地形上でこそ長靴の形をしたイタリア半島ではあるが，統一された現在のイタリア共和国の歴史は浅く，政治，経済，文化，気質とあらゆる点で地方独自色の濃い国柄である．イタリアは1978年にバザリア法とも呼ばれる180号法で精神科病院への再入院禁止を制定し，続けて新たな入院も禁じた．したがって精神科病院の廃止は国会決議ではあるが，肝心の地域ケアの予算もノウハウも国の規定するところではなく，医療などの社会サービスは各州政府の計画下に取り組んできたといっても過言ではない．トリエステのような地政学的にも特殊な地域やトスカーナのような政治的色合いが鮮明な地域はむしろ例外であり，多くの地域で精神科病院から地域への移行は必ずしも順調に実現されたわけではなかった．かつては巨大収容所型病院への批判がマスコミ記事になったが，退院者が起こした事件や事故もメディアの格好のネタとなった．20年を経て"精神科病院"は廃絶されたそうだが，今日でも大学の安月給で働いている若手精神科医は当直のバイトに明け暮れている．どこでしているのだろう?!

　筆者は1993年から2年間，イタリア政府の給費を得て，イタリア精神医療改革の旗手であるFranco Basaglia氏の母校パドヴァ大学に留学した．当時はいわゆる精神科病院廃絶への仕上げの時期にかかっていた．イタリア各地の精神保健センターなどで地域ケアに関する検討会や講座が開かれ，諸外国から専門家が招かれ独自の治療論やリハビリテーション理論を説いていた．Ian R. H. Falloon氏による統合型精神科地域治療プログラム（Optimal Treatment Project；OTP）もこうした状況の中で北イタリアを中心にさまざまな専門家に影響を与えていた．ちょうど世界で初めての地域に

おける早期介入研究であるバッキンガム・プロジェクトを終え，彼の包括的治療論が「インテグレイテッドメンタルヘルスケア」[1]としてまとめられた頃であった．地域における精神科ケアの重要性をシステムのあり方と実際的技能の両面からエビデンスに基づいて論じた点と，それを自ら地域に入り実証してきた点で，当時においてもきわめて希有な，具体性のある実践論であった．今日，彼の理論をそれとして理解していない人々が集まった国の検討会などにおいても，当事者や家族から求められたり専門家が提唱する具体的な要望や提案には，Falloon氏が地域精神保健サービスモデルの中で体系的に紹介していた点が多く，改めて氏の慧眼に敬意を払うものである．著作を通じて氏が地域精神保健サービスのゴールとして繰り返していたことは，①その時点で用意しうる最適の（optimal）治療を提供すること，②すべての精神障害者ができる限り早い段階で治療を受けられ，十分かつ持続的に回復を果たせる機会が最大となるような治療が保障されること，の2点である．

OTP[2]についての具体的紹介はここでは省略するが，わが国での実践例としては本書の佐久間啓氏の事例をご参照いただきたい（pp 12-23）．

ソーシャル・インクルージョンを維持する連携の構築

繰り返しになるが，わが国に限らず，きわめて多数の精神科病床を有した先進国における地域ケアの議論は，長期入院者を社会へ戻す，復するという概念で組み立てられてきた．出発点においてエクスクルージョンされている存在があり，その存在をいかに受け入れるかという順番で思考されるのであるから，異物を取り入れる体験には常に不安がつきまとい，それが結果的にスティグマ（stigma）を生み出すことは残念ながら必然でもある．退院支援を推進し，地域定着に成功した例に共通することは，このような排除する力との間の絶妙なバランスであり，双方への十分な配慮であろう．さまざまな仕掛けが双方の理解と受容を押し広げ，次第に混然となって地域の中で根を張っていく．地域の中で居場所を失っている存在をいったん地域へ戻すには，非常に大きなエネルギーが必要なのだ．

欧米では，近年の社会福祉の再編にあたって失業や低所得，粗末な住宅，高犯罪率，劣悪な健康状態や家庭崩壊などの問題を抱えた社会的に排除された個人や地域に対処する戦略として，ソーシャル・インクルージョン（社会包摂）を挙げている．ソーシャル・インクルージョンは，「すべての人々を孤独や孤立，排除や摩擦から援護し，健康で文化的な生活の実現につなげるよう，社会の構成員として包み支え合う」という理念である．これからの精神科地域ケアにおいては早期発見，早期介入を軸に，社会から引き剝がされない仕組みで支えられた地域ケアモデルを考えていく必要がある．病になってしまったときに，医療機関を受診するだけでなく，ある1か所のサービスへ行くだけで，適切なあるいは必要とされるであろう医療・保健・福祉サービスの所在を知ることができるワンストップサービスのような仕掛けも求められるだろう．ファーストコンタクトを容易にすることは，疾病の未治療期間（Duration of Untreated Psychosis；DUP)の短縮や治療脱落を防ぐだけでなく，社会的孤立をも防ぐ．

内側から外へ開かれつつある病院は，果たして遠巻きにしてきた人々にとって近寄りやすい存在になりうるだろうか．一般診療科医(かかりつけ医)と精神科専門医の連携は必須であろう．精神疾患のほとんどは精神科医の目に留まらないところで発見され，治療されていることは紛れもない事実である．

再施設化(re-institutionalization)への危惧

1950年代に始まった巨大精神科病院をもつ欧米諸国における脱施設化の流れは，当時の臨床精神科における時流を生み出し，数値上も確かな成果をもたらした．その結果として精神科サービスは外来診療が中心になり，さらには包括的地域生活支援プログラム(Assertive Community Treatment；ACT)や早期介入といった地域中心型サービスが誕生することになった．このような病院から施設への流れを，脱施設化として歓迎する向きもあろうが，地域化の先進国である欧米では，近年こうした脱施設化が転じて"再施設化"とも名づけるべき事態が生じていると警鐘を鳴らしている論説も出てきている．

「施設化再来—見える塀と見えない塀」と題されたロンドン大学のStefan Priebe氏らの論説[3]によれば，再施設化現象としては，司法精神科病床の増加，強制的治療処分の増加，さらに居宅ケア(residential care)や支援付住宅(supported housing)の増加を特徴としている．もちろん病院ではない"生活施設"に塀はない．しかし，代わりに用意される脱施設化を象徴する新しい各種サービスが，実は見えない塀を着々と整えているという．

たとえば，地域ケア推進の象徴の1つともいえるACTについての論考は下記のごとくである．ACTの訪問チームは自ら治療を求めない重症の利用者のもとへ積極的に出向き，利用者がサービスと常に密接な関係を維持できるように努めている．その結果，利用者とスタッフの間には永続的に奇妙な相互関係性が確立し，あたかも施設外施設のような囲い込みが生まれてしまい，ACTチームが見えない塀に囲われた「地域の中の病棟」を作り出している[4]という．スタッフは，利用者が自分たちのサービスが及ばない地域では到底自立できないと確信し，利用者の移動や引っ越しを拒み，利用者を自立生活や通常の雇用につながることを結果的には後押ししない施設化された環境を提供していることになっている．

善意に満ちたACTのスタッフは自分たちの行為が倫理的課題を負っていることに気づいていることは少ない．専門職がクライアントに抱く感情の取り扱いは古典的テーマであり，常に難しい課題である．新たなサービスシステムをめぐり，重症者の自律性をいかに尊重できるか，最も脆弱にして自己主張することのない利用者の真の利益を代表しているのか，という謙虚な問いかけはいまだ希少ではあるが貴重である．

近年わが国の地域精神科サービスの資源は，生活施設や就労支援において不十分な

点があることは間違いないが，治療環境という意味では格段の進展を認めている．開業診療所は著しく増加し，過当競争は目前である．一昔前には考えられなかった充実ぶりである．しかしながら自ら治療を求めることのできる利用者にとっての選択肢の増加を喜びつつも，自らは治療の必要性を常には感じていなかったり，近隣に対して潜在的脅威を感じさせるような言動のある利用者に対するサービスのあり方が問題となってきている．

　Priebe氏らは，多数の利用者の中には，実は施設内ケアを望む人が確実にいるのではないかという根本的な疑義も隠していない．autonomy（自律性）の尊重は特にアウトリーチにおいて重視されるべき視点である．地域サービスにおいては利用者側の自由意思の発揮や意思決定における独立性が保たれていることに十分な注意が払われるべきであろう．症状に応じた訪問とその継続性は重要であるが，度が過ぎると本人の自律性を脅かし，かえってリハビリテーションを妨げることになる．

　周知のように慢性の精神障害をもつ人々の多くは，自ら声を上げることは少なく，いわゆるコミュニケーション技能は低下しており，社会的な接触を自ら積極的にもちたがることはほとんどないといってもいいだろう．したがってこれらの人々の真のニーズはなかなか声にはなりにくく，しばしば当事者代表として雄弁に語る人の視点は必ずしもこれらの人々のものを代表しているとはみなせないのである．

地域ケアの臨床倫理

　そこで必要とされるのが専門職に求められる倫理とその教育である．

　地域化推進をめぐるさまざまな議論や実践を振り返る中で，わが国において検討不十分な課題として，臨床倫理の問題を挙げざるを得ない．地域化推進の医療上の合理性や財政上の課題が大きすぎ，倫理的検討の余地が入りこむ隙間を与えられていなかったともいえよう．

　地域化に伴う倫理的課題は多い．再発，再燃を含む症状悪化時の非同意治療の問題は，臨床倫理の中核的課題であるがここでは触れない．

　昨今，保護者制度が強制治療との関係の中で議論されている．欧米における地域化の成功には，救急体制の整備やリハビリテーション推進のための資源の充実とともに，一方で司法精神科病院や強制治療の歴史があったことにも十分な理解が必要である．退院した患者が，市民社会の中で自立した存在であり続けるためには，自立と自律を尊重しつつ強制的医療をシステムとして残さざるを得ないという，一見矛盾した倫理的視点が複雑に絡み合って得られる微妙なバランスこそ必要欠くべからざるものである．

　たとえば，多職種チームによるサポートは，医学的な合理性には富むものの，容易に想像できるように守秘義務（confidentiality）にはきわめて脆弱な構造である．アウトリーチで用いられる理想的な多職種チームには，守秘義務を負わない非医療職の援助者の参加も求められるが，それらが地域をベースにしたものであれば，個人情報は

噂話のリソースになるおそれがある．特に対象者がより重度で，住民に危険を及ぼす可能性がある場合など，いわゆるモラルパニックさえ呼びかねず，スティグマの助長や非同意入院の増加を招く．

　地域ケアが進めば，地域社会は精神科医に他者保護をめぐる役割も期待しかねない．タラソフ事例にみるように，誰に対してどのような危険があるかが特定される場合は，医師がその他者を保護する義務があることは社会通念に照らしても明らかな場合もあるが，誰に対して起こるかが特定できない場合には判断がより難しくなる．そのような状況の中で発揮される医学的なパターナリズムの問題は，医師の慈善心と患者の自律性をちょうどよい形とバランスで医師患者関係に持ち込むことが求められるだろう．しかし，これはきわめて複雑な問題であり，しばしば倫理的矛盾も生じてくる．地域ケアの場面で時として父権的介入を行うには，このように不確かな葛藤に直面できる成熟した理念をもち，かつ優れた判断ができるスタッフが求められる．入院当初の良好な治療関係，治療者側の態度や接し方が，再入院の減少，主観的体験QOLの改善に影響を及ぼしていることも知られている．わが国ではそうした研究の萌芽すらない．

　市民社会における精神障害への偏見は根強い．こうした社会システム上ともいうべき脆弱性に対して，治療を受ける側の権利にも着目した事前指示(advance directives)や共同危機対応計画(joint crisis plans)についての議論を始めるべき時期にきている．さらに精神科臨床のさまざまな場面で示される個人の価値観の多様性に応えるために，英国ではvalue-based practice(価値観に基づく臨床実践)などが提唱，実践されている[5]．

向老社会における地域ケア

　「孤族」の誕生や「無縁社会」「おひとりさま」と呼ばれる社会的孤立を食い止め，単身化，未婚化，少子化が進もうとする社会の中で共生社会を作る工夫も求められている．患者，障害者全体の高齢化，あるいは加齢に伴う新たな問題の発生への対処することが，自殺者の抑制などさまざまな課題への解決の一助ともなるだろう．わが国は，65歳以上の高齢者が人口の20%を超える超高齢社会となってすでに久しい．今後精神科病院での長期入院からの退院促進が進められれば，多くの高齢の統合失調症患者が地域生活を始めることになる．そうした退院者の地域生活を充実した体験とす

タラソフ事例：タラソフ(Tarasoff)事例では，患者が殺人を犯す危険性があったにもかかわらず，患者が殺害の対象として考えていた相手に警告しなかったことについて治療者が告訴された．1976年，米国カリフォルニア州最高裁判所は，「治療者は，患者が他者に対して暴力行為に及ぶ危険が深刻な状況にあると事実認定した場合，あるいは適用可能な専門的基準に照らしてそのように判断した場合は，被害を受けると予見される人をその危険から守るために妥当な配慮をする義務を負う」と判断した．この基準は多くの法令の中で成文化されてきた．その具体的な記述や適用の仕方は多様であるが，本例は精神科医の守秘義務の解除をめぐる倫理的ジレンマを考えるうえでの重要な事例となっている．

るには，その幸せな老いのあり方(サクセスフル・エイジング)を検討する必要が出てこよう．わが国では，退院させることへの議論はあっても，退院後の地域定着のあとに発生するこのような個人の人生観や価値観をめぐる課題への検討や取り組みはほとんど存在しない．

　筆者らは，本書でも紹介されている「ささがわプロジェクト」(pp 12-23)により長期入院から退院し，地域生活を続けている人々の協力を得て，老いを迎えることへの認識と準備行動に関する研究を実施し，サクセスフル・エイジング(「幸齢化」とでも訳すべきか)のプロセスに関与すると考えられる向老意識(自分の老いに対する主観的な意識)と老後への準備行動(老化過程のさまざまな困難に対して中年期から備える自発的な行動)について検討を行った[6]．

　それによれば，生活の質(quality of life；QOL)こそ有意な決定因子であり，「現在」のQOLの高さは肯定的な向老意識に関連し，準備行動はむしろ乏しくなる．準備行動の有意な予測因子はQOLと在院期間であり，「過去」の長い在院期間および「過去」のQOLの高さは準備行動の乏しさと関連している．また，認知機能，精神症状，社会機能は，「現在」「過去」いずれの時点においても，向老意識・老後への準備行動との関連は認められなかった．統合失調症者は，向老意識は楽観的(特に医療・福祉・経済面において)だが，準備行動は特に家族関係・経済面において十分ではないのである．この研究結果からも，高齢化が進む入院中の統合失調症者において，長期入院を避けることこそが老後への準備行動を改善することであると示唆された．一方で，QOLの改善は，肯定的な向老意識に結びつくものの，準備行動を改善する十分条件とはならない可能性がある．精神科地域ケアにおいては，将来に備えて貯蓄するなどの老後への準備行動を継続的に支援することが必要になる．

　今日のわが国の多くの政策やシステムの立案が，一部の都市生活者の視点や想像を越えられず，地方に対する思いやりや弱者に対する配慮に欠けることはしばしば指摘されるところである．都市化に伴い伝統的な規範や社会文化は崩壊させられ，家族と地域社会による高齢者支援のためのネットワークが壊れかけている．こうした中で，高齢者ができるだけ長い期間自主性・自立性をもちながら独立した生活を送れるように支援する体制の整備が必要であり，社会経済的に弱い立場の人を支える社会保護制度が求められている．精神科病院入院者の平均年齢が60歳を超えている今日においては，地域化にとって大切な前提である．

今後の課題—就労支援とリカバリー

　相談支援体制の充実を目指した議論は法整備も含めさまざまに検討されている．より重度の障害者に対する支援の充実は必要な課題ではあるが，退院促進や地域定着を促すからには，自らの努力も合わせて退院後の生活そのものが充実し，実りあるものとなることが約束されるべきだろう．

　勤労は国民の義務であるとともに，かけがえのない喜びでもある．長期に入院を強

いられた人にとっては，社会や他者の役に立てるとか自らの貢献を確かめられることは大きな喜びであり，自己効力感の高揚にもつながり，この体験こそ精神病の再燃再発を妨げる．障害者雇用は法整備を受けて着々と進んできてはいるものの，精神障害者は法定雇用率への算定に留まり，「身体」「知的」「精神」の三障害一体といいつつも，「精神」はほかの二障害とは区別されいまだに義務化されてはおらず，このことはあまり問題視されていない．

かねてから福祉サービスは最重症者をモデルとして整備していけば，より軽症者にもそのメリットが届くと考えられている．しかし精神障害においては例外も多い．就労支援事業には，入院経験は1度もない若い精神障害者がハローワークを通じて多数応募してくるという．軽症でありながら一般就労はできない者への個別的支援は始まったばかりである．

精神科医療の中で就労の問題が語られてきたのは，せいぜい使役という負の側面に関わるときばかりであり，社会復帰やリハビリテーションの文脈で治療・回復あるいは自己実現的視点もふまえて語られることはわが国では特に少ない．外来診療場面でも，「もうだいぶ回復したから，そろそろ働いたら」というように，医師のほうから就労を勧める場面は少ないように思うのは筆者だけであろうか．再発をおそれるあまりか，治療アドヒアランスの維持を願うためであろうか．一方，作業所ではいまだに月給数千円の作業が行われており，教科書によっては職業レディネス訓練の一環であるかのごとき説明まで加えられている．IPS（Individual Placement and Support）をはじめとする place then train の就労支援技法についての知識を医療者も獲得することで，認知機能障害を乗り越える就労支援を実現していくという発想の転換が求められている．そのためにも働く場所の確保は重要であり，精神障害に対する雇用者側の正確な理解を促す努力も求められる．

では地域ケアの継続により，機能回復はいつまで，どこまで可能なのだろうか．"Beyond the critical period"（治療臨界期を超えて）と題された O'Callaghan 氏らの論文[7]はこの問いに応える実証的な研究を紹介している．初回エピソードの118症例からなるコホートを，前方視的に8年間にわたり経過観察的に追跡した．陰性症状や解体症状の改善のみならず，DUI(Duration of Untreated Illness)という前駆症状出現期間も含む未治療期間が短い群では8年後まで持続的に GAF スコアの改善が続いていたという．O'Callaghan 教授は2011年早逝されたが，私信によればこのデータは12年目まで同傾向であることが確認されていた．

IPS（Individual Placement and Support）：米国で1990年代から開発された就労支援に焦点を当て開発されたプログラムで，日本語では「個別職業紹介とサポートによる援助つき雇用」などと訳されることが多い．IPS は，ケアマネジメントの手法を用いて，本人の好みや長所に注目した就職活動と同伴的な支援を継続する．従来の職業リハビリテーションと異なり，職業レディネス（職業準備性）が形成されているか否かの判断はしない．まず train ありきではなく，現在の興味やスキル，固有の才能に応じた仕事を探索し，働いている場合には当事者や企業へのフォローアップを行い，仕事に必要なスキルや社会的スキルなどの訓練は就業したあとで行う（place then train）．特に軽度知的障害者の訓練では，効果が強調されている．

わが国においてはデイケアの治療的意義についてしばしば議論されることがあるが，この研究が示すところは明快で，発症早期からの適切な治療により回復可能性は維持され，通常は発症後2〜5年程度とされるいわゆる治療臨界期を超えて，漸進的に回復は続くことを示唆している．

まとめ

うつ病が広く国民病として再認識され身近な存在になることは不幸なことではあるものの，うつ病に対するスティグマは確かに軽減を過ぎて解消に向かっているようにさえみえる．"精神病"の重しから，うつが一抜けしつつある時代に，統合失調症だけがスティグマの対象となることが危惧される．

地域ケアの実現のためには，発症したての若者を病を抱えつつも地域社会の中に引きとどめる工夫が必要であり，医療-保健-福祉を包括し教育現場や職域ともつながる地域社会のネットワークの構築が求められている．

なお本項は，拙稿"これからの精神科地域ケアのあり方"(臨床精神医学 40：547-550, 2011)をもとにしつつ，本書のために新たに書き下ろしたものである．

●文献

1) 水野雅文，丸山 晋，村上雅昭，ほか(監訳)：インテグレイテッドメンタルヘルスケア—病院と地域の統合をめざして．中央法規出版，1997
2) Falloon IRH, Montero I, Sungur M, et al：Implementation of Evidence-Based Treatment for Schizophrenic Disorders：Two-year outcome of an international field trial of optimal treatment. World Psychiatry 3：104-109, 2004
3) Priebe S, Turner T：Reinstitutionalisation in mental health care. BMJ 326：175-176, 2003
4) Fakhoury WK, White I, Priebe S, et al：Be good to your patient：how the therapeutic relationship in the treatment of patients admitted to assertive outreach affects rehospitalization. J Nerv Ment Dis 195：789-791, 2007
5) 水野雅文，藤井千代，村上雅昭，ほか(監訳)：精神科臨床倫理 第4版．星和書店，2011
6) Niimura H, Nemoto T, Yamazawa R, et al：Successful aging in individuals with schizophrenia dwelling in the community：A study on attitudes toward aging and preparing behavior for old age. Psychiatry Clin Neurosci 65：459-467, 2011
7) Crumlish N, Whitty P, Clarke M, et al：Beyond the critical period：longitudinal study of 8-year outcome in first-episode non-affective psychosis. Br J Psychiatry 194：18-24, 2009

〔水野雅文〕

第 2 部

事例紹介

第1章 統合型精神科地域治療プログラム(OTP)に基づく地域移行と病院改革の歩み
あさかホスピタルの場合

長期入院から地域移行を進めるには

　日本における精神疾患の治療は，近年大きく変化している．統合失調症を例にとれば，生物学的アプローチとしての非定型抗精神病薬による薬物療法に加え，家族，本人への心理教育による疾病理解，さらに認知行動療法による症状への対処技能と社会適応の改善など，いわゆる心理社会的リハビリテーションが治療の一環として積極的に行われるようになり，入院・外来の双方において治療プログラムも多様化している．特に急性期の入院治療は短期化し，3か月以内の退院に向けて，比較的入院当初からのケアマネジメントの必要性が求められている[1]．その一方で，長期在院患者のさらなる長期化，高齢化の傾向は改善されず，厚生労働省によれば"受け入れ条件が整えば退院可能な"精神科病院入院患者約7万2千人は，退院可能ないわゆる"社会的入院"であると指摘されてきた経緯がある．

　長期入院からの地域移行を進めるうえでは，①退院への動機づけとエンパワメント，②ケアマネジメントに代表される退院支援の具体的な手法，③居住場所の確保，退院後は④地域医療と生活支援の統合的プログラム，⑤救急医療体制，⑥地域生活上の安全と人権確保のためのサポートネットワーク，などが求められる．そしてさらに，⑦地域への啓発活動，⑧社会参加や就労など，生活の質向上や自己実現のための支援体制は，リカバリーの観点からも欠くべからざるものと考える．当院では，2002年に地域移行の「ささがわプロジェクト」をスタートしてから，病院からの地域移行と，病院を拠点とした統合的地域医療プログラムを目指してきたので，その経緯について紹介する．

あさかホスピタルにおける地域移行の試み

　当院では，1998年よりIan R. H. Falloon教授による統合型精神科地域治療プログラム(Optimal Treatment Project；OTP)[2]を導入し，「ささがわプロジェクト」と名づけて，当時分院である102床のささがわホスピタルを2002年に閉院して地域移行を展開し，その後も独自の退院支援システムを立ち上げ，病院建物を居住施設として統合型のケア体制を創った．2006年の障害者自立支援法の施行を契機に，この建物から

図1-1 あさかホスピタルにおける地域移行の試み

		ささがわプロジェクトの経緯	あさかホスピタルの経緯	
西暦	和暦	沿革		定床数の変遷
1963年	昭和38年		安積保養園開設	89床
1964年	昭和39年		佐久間内科神経科医院開設	
1978年	昭和53年	社会復帰療法専門病院「附属笹川病院」開設(102床)	本院定床 603床	705床
1991年	平成3年		併設老人保健施設「啓寿園」開設(100床)	
1992年	平成4年		院長就任	
1994年	平成6年		老人性痴呆疾患療養病棟の開設	
1997年	平成9年	11月 Ian R. H. Falloon教授と出会う(イタリア ウンブリア州)		
1998年	平成10年		精神障害者社会復帰施設福祉ホーム「希望'98」開設	
1999年	平成11年	病院名称変更「ささがわホスピタル」	「あさかホームケアーズ」開設(在宅機能複合施設) 重度痴呆疾患患者デイ・ケア開設 訪問看護ステーション ホームヘルプステーション A棟(ストレスケア病棟を含む4病棟)定床581床 病院名称変更「あさかホスピタル」	683床
2000年	平成12年	米国・ロサンゼルス Village ISAでの研修 (4班, m計10名)NPO法人アイ・キャン設立	オーダリングシステム導入 精神科デイ・ケア(大規模)開設 老人性痴呆疾患治療病棟開設	
2001年	平成13年	4月 ささがわプロジェクトの具体的な検討 OTPに基づく心理教育 主として疾病と薬に関して 10月 ささがわプロジェクト会議発足 OTPに基づく退院,地域生活に向けたプログラム	ウェルヘルパーステーション開設 (あさかホームケアーズ内)	
2002年	平成14年	3月「ささがわホスピタル」閉院 4月 NPO法人アイ・キャン地域活動支援センター 共同住居「ささがわヴィレッジ」開設 11月 Falloon教授を招いて講演	精神科デイナイトケア開設 施設基準取得「精神科療養病棟1」(110床) 財団法人日本医療機能評価機構認定 人工透析室 開設	581床
2003年	平成15年	10月 D-プロジェクト 立ち上げ,E-カレッジ開始	施設基準取得「精神科急性期治療病棟1」(50床)	
2004年	平成16年	4月 退院・地域支援室設置	電子カルテシステム稼働 さくまメンタルクリニック開設(新規移転) リワークデイケア開設	
2005年	平成17年		施設基準取得「特殊疾患入院施設管理加算」(51床) 「精神科療養病棟1」(60床),「特殊疾患療養病棟2」(40床)	571床
2006年	平成18年	4月 ささがわプロジェクト 2ndステージの検討	安積地域包括支援センター開設(郡山市からの委託事業)	
2007年	平成19年	4月 ささがわプロジェクト 2ndステージの具体化 ささがわヴィレッジ グループホーム(6床×2)・ケアホーム(6床×2)開所 病院建物解体	透析センター 増床移転 Kふぁーむ運営開始 日本医療機能評価機構 病院機能評価Ver 5認定	
2008年	平成20年		D棟竣工 急性期,ストレスケア病棟 各30床全個室 デイケアセンター「イル・マーレ」リニューアル,機能別プログラム	
2010年	平成22年		施設基準取得「精神科救急病棟1」(30床) 精神科ナイトケア開設	
2011年	平成23年	ささがわプロジェクト 3rdステージ グループホーム(10床×2)・ケアホーム(10床×2)開所	小児科開設 精神科救急入院料 30床→60床へ増床(全個室) 病棟再編 1病棟閉鎖	531床

左側ステージ区分:
- 地域移行準備期(1997–2001)
- 実践1stステージ
- 展開期2ndステージ
- 3rdステージ

地域に分散して生活する「ささがわプロジェクト 2nd ステージ」を展開した. さらに 2011 年には 3rd ステージとして,新たな支援必要度の高い患者の地域移行を展開し,病床を縮小した. この経緯を図 1-1 に示し,この 3 つの段階について紹介する.

1 地域移行準備期(1997〜2001年)

1994 年,筆者が赴任当時のあさかホスピタルは入院中心の精神科病院であり,地域医療資源は少なかった. 当時,開放病棟での作業やレクリエーションを行ってはいたが,コメディカルは精神保健福祉士(PSW)2 名と心理士(CP)1 名のみで,退院に特化したプログラムや支援体制は十分でなかった.

筆者が院長として赴任して着手した病院改革の第一歩は職員の意識改革であった. 病院スタッフに病院の将来像を明示し,毎年行うべき病院の事業や具体的な課題を周

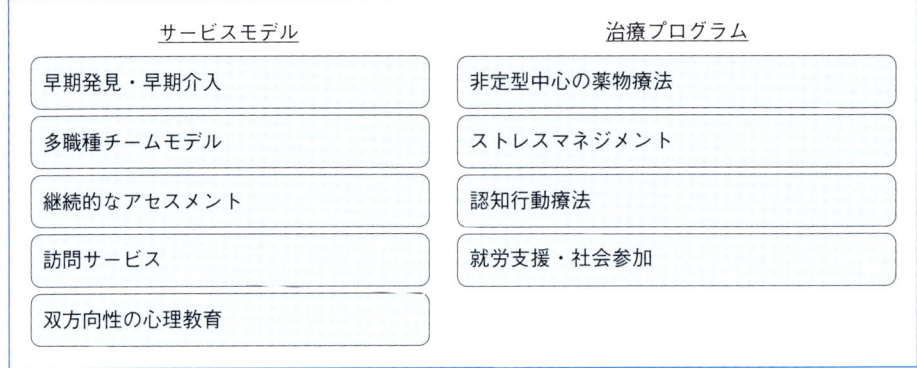

図 1-2　OTP のエビデンスに基づく治療方針

知し，目標設定を明確にし，毎年その達成度を評価した．病院組織を見直し，看護師やコメディカルの採用を積極的に行い，診療体制の充実と質の向上を目指してきた．そのような試行錯誤の状況で訪れた大きな転機が，1997 年 11 月に開かれた Falloon 教授のワークショップへの誘いであった．OTP の創始者である Falloon 教授はイタリア・ウンブリア州の田舎町にある Ariete という家に住み，毎年欧州各国の仲間とワークショップを開催していた．日本の OTP センター「みなとネット 21」の友人たちの勧めで，その Ariete に 1 週間滞在し，スウェーデン，ドイツ，ハンガリー，そしてイタリアの精神科医やコメディカルスタッフとともにワークショップに参加した．

(1) OTP の導入

多職種チームが機能するためには，理念，目標，基本的な知識，そして具体的な治療技法を共有したうえで，それぞれが専門職としての特性，役割，専門技能を発揮しなければならない．したがってスタッフ教育はもちろん，実際の治療や支援を行ううえでの共通プログラムが必須となる．OTP の基本的な考え方としてのサービスモデルと治療プログラムは図 1-2 にまとめられるが，OTP ではさらに，患者とその援助者を含めた治療チームを形成し，心理教育，ストレスマネジメント，認知行動療法を行いながら，徐々に本人の主体性に沿って，援助者が治療的役割も果たせるように援助していくという考え方が特徴的である．

ワークショップで各国の精神科医療スタッフと OTP について学び，当時のあさかホスピタルが目指すべき改革に必要とされる理念と方法論を併せ持つと実感した．日本の第 2 のセンターとして Falloon 教授による指導を受けることとし，早速 Falloon 教授によるワークショップを 1999 年より 6 年間，教授が体調を崩されるまで毎年開催し，その後「みなとネット 21」の協力を得て幅広く病院や NPO のスタッフの教育を

みなとネット 21：2001 年に NPO 法人として認可され，東京都港区にある NPO ハウスを拠点として活動を展開している団体．OTP の理論的枠組みと基本戦略のもとで，当事者自身とその援助者（家族，友人，同僚）を含んだチームにより，専門的知識と問題解決技法を用いて現実生活の障害を乗り越え，地域での生活を実現するための支援をしている．

行った．現在職員約500名中370名以上がOTPワークショップを修了している．

OTPプログラムは本来，地域生活の場で，家族を援助者としてチーム形成することが基本ではあるが，ささがわプロジェクトにおいては，病棟内で個別や患者同士のグループでセッションを行った．「精神科リハビリテーション・ワークブック」[3]に基づいて退院の1年前より心理教育に取り組み，退院前の半年は，集中的に1人あたり10セッションのOTPプログラムを施行した．特に薬や病気に関する心理教育，服薬自己管理，症状への対処，再発の早期警告サインなどに重点を置いた．

(2) ささがわプロジェクトの実際

あさかホスピタルは当時，急性期の閉鎖病棟，ストレスケア病棟，認知症疾患治療病棟，合併症対応病棟，リハビリテーションを主とする回復期病棟などの12病棟，571の病床からなっていた．ささがわホスピタルは，1978年にリハビリを目的としたあさかホスピタルの分院として開設された102床の開放型病院であった．作業療法も積極的に行っていたが，結果的に長期在院者がほとんどを占め，この病院からの退院が進まない状況に陥っていた．長期入院していた患者の多くは，病名告知はもちろん，病気の症状や服薬への理解も十分ではなく，退院後家族と一緒に住むという状況を望める患者はきわめて少なかった．

このささがわホスピタルを閉鎖して，慢性長期在院患者を退院させ，地域でチーム医療による統合的支援を行う「ささがわプロジェクト」について2000年から検討を開始した．

ささがわプロジェクトは病院閉院の1年以上前からスタートした．退院を想定した緊張感の中でOTPの心理教育や認知リハビリテーションを導入し，メンバーと向き合い，家族に繰り返し説明し，理解を図った．家族には，退院後もチームとして治療や支援を継続し，病状悪化時は病院で対応すること，徐々に就労など社会参加を進めて行くこと，地域生活上，問題があればチームで対応することを説明し，退院後は地域生活する家族として接してもらうことをお願いした．また，改めて近隣地域に向けてプロジェクトの説明会を開催し，理解を得るよう努力した．これまで当院では経験したことのない，ある意味大胆で，新たな取り組みであったが，多職種がそれぞれの立場に立って試行錯誤した結果，プロジェクトは予定通りに実行された．

(3) あさかホスピタルの状況

あさかホスピタルでは，1994年に老人性痴呆疾患療養病棟(当時)を開設し，その後デイケアの試行的プログラムを開始し，徐々に診療体制を整備していた．1999年には新病棟のA棟を竣工し，ストレスケア病棟，重度認知症治療病棟，急性期閉鎖病棟などを整備し機能分化を図り，MRI，CTなどの検査体制も整備した．また，外来治療機能としては精神科デイケアを正式に開設した．2000年には介護保険制度施行に併せ，認知症医療の在宅部門充実のため，重度認知症デイケア，訪問看護ステーション，ホームヘルプステーション，居宅介護支援事業所を新たに設置した．病院と

しては作業療法士（OT），PSW，CP を積極的に採用し作業療法などのリハビリテーションプログラムや診療支援体制の充実を図っていた．

スタッフ教育としては，1999 年より当院で開始した Falloon 教授によるワークショップをプロジェクトメンバー中心に行った．また，2001 年には地域支援のための意識改革として米国・ロサンゼルスの Village ISA の研修に 10 名を参加させた．

2 | 地域移行実践期―ささがわプロジェクト 1st ステージ（2002～2006 年）[4]

ささがわプロジェクトの概要は次のようなものである．
①ささがわホスピタルは病院機能を終了し，建物は生活施設の"ささがわヴィレッジ"と精神障害者地域生活支援センター"アイ・キャン"の集合施設とする．
②これらの施設は NPO 法人"アイ・キャン"により運営し，生活支援を行う．
③医療としてデイナイトケア，訪問看護などのプログラムを提供する．
④職種チームメンバーは OTP を共通言語として，情報の共有化を行い，統合的なケア体制を構築する．

(1) ささがわプロジェクトの実践と成果

現実には 2002 年 3 月 31 日に全員がささがわホスピタルを退院し，病院は閉院，翌 4 月 1 日よりその建物は NPO 法人が賃借し，1 階は精神障害者地域生活支援センター「アイ・キャン」で 2，3 階は居住施設「ささがわヴィレッジ」の 2 つの機能に転換した．

退院後は，退院前からのケアマネジメントに沿って，デイナイトケア，訪問看護，服薬管理，金銭管理を中心にそれぞれのメンバーに支援やサービスを提供した．

このプロジェクトの前後で，全体のスタッフ数では病院時代の 45 名から 26 名へと半減したが，プロジェクト前に比べ OTP による質の高いケアを提供しており，メンバーの社会参加の機会も大きく広がった．

ささがわプロジェクトで退院したメンバー 94 名中，78 名が統合失調症であった．平均年齢は 54.6 歳，それまでの平均総入院期間は約 25 年に及んだ．この 78 名を対象として，検査や評価を行った結果，2 年間に明らかな精神症状悪化を認め脱落したケースは 78 名中 7 名で，再発率は約 9.0%，その 7 名中 3 名は短期間の入院治療により，ヴィレッジに復帰して生活を再開した．退院前より 24 か月目までの PANSS（Positive and Negative Symptom Scale）では陽性尺度でも明らかな改善を認め（$p<0.01$），総合評価と陰性尺度の評価においてきわめて有意な改善を示した

Village ISA：NPO 団体，米国ロサンゼルス郡精神保健協会が運営する精神保健サービス機関．1960 年代，欧米では次々と精神科病院が廃止され，脱施設化が進められた．その中でも「ISA」は個人の意思を尊重し，日常生活の場で統合された精神保健サービスが行われている施設．

PANSS（Positive and Negative Symptom Scale）：PANSS（陽性・陰性症状評価尺度）は，精神障害にみられる陽性症状・陰性症状・総合精神病理と重症度を 30 項目・7 段階で評価する尺度．

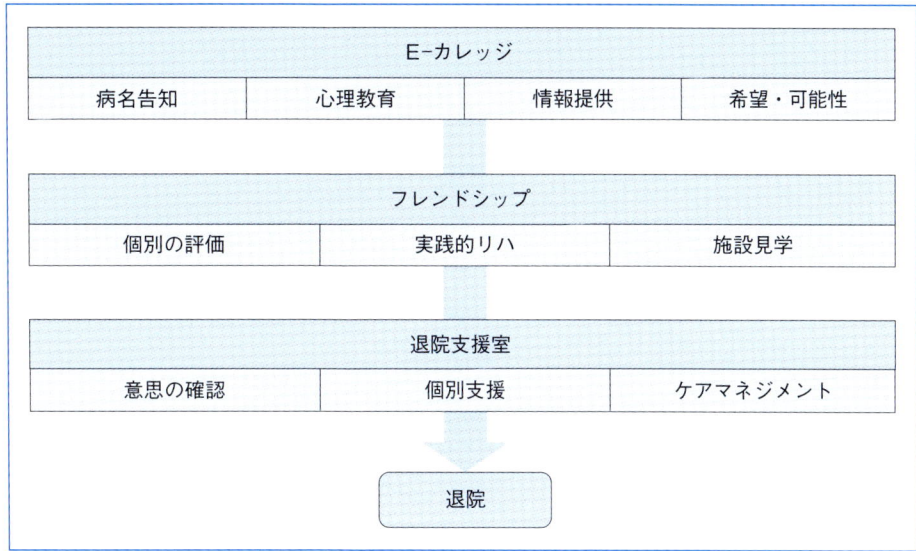

図1-3　D-プロジェクトの流れ

（p＜0.001）．GAF（Global Assessment of Functioning）においても明らかな社会的機能の改善が認められ（p＜0.001），QOL評価の中のSchizophrenia Quality of Life Scale（SQLS）では，心理社会的領域で有意な改善が認められたが（p＜0.01），動機と活力，症状と副作用に関しては有意な変化は認められなかった[5,6]．

(2) あさかホスピタルの退院支援システム"D-プロジェクト"[7,8]

ささがわプロジェクトの経験に基づき，2003年秋よりあさかホスピタルの回復期病棟において長期在院患者に向けた退院支援プログラムとして脱施設化から名づけた"D-プロジェクト"が立ち上げられ，試行錯誤の後，2004年から現在のシステムが構築されている（図1-3）．

D-プロジェクトはE-カレッジ，フレンドシップ，退院支援室での支援の3段階からなる．E-カレッジでは当初週1回・計32回にわたりOT，医師，PSW，退院したメンバー，栄養士，歯科医師などからさまざまな情報提供やOTPに基づく心理教育が行われた．第2段階のフレンドシップではE-カレッジで退院への興味を示す患者数名の小グループに対し，OTが中心となり，OTPプログラムを施行しつつ，退院後の生活に向けた実践的なリハビリテーションや施設見学などを行う．

このフレンドシップにより，退院への明確な意思確認ができた患者は「退院・地域支援室」への登録を本人が行い，その後個別に退院支援が行われる．毎週退院支援会議が開かれ，登録者のプログラムの進行状況，退院者のその後の経過について，退

GAF（Global Assessment of Functioning）：GAF（全般機能評価尺度）は，精神障害の社会適応度を中心にした機能の全体的評価尺度であり，1〜90点の整数値で総合的に評価する．

SQLS（Schizophrenia Quality of Life Scale）：統合失調症患者のQOLを評価する実用的かつコンパクトな自己評価式尺度．30項目からなる質問表はそれぞれ0〜4点で採点される．

院・地域支援室が中心となり，デイケア，デイナイトケア，訪問看護や地域生活支援センターの PSW らを含めて継続的に検討されている．

　この D-プロジェクト開始当初，医師や病棟看護師が退院可能と判断した 10 名を選出して退院支援を進めた結果，1 名も退院できなかった．その経験に基づき，E-カレッジの心理教育や情報提供を十分に行い，患者自身が退院への意欲や興味を示したケース，すなわち本人の意思に基づいて支援を行うこととし，退院が実現した．いかにして患者本人が退院への可能性を感じ，希望や勇気をもつことができるように支援を行うかが鍵であることが示された．この D-プロジェクトの内容はさまざまな形でその後も修正を加えながら，徐々に急性期や難治性の病棟にも広がっている．

(3) 退院支援システムとクリニカルパス―地域ケアチームとして

　当院では，この D-プロジェクトを通して，医師，看護師，PSW，OT，退院後に関わる地域生活支援センター，訪問看護，デイケアセンター，そして家族や周囲の支援など，どの段階で，誰が，何を，どのように行うかについて試行錯誤が繰り返され，徐々にクリニカルパスという形に集約されてきたところである．

　回復期リハビリテーションパスでは，当院独自のプログラムである E-カレッジ，フレンドシップに加え，服薬教室，社会生活技能訓練（Social Skills Training；SST），調理実習が組み込まれている．病棟ではさらに OTP の早期警告サインと症状の管理などを中心に行われる．アイ・キャンからはさまざまな地域の資源の情報が提供される．

　退院支援パスは，回復期リハビリテーションパスと並行して進められる．医師の役割はチームリーダーとして全体の治療方針を決定することである．また，看護師が人的配置のコーディネート，日常生活上の相談，服薬・金銭管理を担当し，PSW は社会資源の配置，地域との連絡・調整，家族介入，OT はスキルのアセスメント，スキルの獲得・実践という役割が分担されている．医師は簡易精神症状評価尺度（Brief Psychiatric Rating Scale；BPRS），看護師は Rehab，OT は Quality Star などの評価を行う．

　地域生活支援センターは，登録者のアセスメント結果に基づき，当事者と面談し，ニーズの把握やさまざまな情報提供を行い，デイケアやデイナイトケアでの体験受け入れやグループホームなどへの体験入所など，退院後の生活を想定した医療サービスや生活支援に実際に触れ，具体的なイメージをもつことで，退院への不安を軽減できるように支援する．そのケアプランに基づいて，訪問看護，デイケアやデイナイトケアでは退院後の支援計画を立てる．

3 | 地域移行展開期―ささがわプロジェクト 2nd ステージ（2007～2011 年）

　2007 年，ささがわプロジェクトをスタートして 5 年目を迎え，従前の「病院の建物に生活することがこのプロジェクトの最終目標ではない」という考えに基づき，メン

バーの新たな地域生活の実現に向けて，2ndステージとしてプロジェクトを計画した．2002年に退院してから，さまざまなメンバーの異動はあったが，プロジェクトメンバー70名を含む85名が旧ささがわホスピタルの建物で生活していた．

この2ndステージでは，改めてアイ・キャン，デイナイトケア，訪問看護ステーション，地域連携室，担当医のチームにおける役割を再確認し，毎週の退院支援会議や月1回のささがわプロジェクト会議において，検討を重ねた．アイ・キャンは個別のケアマネジメントとグループでのセッションを組み合わせ，より自立した生活への意思を引き出すよう支援計画を立てた．住む場所の確保も多岐にわたり，症状や生活自立度の程度や経済的状況も含め，部屋や家を共有するメンバーの組み合わせも考慮を要した．デイナイトケアのスタッフも，1人ひとりの不安への対処や新たな生活への動機付けを目指してきめ細やかなプログラムを展開し，2007年12月の時点で全員が18か所のグループホーム，ケアホーム，あるいはアパートへ移行し，旧ささがわホスピタルの建物はその後解体された．

(1) 2ndステージにおける統合型支援チームの具体的役割

a 地域支援の実際

2002年12月，プロジェクト開始時の平均年齢54.6歳，平均総入院期間約25年というメンバー94名（うち統合失調症78名）が退院し，6年を経過して，全員の動向が追跡されている．この間に17名が精神症状の悪化で一時的に入院していたが，そのうち14名は退院しており，入院中なのはわずか3名である．13名が自立生活，68名がグループホーム・ケアホームに入所し，高齢化での施設入所2名を合わせると83名，実に約88％が地域生活を送っていることになる．統合失調症78名についていえば，78名中69名（約88％）が地域での生活を継続している．現在NPO法人アイ・キャンの運営するさまざまな支援つきの居住施設19か所には当初のささがわプロジェクトメンバーを含め，110人以上が生活している．

2ndステージになって，それまで以上に緊急の対応が必要とされた．実際にはこの直近1年間の緊急対応を必要としたなかで主だったものは144例であり，図1-4のような内訳であった．精神症状によるものが45％で，身体疾患に起因するものが25％であった．また，地域の方々からメンバーに対してさまざまな声がアイ・キャンに寄せられた．そのうち2/3が苦情であり，精神障害者への漠然とした不安から反社会的行為までさまざまであった．しかし1/3が挨拶やゴミ出しへのお褒めの言葉や応援の申し出であったことは特筆すべきかもしれない．アンケート結果から，メンバーの生活への満足度は確実に上がっている．

b 訪問看護の役割

2002年のささがわプロジェクト開始当初は，それまで病院でメンバーの状況を把握していた病院の看護師3名が訪問看護ステーションに移籍し，その3名が専任で担当した．退院前には病院で，その後は生活の場で，OTPに則って症状への対処，服薬状況確認，生活技能の向上に至るまで，さまざまな面で治療的関わりと支援を行っ

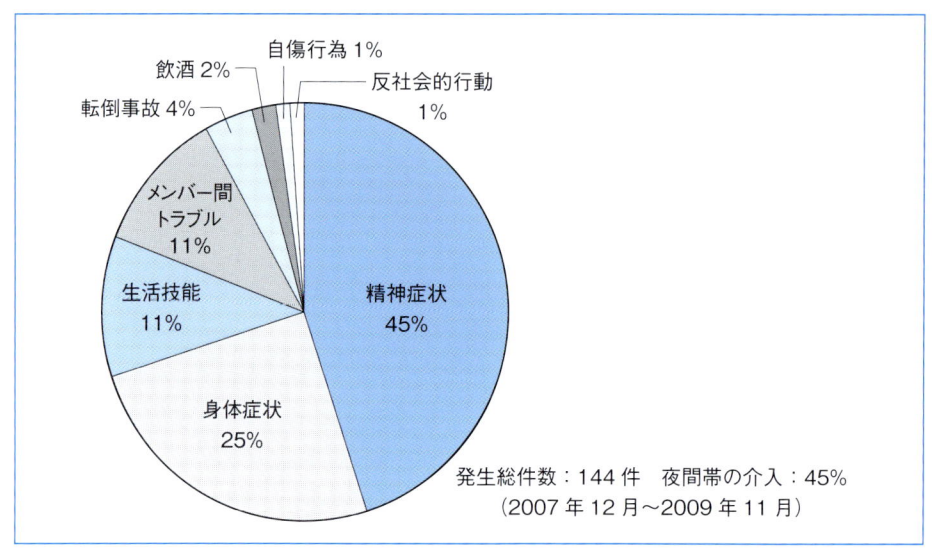

図1-4 介入の実際：ささがわプロジェクト2ndステージ以降に発生した事柄

（円グラフ：精神症状45%，身体症状25%，生活技能11%，メンバー間トラブル11%，転倒事故4%，飲酒2%，自傷行為1%，反社会的行動1%．発生総件数：144件　夜間帯の介入：45%（2007年12月〜2009年11月））

てきた．アイ・キャンと訪問看護ステーションが24時間体制で必要に応じて駆けつけることが，メンバーや家族にとっても何よりの安心の材料である．

　現在，ステーションは看護師8名で常時約200人に訪問し，そのうちの約70%が精神科の訪問である．生活面での家事などの支援を行うヘルパーステーションと協働して新たな退院支援に際しても，きめ細かい支援を生活の現場で行う訪問サービスは地域での生活を支える大きな軸である．

c　メンバー，家族，地域の連携

　ささがわプロジェクトは94名の退院という点では大胆な変革ではあったが，病院建物に住み続けたため，当初メンバーにとっては，それまでよく知っている仲間と共同生活を送り，さまざまな医療サービスや支援が手厚く受けられることは，安心の材料であったと考えられる．

　また退院に大きな不安と反対を表明した家族には，家族の負担を大きく増やすことなく，全面的に医療と生活面での支援をすることを繰り返し説明した．その後メンバーの症状や社会性の改善に気づかれた多くの家族から感謝やプラスの評価の声をいただいた．退院困難な理由の1つとして「家族の協力が得られない」という理由を耳にするが，家族が安心して協力できる状況を作りつつ，時間をかけて理解を深めてもらう工夫が必要であろう．2007年春に，地域に点在して生活する2ndステージの計画について説明会を行った際にも，2〜3名の方から不安の声も聞かれたが，多くの家族からは賛同が得られた．結果として，入院中よりも家族からの協力や支援を受けやすく，よい関係が築かれていると考える．

　メンバーからは，地域での生活に移行し，「自分の部屋があるのでプライバシーがあってとても嬉しい」という声が多く聞かれる．もちろん生活上の問題や近隣住民からの苦情もあるが，根気強い対応や説明により，多くは解決可能である．本人，家

族，近隣住民に対しても，常に誰が担当であるか顔が見え，24時間対応しているということが信頼関係構築の基本となっている．

d デイケアセンターの機能と就労支援の流れ

デイナイトケアは，ささがわプロジェクト開始時に開設されて以来，訪問看護とともにメンバーの地域での生活の医療的支援として重要な役割を果たしてきた．2ndステージにおいては，実際の生活に向けての意欲を高める"動機付けセッション"，スーパーやバス停などの現場に行って，繰り返し生活環境や資源を確認する"不安解消セッション"，そして一般の社会資源のさらなる活用の訓練など，より個別の生活を想定して自分でできることを確認し，自信をもつための"エンカレッジメントセッション"などを行い，個別的生活実現のためのプログラムを実施した．

2008年4月には，デイケア，デイナイトケアはデイケアセンター「イル・マーレ（海）」として統合し，就労や就学を目指すロッタ（航路），生活の質の向上を目指すポルト（港），そして退院後など治療プログラム主体のファーロ（灯台）の3種類の機能別プログラムを提供している．目的別にグループを分け，プログラムを特化することで，より利用者にとって有意義なリハビリテーションを提供できると考える．

デイケアセンターでは，OTPによる症状管理や対人機能，社会適応訓練を中心的に行うと同時に，当初よりアイ・キャンと協力して就労訓練「レッツワーク」を行ってきた．障害者自立支援法が施行されてからは，デイケア・デイナイトケアから就労移行支援，就労継続支援，一般就労への流れに沿う形で支援している．2009年度からは，これらの就労支援を訓練の場面から実際の就労に至るまで，より一貫した支援を行うことを目的としてOT 1名を「ジョブアドバイザー」として，自由な立場で就労支援を行うようにした．2010年度の実績では，就労訓練に52名が参加し，7名の障害者雇用，1名の一般就労が実現し，就労訓練の流れは活性化している．

(2) あさかホスピタルの変化

ささがわプロジェクトとしては，地域の医療ニーズに対応する新たな機能を検討して，ハード面の整備を行ってきた．その内容としては，うつ病やストレス関連疾患，認知症，そして児童思春期への対応である．1994年から病棟の機能はさまざまに変遷しているが，認知症専門病棟，ストレスケア病棟，合併症対応の病棟，人工透析などを整備してきた．2008年6月には新たに「D棟」が完成した．精神科救急病棟，2つ目のストレスケア病棟はそれぞれ30床をすべて個室とした．外来機能を拡充し，子どもの心外来の専用のコーナーを作り，集団療法室なども整備した．リハビリテーションセンター「ソーレ」は急性期に特化し，統合失調症やうつ病など，疾患別に急性期から退院後に継続して治療的プログラムを提供できる体制とした．

外来サービスが充実し，この10年間で外来患者数，入退院数ともに2倍以上となっている（図1-5）．近年，外来患者は若年化の傾向がみられ，初診患者の年齢別内訳を見ると20歳未満が18.9%，20代が19.1%と併せて約40%を占める．疾患も気分障害，ストレス関連疾患，発達障害などの増加が著しく，年間の入院数でも2006〜

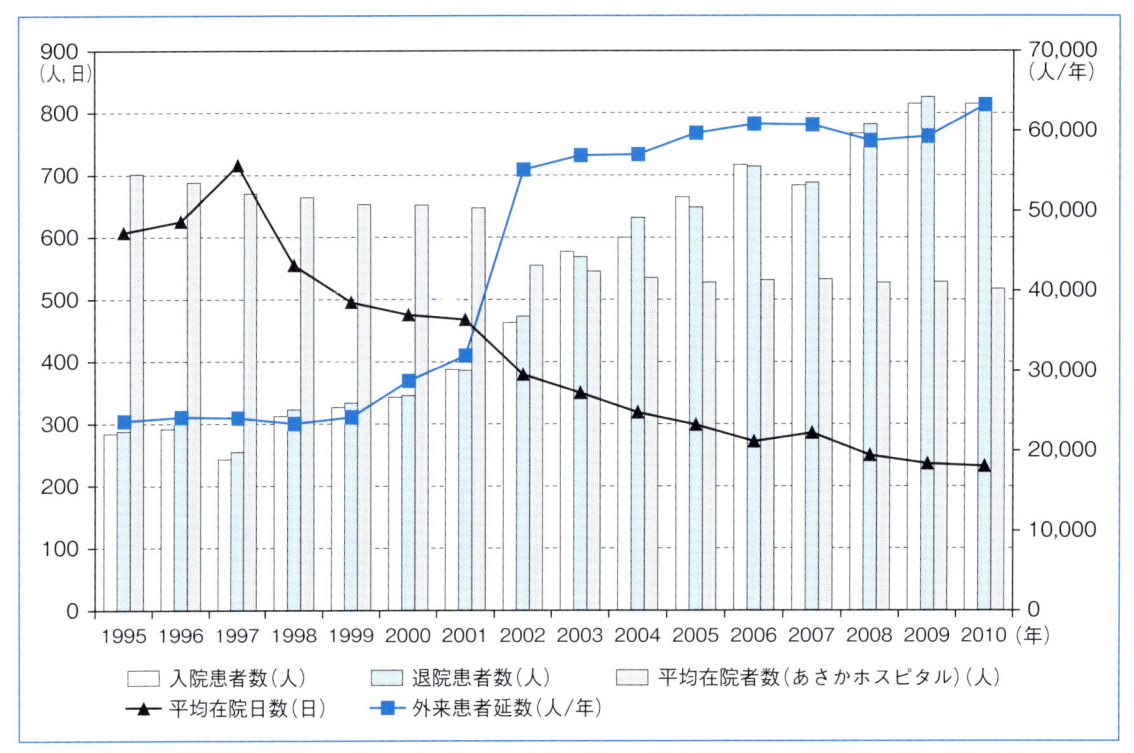

図 1-5 あさかホスピタルにおける入院患者数・退院患者数・平均在院者数・平均在院日数・外来患者延数の推移(1995〜2010年)

2009年は気分障害が統合失調症圏を上回っている．精神科病院への地域のニーズが大きく変化していると考えられる．

4 | ささがわプロジェクト 3rd ステージ(2011年〜)

　病院の長期在院者の高齢化が進み，地域移行を行うと，当然のことではあるが，地域生活での高齢化の問題に直面する．プロジェクト当初のメンバーの平均年齢が約55歳であるから，現在は62歳を超えている．身体疾患による合併症治療の必要性とその支援の増加，身体機能低下による介護度の増加，また認知症症状による行動面での問題の出現などが大きな支援上の課題となっている．特に65歳以上では，障害者自立支援法よりも介護保険が優先するということで，市町村で硬直的な運営を行おうとする例も多い．実際には65歳を超えても，障害者自立支援法での精神科的支援を必要とする例，就労を目指す例，あるいは身体的，精神的な高齢化による問題が主体となる例などさまざまで，両制度の柔軟で重層的な利用が求められる．一方では，要介護となり，自立支援施設で対応が困難となったケースでも，介護保険施設への入所が不可能なため，無理をしてケアホームで対応しているのが現状である．

　そこで次のステップとして，2011年には，高齢化し，より精神症状が重く，生活支援度の高い患者の地域移行とその支援体制を整えるため，8月にグループホーム，

ケアホームをそれぞれ10床2棟，計40名分を整備し，病院PSW，訪問看護に加え，アイキャンによる24時間体制での支援を行うこととなった．当面約20名が退院し，病床を40床削減する3rdステージを実施している．

今回の3rdステージでは，毎回の服薬確認が必要な方々も退院し，地域生活を継続している．今回のプロジェクトの実現は，これまでのささがわプロジェクトの10年に及ぶ経過の中で，病院，デイケア，訪問看護，そしてNPO法人アイ・キャンのスタッフがOTPに基づく教育を受け，チームを形成し，経験を重ねてきた結果であり，チームが24時間の支援体制をとっていることも大きく寄与していると考える．

今，障害をもつ方々が当たり前に地域の一員として生活できる社会が求められている．精神科病院も地域の資源として，統合的な精神科地域医療福祉の中での役割を明確にしていく必要があると考える．

● 文献
1) 佐久間 啓：精神科リハビリテーションの現状と課題．日本精神科病院協会協誌 25：344-351, 2006
2) 水野雅文，丸山 晋，村上雅昭，ほか(監訳)：インテグレイテッドメンタルヘルスケア—病院と地域の統合をめざして．中央法規出版，1997
3) イアン R. H. ファルーン，鹿島晴雄(監修)，水野雅文，村上雅昭(編)，慶應義塾大学精神神経科総合社会復帰研究班(著)：精神科リハビリテーション・ワークブック．中央法規出版，2000
4) 水野雅文，村上雅昭，佐久間 啓(編)：精神科地域ケアの新展開—OTPの理論と実際．星和書店，2004
5) 佐久間 啓：ささがわプロジェクト—あさかホスピタルにおける脱施設化の試み．Schizophrenia Frontier 5：94-98, 2004
6) Ryu Y, Mizuno M, Sakuma K, et al：Deinstitutionalization of long-stay patients with schizophrenia：the 2-year social and clinical outcome of a comprehensive intervention program in Japan. Aust N Z J Psychiatry 40：462-470, 2006
7) 佐久間 啓：精神科病院から地域への展開—そしてその先にあるもの．最新精神医学 10：151-158, 2005
8) 今泉初子，渡邉 理，佐久間 啓：退院促進と地域移行支援のこれまでとこれから．日本精神科病院協会雑誌 27：770-776, 2008

（佐久間 啓）

第2章

公立単科病院における退院支援・地域移行の実践

山梨県立北病院の場合

● 退院促進とダウンサイジングの背景にあったもの

　1980年代のわが国の精神医療では長期在院が当たり前で，多剤大量処方が蔓延し，先がみえない状況であった．筆者は北病院に勤務開始してから7年ほどした1985年夏から1年間，フランス給費留学生として，アルプスにほど近い片田舎の公立精神病院で1年間を過ごすことになった．デポ剤がテーマだったが，同時に欧州の地域精神医療の現状をみてきて，その経験を北病院で生かすつもりだった[1-3]．

　わが国では民間の精神病床が9割で，公立の精神病床が1割であるが，フランスではこの比率が逆転しており，公立精神医療が9割を占めている．そして，当時のフランスの精神医療状況は，1960年代から始まった地域責任分担制（セクター化）の流れの中で，病床削減とコミュニティケアを充実させる取り組みが，1つの完成型に到達した段階であった．フランス各県に公立単科精神科病院があるが，私が行っていたバッサンス病院も，人口32万人のサボア県の唯一の公的単科精神科病院で，附属に児童思春期の入院ユニットをもっていた．この病院は1953年には1,150床であったが，セクター化を基本とした地域精神医療システムを整備し，長期患者の退院促進と新規入院期間の短期化を行う中で，1985年には657床に減り，平均在院期間は1984年では約40日間であった．

　セクター化であるが，バッサンス病院の657床は5つの治療チームに分割されており，それぞれの受け持ち地域をセクターと呼んでいる．筆者が滞在したLambert先生の治療チームはサボア県の県庁所在地であるシャンベリー市の南半分とその近郊の6万5千人の地域をセクターとしていた．この地域での精神科の外来，入院治療などは，すべてこの治療チームが受け持つことになっていた．すなわち患者はその地域によって，診療を受ける病院や治療チームが決まっているわけで，病院の選択権はない．しかしその患者が悪化したら，その治療チームが責任をもたなければならないので，治療や退院後のサポートの継続性では大きなアドバンテージがある．ケアつき住居や各種の就労支援など，退院促進に不可欠なものが現実に動いている状況を体験できたことは大きかった．

退院促進前の北病院の状況

　1978年当時の北病院は，5人の筋金入りの精神科医が勤務し，患者主治医制のもとに，初診，入院，外来と一貫した医療を行っていた．これに大学医局で1年の研修を受けただけの駆け出しの精神科医の筆者が加わったのである．

　当時，北病院は300床で，各医師は入院患者を40～50人担当していて，平均在院日数は300日前後，デイケアや訪問などのリハビリ手段もなく，長期在院はとても防ぎきれなかった．それでも北病院と甲府駅との間に無料シャトルバスが1日4便あり，立地からの不便さを補っていて，毎日の外来患者数も100人前後はあった．さらに，北病院では，ケースワーカーを中心としたスタッフの努力もあって，高齢患者の老人ホームへの退院に取り組み，高齢入院患者の増加を防止していた[4]．これらの条件は，その後に結びつく重要な基盤であった．

　宇都宮病院事件があって，精神保健法(現在の精神保健及び精神障害者福祉に関する法律)が施行されてまもなく，ひどい雨漏りが生じたこともあって，北病院は1990年に全面改築された．病院は新しくなったが，300床，5病棟体制というコンセプトはそのままで，それまでの6人室が4人室になり，児童思春期病棟(一般の閉鎖病棟に併設)が作られ，デイケアが開始されることになり，筆者はデイケアの責任者に選ばれた．そして，2人いる初期スタッフと，アンダーソンの「分裂病と家族」などの輪読会をして，psychoeducationやexpressed emotionなどの最新の考え方に触れて感激したり，そのうちに始まった東大デイホスピタルでのSST講習会に参加し，まだ若かった安西信雄・池淵恵美両先生の活躍する姿に大変刺激を受けたりした．

　1993年に精神保健法が改正され，障害者基本法ができたが，この頃は，北病院でも長期在院患者の退院促進を始めた頃で，リハビリを取り仕切っていた精神保健福祉士(PSW)が，必死にアパートや仕事場を探していた．しかし単身者向けのアパート確保は容易ではなく，PSW自身が保証人になって，アパートを借りたことも少なくはなかった．このような状況をみて，北病院の患者を受け入れてくれていた町工場のA社長がアパートを建ててくれることになり，これが山梨県で初のグループホームである「コパン93」となった．これは8部屋，定員16名という，全国で最も定員の多いグループホームであり，一応北病院の家族会が運営していることになっていたが，実際にはPSWなどの北病院スタッフの丸抱えであった．このグループホームの運営は苦労の連続だったが，2年後には2つめの個室のグループホームである「パウゼ95」が開始され問題ははるかに減少した．

　1996年にリスペリドンが市販され，急性期の抗精神病薬治療には変化が生じようとしていたが，地域展開という点では，1990年代後半は難しい時代であった．初期

宇都宮病院事件：報徳会宇都宮病院で，看護職員らの患者への暴行による死亡や虐待などの違法行為が行われていたことが1984年新聞報道で明らかになった．国連人権委員会などでこのような日本の精神医療現場における人権侵害が取り上げられ，日本政府に批判が集中した結果，1987年の精神保健法の成立に結びついた．

の熱気はあったが，たちまちグループホームは満員となり，訪問スタッフは少なく，デイケアの希望者が多くて，デイケア部門を増築しても，予約待ち状況は悪化の一途であった．少ない社会資源で，これ以上の長期患者の退院促進は困難のように思えてきた．「これでいいのだろうか」という不安と非充足感，県に何をいっても無駄であると勝手に諦めてそれを理由に動こうとしない怠慢，そしてこれからくるかもしれない精神医療全体の変動の不気味な予感などが交錯していたのが2001年であった．

ダウンサイジングと退院促進のチャンス到来

1 援護寮の話からダウンサイジングへ

2001年晩秋に，県の部長と病院幹部で一杯飲む機会ができた．その席で，筆者らの話を聞いてくれた部長は，「援護寮でも作ったらどうか」と言ってくれた．しかし，建築費はなんとでもなるが，「人は増やせないぞ」ということになった．これが北病院の次の段階への幕開けであった．

当時，北病院は300床（5病棟体制：閉鎖3，開放2）で260人台の入院患者，年間入院は400件ちょっとであり，デイケアは50人体制だが，予約待ちが数か月という状況で困っていた．訪問専任スタッフ1名で，他部門と一緒に年間700件程度は訪問を行っていたが，圧倒的にスタッフ不足であり，病棟は1年以上の長期在院患者が7割で，長期患者の退院は滞っていた．保護室・個室が不足して，新入院の受け入れに苦労していたが，一方で入院患者をすぐに受け入れてくれないという不評が地域や保健所に蔓延していた．しかし経営的にみれば，県からの繰り入れのもとに黒字を続けており，県当局としては，北病院を変えなければならないという問題意識はなかったであろう．そして，2001年はオランザピンなどの第2世代抗精神病薬が，筆者らの手に入ろうとしていたタイミングであった．

部長からの提案は，北病院内部では連鎖反応を起こした．「このままでは続かない，いずれはベッドが空いてきて，病床とスタッフの削減を県側から迫られる時期がくるかもしれない」という危機感で，病院の主要な職員の思いは一致した．それなら，こちらから思い切って打って出ようと思った．そして部長からの宿題を解決するために，医師や看護師など中核スタッフ一同で，ホワイトボードを前にして真剣にブレインストーミングを繰り返した．

当時，県立県営であった北病院の常勤スタッフ（公務員）を増やすことはとてもできなかった．むしろ減らせという圧力を受けていたのである．援護寮職員分の最低でも6人の常勤スタッフを生み出すには，病棟の規模を縮小しても意味はなかった．開放病棟1つ（65床）を閉鎖すれば，18人のスタッフを他部門に割り振ることができる．また，援護寮だけでなく，数十人が待機してなかなか入れない状況のデイケア枠の増加や，絶対に必要と思える訪問専任スタッフの増員もできる．開放病棟の患者は退院促進しなければならないが，援護寮があればなんとかなるかもしれない．かつて留学

中に体験した状況を，日本でも実現できるチャンスがきたのかもしれないと思った．

しかし病棟を閉鎖するだけでは，当然入院収入は大幅に減るので，そのままではスタッフを減らされるだけで，訪問やデイケアなどへの転用ができなくなる．病院それぞれが独立採算である点が，欧州の状況と大きく違うのだが，そんなことをいっても仕方がない．そうこうしているうちに精神科救急入院料病棟という新しい枠が2002年度から始まるという情報が入ってきた．時代はまさに転機を迎えていたのだ．

2 「北病院機能強化プラン」の成立

色々な情報を突き合わせて，ブレインストーミングを繰り返して，開放病棟の削減，救急・急性期病棟の整備，デイケア・訪問の強化，そして援護寮をすべてセットで実現するのが，臨床的にも経営的にもベストであることがわかった．そして，筆者らはこれらを「北病院機能強化プラン」と名づけ，援護寮だけの話から，大きく話を展開させた．これらの計画の策定には，最初から病棟看護の中心的スタッフに参加してもらっていた．後述するように，ダウンサイジングと機能強化は，病棟看護が，自らの身を削りながら，従来の枠を破って進出することが欠かせない．看護からの強い反対があるのではと心配していたが，それはなかった．当時の状況への不満は，皆が共通にもっていた．このプランが正式なものとなるためには，多くの苦労があったがそれは別に書いたので，興味がある方は参考にされたい[5]．

報告書に書かれた機能強化プランは3つの柱からなっていた．第1の柱は救急急性期治療の充実であり，精神科救急入院料を算定できる病棟として1A病棟をほとんどが個室（一部はトイレ・モニターつき強化個室）の病棟に全面改修し，他の病棟も部分改修して個室化（一部はトイレつき）を進めること，第2の柱は65床の開放病棟である2B病棟の閉鎖と県立民営援護寮の建設，第3の柱はデイケアや訪問部門の強化であり，2B病棟の跡地に作業療法部門を移動させることによって，さらにその跡地にデイケアを拡大（120人枠）させ，訪問専任スタッフを増員し，退院後のフォローアップ能力を高めることである．削減される開放病棟スタッフは，他部門のスタッフ増員に向けられることになった．

全面改修した1A病棟は2005年8月から，全国で17番目の精神科救急入院料病棟としての認可を受けた．援護寮は当初は県立県営を考えていたが，結局，20名分の個室と2名分のショートステイの機能をもった県立民営援護寮となった。しかし，厚生労働省の社会復帰施設予算不足の煽りを受けて遅れに遅れ，建築が行われている最中の障害者自立支援法の施行で混線し，結局，援護寮を新たに開始することはできなくなってしまった．そして最終的には指定管理者制度による，全国初の県立民営の新築の敷地内退院支援施設となり2007年1月に運営が開始された．

精神科救急入院料病棟：半数以上が個室で，精神科医師（指定医）・看護師・PSWの高い配置基準など現在の精神科医療体制で最も高規格（医療観察法指定入院医療機関を除く）な診療報酬基準であり，別名スーパー救急病棟ともよばれる．

長期在院患者の退院促進

1 ダウンサイジングの理想と現実

　機能強化プランの根幹は，長期在院患者の退院促進である．これをやり抜かなければ病棟の改修工事ができないし，プランを達成できない．そして筆者は，長期在院患者を地域に退院させる過程の中でこそ，欧米で培われた治療技法をわが国の臨床の場で試し，身につける好機であり，これらのプロセスを通過して初めて，包括型地域生活支援プログラム（ACT）などの地域治療がわが国の臨床の中で実行可能なものとしてみえてくるとも考えていた[6]．しかしわが国では国公立単科精神科病院の病棟を削減し，そこの長期在院患者のほとんどをほかの民間病院に転院させ，スタッフも削減しつつ，機能を特化するという話が聞こえてくる．そこで筆者らは，このような場当たり的方法を行わないように，転院による機能特化という方法を，自戒をこめて「悪魔の囁き」と名づけた．そして，「ダウンサイジングと悪魔の囁き」という一文を，2004年7月に刊行された「精神医学」の巻頭言に出して，自ら退路を断つことにした[7]．

　しかし，実際にはそんなに格好よくは進まない．長期在院患者の退院を検討すると，スタッフからは，この患者の退院はとても無理なので，民間病院へ転院をお願いするしかないという声が挙がってくる．そして，機能強化のための病棟の工事の日程を前にして，どうしても入院患者数を減らさなければならないときなど，決意が揺らいで，筆者自ら転院の話を密かに民間病院の先生方にお願いしたりもした．

　2002年度当初から，多職種で退院促進プランの検討を始めた．そこでは長期在院患者のデータベースを作り，毎月病院全体で行う退院促進ミーティングでの長期在院患者の退院可能性の厳密なチェック，盆踊りや運動会などの行事的プログラムの見直し（中止）と退院促進プログラムの導入，老人ホームや知的障害施設への申請状況の把握，単身生活のためのアパート情報など，現在でも行われている活動の根幹が作られていった．筆者は宮田量治副院長とともに主治医，各師長やPSW，デイケアスタッフ，訪問スタッフなどが参加する毎月の退院促進委員会に必ず参加し，数時間の委員会中，宮田量治副院長が握っている長期入院患者データベースをもとに，みんながうんざりするような執念深さにブラックユーモアを交えて，長期患者全員の退院促進の進行状況を常にチェックしプレッシャーをかけ続けた．

2 「動く」病床と「動かない」病床

　300床から200床への移行計画を作る際の基本的な考え方を，ここで述べておこう．まず入院患者を1年以上と1年未満に分ける．1年未満の患者は退院する可能性が高く，「動く」病床であり，1年以上は「動かない」病床とする．そして，この「動かない」病床と「動く」病床の変化を実態に合わせて想定し，新たな患者をどの程度受け入れることができるかを予測した．ここで忘れてはならないのは，「新たに1年以上

表 2-1　北病院の在院数，1年以上長期在院数，長期退院数，新たな長期化数，1年以上長期化率，総病床数，新入院可能病床数，年間入院数，平均在院日数の推移

登録時期	4月の在院数	長期在院数	長期退院数	新たな長期化数	1年以上長期化率	総病床数	新入院可能病床数	年間入院数	平均在院日数
2002/4	251	174			69.3	300	126		
			51	15				467	175
2003/4	226	138			61.1	300	162		
			24	15				600	136
2004/4	234	129			55.1	300	171		
			42	17				716	107
2005/4	204	104			51.0	300	196		
			23	9				727	100
2006/4	203	90			44.3	230	140		
			29	13				736	96
2007/4	184	74			40.2	200	126		
			20	14				700	94
2008/4	168	68			40.5	191	123		
			20	15				718	90
2009/4	172	63			36.6	191	128		
			15	9				682	92
2010/4	173	57			32.9	191	134		
総計			224	107					

の長期在院に陥る患者」である．すなわち，病床の計画をする際には，1年以上の長期在院患者，急性期を主体にした在院期間1年未満の患者，そして新たに1年以上の長期入院となる患者の3つの要因を分析することになる．このような考え方は，宮田量治副院長によって入念に練り上げられてきた[8,9]．

表2-1に北病院の在院数，1年以上長期在院数，長期退院数，新たな長期化数，1年以上長期化率，総病床数，新入院可能病床数，年間入院数，平均在院日数の推移が示されている．2002年4月の在院患者数は251人で，このうち1年以上の長期在院患者は174人であり，すなわち1年以上の患者割合は69.3％であった．これは現在の日本の精神科病院の長期化率の平均とほぼ同等である．そして，2010年4月までの8年間に1年以上の長期在院患者は224件（同一患者が含まれているため患者実数では209人）が退院した（この場合の退院というのは，たとえば身体疾患で総合病院へ一時期転院し帰院した場合は，退院として扱わず，入院を続けているものとしてカウントしている）．しかし，同じ8年間に，新たに1年以上の長期入院になった患者は107件あったので，差し引き117だけ長期在院患者が減少したことになる．2010年4月時点での在院患者数173人のなかで1年以上の長期在院患者は57人（32.9％）なので，8年間で1年以上の長期在院患者割合は36.4ポイント減少した．

3 ｜ 長期入院患者の退院先

1年以上入院していた患者の退院先は，図2-1に示したように，地域への退院が

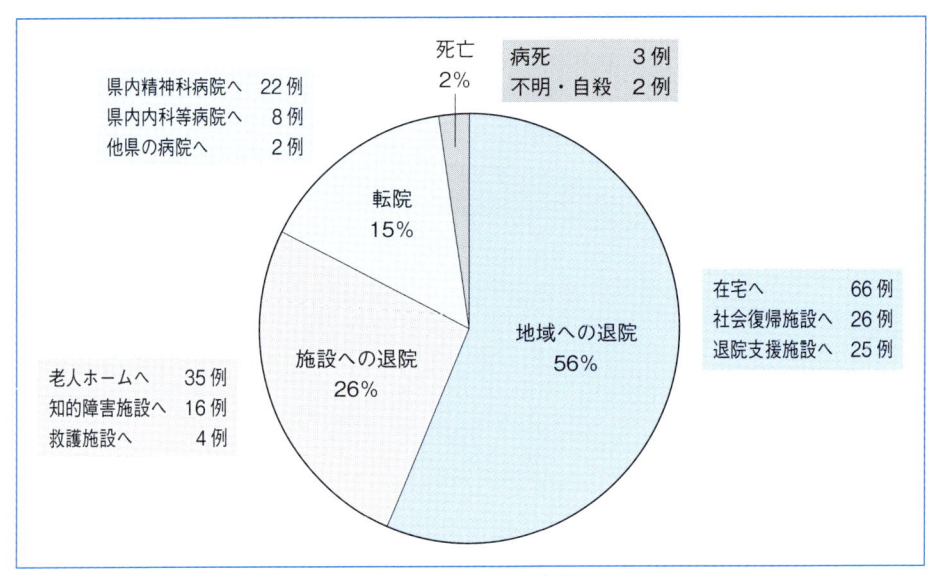

図 2-1　1 年以上の長期入院から退院した 209 例の退院先　（期間：2002 年 4 月～2010 年 4 月）

56％，施設への退院が 26％，転院が 15％ などとなった．地域への退院では在宅への退院が 66 例（家族のもとへの退院よりも，単身アパートなどへの退院が主体），社会復帰施設への退院が 26 例，2007 年 1 月にできた退院支援施設への退院が 25 例であった．施設への退院では，老人ホームへの退院が 35 例，知的障害施設への退院が 16 例，救護施設への退院が 4 例であった．そして転院については，県内民間精神科病院へ転院をお願いした例が 22 例，身体的問題のために内科病院などへの転院が 8 例，家族の事情などで他県の病院へ転院したのは 2 例であった．退院後に行き先がわからなくなったり，自殺した症例は合わせて 2 例だけである．半数以上の例を地域へ退院させることができたことは，それなりの成果だと思っている．

4　退院させるにはまず"気合い"

表 2-2 に退院先を年度別に示したが，これでいくつかのことがわかる．まず最初は退院させるという"気合い"がなによりも大切であるということだ．長期在院患者の多くはそのまま入院していたいというし，家族は引き取りを拒み退院に反対することが多く，病棟の看護師は「退院なんて無理」とか「可哀想ではないか」と反応し，急性期の患者の治療には熱心な主治医も，長期在院患者となると，「このまま置いておけば無難なのに…」と二の足を踏むのである．なによりも精神科病院の入院期間には制限がないことが大きい．これを乗り切るために必要なのはまず病院全体の気合いであり，それが 2002 年度での 51 人（そのなかで 22 人は在宅）という退院数に結びついた．最初の段階はとにかくやればやれるし，やるしかないのである．しかし，退院促進を継続すると，堅い地盤に突き当たるようになる．在宅（ほとんどは単身アパートなど）への退院は，これが可能な患者が少なくなることによって次第に難しくなってくる．そ

表 2-2　1 年以上の長期入院から退院した例の年度別退院先

	退院先内訳	2002	2003	2004	2005	2006	2007	2008（年）
在宅	在宅へ移行	22	4	14	8	0	8	7
	社会復帰施設など	9	3	7	6	0	1	0
	退院支援施設	0	0	0	0	15	3	3
施設	老人施設	9	8	9	2	1	3	2
	知的施設	5	4	3	0	1	1	2
	救護施設	1	0	2	0	0	0	1
転院	精神科	2	3	5	3	3	1	3
	内科など	1	1	1	2	2	0	0
	他県	2	0	0	0	0	0	0
死亡		0	0	0	0	2	2	0
合計		51	23	41	21	24	19	18

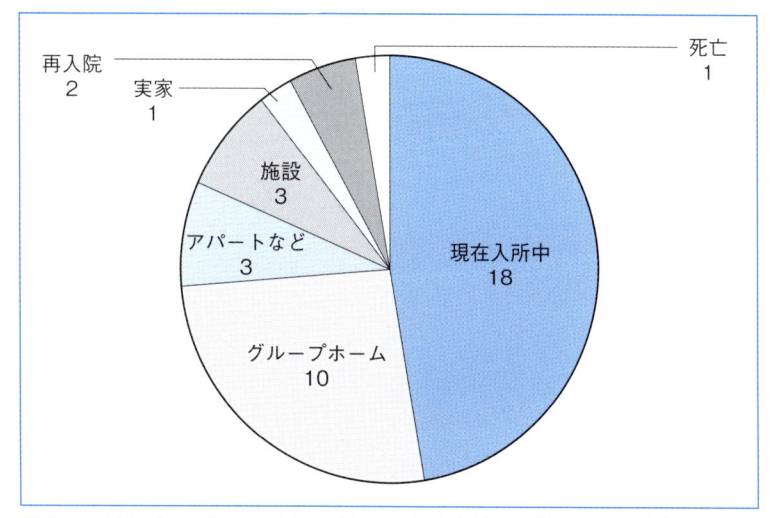

図 2-2　2007 年 1 月～2010 年 3 月に県立北病院から「あゆみの家」に退院した 38 例の現状

（再入院 2、実家 1、施設 3、アパートなど 3、グループホーム 10、現在入所中 18、死亡 1）

こで必要になるのは，夜間も職員がいるようなケア付き住居であり，2006 年度を最後に利用可能となった退院支援施設は，筆者らにとって大きな救いになった．

2007 年 1 月に北病院の敷地内にできた 20 人分の退院支援施設（指定管理者制度で社会福祉法人が運営）である「あゆみの家」の成果を図 2-2 に示した．この施設は 1～2 年（場合によっては 3 年までは延長が可能）で次の段階に移行する中間施設である．2007 年 1 月～2010 年 3 月に 35 人が北病院からここに退院していった．その中で 18 人が次の段階に進み，かなりの人たちはグループホームや福祉ホームなどに移ることができた．この 18 人のことを考えると，もしそのまま北病院にいたら，とても退院は無理であったと思われる状況の患者ばかりである．病院から次の段階に進めるのは容易ではないが，1 度病院外の施設での生活が可能となると，次の段階に移行することは，病院からよりははるかに容易になり，市町村などの協力も得やすくなる．これは最近，筆者らが痛感しているところである．

現状と今後の展開

1 | 小規格併設型指定入院医療機関の運営開始

　2007年で機能強化プランが一段落したと思ったら，山梨県の県立病院が県立県営から独立行政法人となる話が急激に進み出し，2010年から北病院は公務員型独立行政法人になった．これとの関連もあって，大きな課題であり，筆者らにとっての強い希望でもあった小規格併設型医療観察法指定入院医療機関🔑 が北病院に作られることになった．具体的には，精神科救急入院料病棟である1A病棟に併設（増築）して，5床の指定入院病床を作り，一般の救急・急性期患者と区切らない形での運営とし，増築部分にはかなり広い作業療法室，集団精神療法室などを設けた．この増築部分には指定通院を行えるような診察室や出入り口も設置している．指定入院医療機関は2010年7月中に運営を開始したが，精神科救急入院料病棟との併設という形は全国で初めてで，今のところ順調に運営されている．

　この指定入院医療機関はアメニティが素晴らしく，スタッフも充実している．ここで診療を開始してみると，これまでの治療環境の貧しさをいっそう痛感するようになった．全面改修した1A病棟は別として，これ以外の3つの病棟はいずれも古い施設基準（患者1人あたりの面積が4.7 m^2）で作られており，狭く，老朽化しており，特に開放病棟である2A病棟の壁は喫煙室がなかった時代のタバコのヤニで黄変している．以前からこれはなんとかしなければならないと思っていたが，もう我慢できない．北病院は1990年の全面改修から22年を経過しているのだが，指定入院医療機関もできたばかりだし，全面改修するわけにはいかない．しかしここで内部に手を入れれば，あと15年はこの建物でやれるだろう．

　次の目標は，高いアメニティと十分なスタッフ密度をもった病棟への改修と発病早期の患者から高齢者まで，継続的なリハビリテーションやアウトリーチを多職種チーム治療で行えるような診療環境の実現である．具体的には開放病棟である2A病棟を廃止し，2つめの精神科救急入院料病棟の設置と児童思春期病棟の高規格化と訪問やデイケアスタッフの充実を計画している．図2-3に2010年7月までの病棟の変遷と新たな病棟再編計画を示しておいた．今後進むであろう山梨県の精神科救急医療体制の24時間化に対応して，窓口の設置や常時対応施設も含めて，北病院の役割はさらに重くなるであろう．救急・急性期治療をより充実させるために必須なのはさらなる個室化，特に施錠可能なトイレつき個室の増加である．図2-3に示した右端の病棟構

🔑 **小規格併設型医療観察法指定入院医療機関**：指定入院医療機関とは，重大な他害行為を起こしたが精神障害のため服役しない対象者への医療観察法に基づく入院施設である．全室個室，高いスタッフ配置や充実した治療プログラムなど，スーパー救急病棟を上回り，現在の精神科医療体制で最も高規格な入院医療体制になっている．指定入院医療機関には33床のフル規格，15床の小規模などの独立型と14床未満でほかの病棟に併設されている小規格併設型がある．

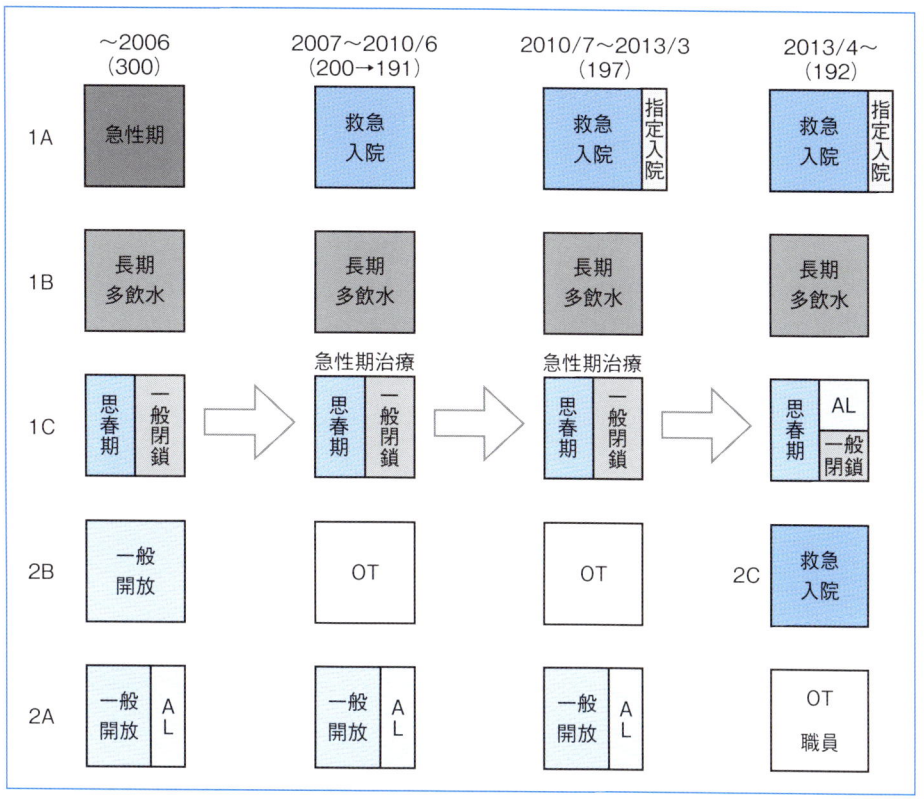

図 2-3　北病院の病棟構成の変遷と今後の計画
AL：アルコール治療病棟，OT：作業療法棟，職員：職員ゾーン

成が実現できれば，192床で個室率46％（保護室12，トイレつき個室23，一般個室54）となり，2011年の状況と比較して個室率は13ポイント増加し，特にトイレつき個室を5室増やすことができる．そして，この新たな病棟再編計画を実現するためには，開放病棟になお入院している長期在院患者のさらなる退院促進に取り組まなければならない．楽に進める道ではないが，これまでの経験から不可能ではないだろうし，新たな目標が定まれば病院スタッフの気持ちも一層高まるに違いない．

2　病床は減らして人を増やす

最後に人員について，記しておきたい．機能強化プランでは，病床を100床減らすが，スタッフをできるだけ減らさず，看護をほかの職種に転換させながら，スーパー救急・急性期，デイケア，訪問に張りつけ，医師を増員し，治療・リハビリ機能を強化することを目標にしていた．図 2-4 に北病院の職員数の変遷を示したが，ほぼ目標を達成しているし，特に精神科医師とPSW，心理，OTなどのコメディカルの増員ができたことは大きい．これについては，独立行政法人になって公務員の定数枠の制限から外れたことと，指定入院医療機関の設置も関係している．しかし公務員の定数枠から逃れたと思ったら，最近は看護師の不足や医師確保の困難さが現実のものと

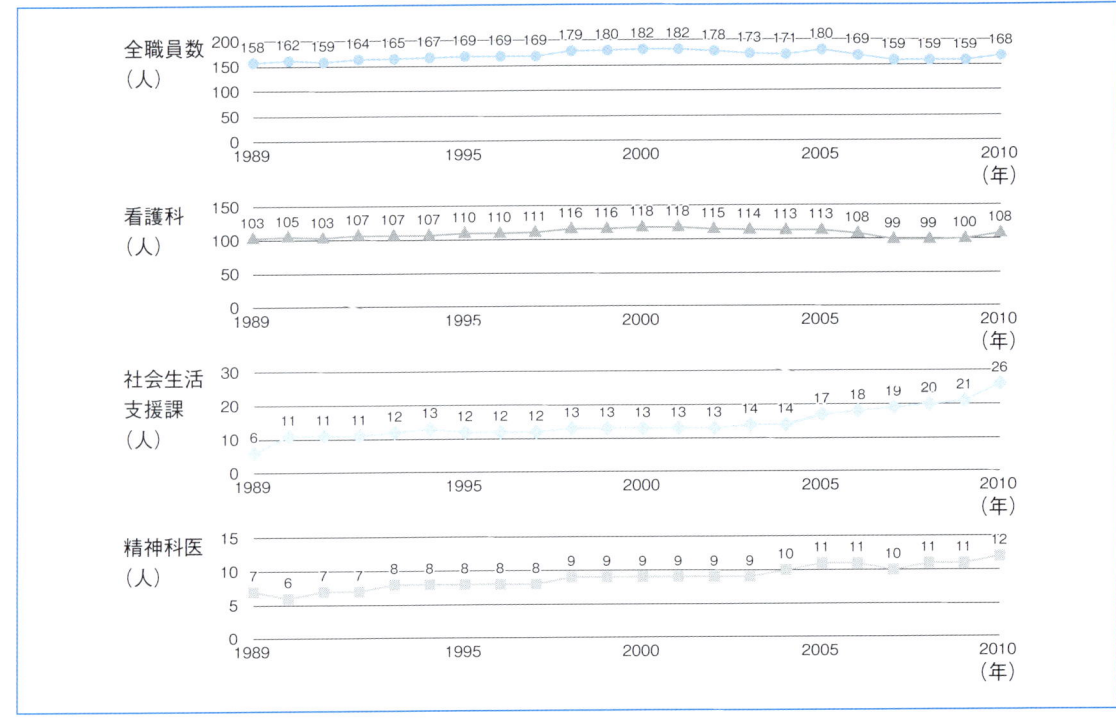

図 2-4　1989〜2010 年までの北病院職員数の推移

なってきている．これを乗り切るために，筆者らのやりたいことを世の中に問いながら，やる気があるスタッフをなんとか集め，育て，ともに頑張らなければならない．

●文献
1) 藤井康男：ランベール博士の service におけるデポ外来維持療法—フランス地域精神医療近況．臨床精神医学 15：1705-1707，1986
2) Fujii Y, Lambert PA : Comparaisons des traitements extra-hospitaliers des psychoses chroniques par neuroleptiqués oraux et neuroleptiques retard. Résultats de vingt années d'expériences clinique. Actualites Psychiatriques 1：72-76, 1987
3) 藤井康男：デポ剤による分裂病外来治療—日仏地方精神病院での調査結果から．精神医学 31：145-151, 1989
4) 功刀 弘，今村満子：高齢在院者の医療と福祉問題．精神科 Mook 26：59-70, 1990
5) 藤井康男，宮田量治：山梨県立北病院のダウンサイジングと機能強化．病院・地域精神医学 50：1-10, 2008
6) 藤井康男：精神科病院のダウンサイジングと治療技法の進展．臨床精神薬理 7：1407-1423, 2004
7) 藤井康男：ダウンサイジングと悪魔の囁き．精神医学 46：672-673, 2004
8) 宮田量治：そして 45 名いなくなった：長期在院患者の退院促進マネジメントと新規抗精神病薬の役割．臨床精神薬理 7：1463-1472, 2004
9) 宮田量治，藤井康男：組織的な退院促進により公立単科精神科病院から退院した長期在院患者の再入院状況と病院側の応需負担．精神医学 51：895-904, 2009

（藤井康男）

第3章

精神保健法からみる退院支援・地域移行の歴史
さわ病院の場合

「退院支援・地域移行」という言葉が嫌いなワケ

　今回の主テーマである「退院支援・地域移行」という言葉は筆者の最も嫌いな言葉の1つである．その理由は，医療は入院を含めて，当然のことながら人がたまたま病気になったときに必要になるもので，特に入院から，その対語にあたる通院に移るのは当然であるからである．つまり退院支援・地域移行の対語は入院であり，特に長期の社会的入院と対比されるから嫌いなのである．

　しかし，現状からは確かに社会的入院が多いのは事実である．いわゆる終の棲家となるベッドを保有する精神科病院がかなりある．

　先進諸外国ではノーマライゼーションを建前に，医療費削減を本音として，1960年代から病床削減が行われた．この流れは現在もその通りで，日本のように入院費が，急性期で1/2～1/6で，慢性期を合わせても先進諸外国の半分という状況で，本音の医療費の削減はあり得ない．

　また，「これからの退院支援・地域移行」といっても，実際にはハードとソフトとヒューマンをそろえなくてはならないうえに，地域への対応という最も困難な課題を含んでいるので，明日からすぐに退院支援・地域移行ができるというのではない．

　この点を含み，さわ病院で精神保健法（現在の精神保健及精神障害者福祉に関する法律）成立後から行ってきたことを中心に述べる．

さわ病院の社会復帰小史

　さわ病院は1953年に創立された．1915年に創立され，戦後廃院になった精神科病院を手に入れて64床でスタートし，1983年に最大603床に至った．当時は収容型ではあったが，それでも社会復帰を支える救急医療については，当時精神科医でなくても入院させられたので，夜間でも調子が悪ければすぐに入院できた．

1 精神保健法前史

(1)作業費から賃金契約

　1983年10月に病院近くの民家で入院患者の生活訓練を開始した．男性患者は机作り，女性患者は料理教室，そしてその他茶話会，絵画，書道などを合同で行った．1985年3月に生活訓練を廃止しデイケア開設へと転換し，また同年9月には，院内清掃は1日100円，配膳は1日50円で募集して行った．1986年9月には，患者，家族，職員が一緒になって，「通常の業務ではできないことを，話し合いながら一緒にやろう」ということで，第二日曜会(後にロータス・クラブと命名)を行った．同年11月には食養課の洗浄にパートを導入し，時給500円で契約を結んで雇用した．

(2)宿泊体験から退院後生活のイメージ作り

　1986年12月，ある家族が正月外泊も不安だということをいわれ，大晦日に患者が家族と一緒に泊まれる場を作った．これが超短期宿泊施設，ふたばの家となった．

(3)地域サポート体制の重要性

　1986年に入り，精神科訪問看護が点数化され，翌年4月から最初は病棟看護師に継続看護として訪問看護を開始した．同年6月にはデイケアが承認され，同時に病床は23床減らして580床とした．同年9月には共同作業所を開いた．翌1988年4月には配膳作業を時給300円とし，同年5月に法人で初めて雇用したサイコソーシャルワーカーを入れて医療相談室を新設し，同時に訪問看護のために在宅ケア室を新設した．それまでは病棟からの継続看護としていたが訪問看護専従の看護師を置いた．これにより「システム」としてアパート退院を開始した．

(4)欧州の精神科病院を観察して

　1987年8月，精神保健法が国会を通過し，今後の精神科病院をどのようにしようかと考えていた．そのとき「ルポ精神病棟」の著者・大熊一夫氏が，日本の精神医療従事者10名ほどを募ってイタリアとデンマークの視察をしようというツアーを企画され，筆者は今後の方向性のヒントを得ようと考え参加した．イタリアでは1978年に180号法が成立し，精神科病院は新たに作らない，精神障害者を今後精神科病院に入院させないで，地域でサポートし，必要なら一般病院でみるという方向が打ち出されていた．精神科病院に残っているのは地域生活の困難な，長期入院の高齢者のみで，いずれ亡くなられれば閉鎖するといっていた．デンマークでは病院のすぐ外に共同住居を作り，あるいは住宅街にさりげなく共同住居を作り，外からサポートするといったものだった．

2 | 精神保健法後史

(1) 先行して作って利用できる制度の利用へ

　デイケアだけでは夕方寂しいという患者がいたが，デイケアとナイトケアのはしごはできないので，1988年9月には，ナイトケアの前身としてナイトサロンを開始した（1990年12月にはナイトケアとした）．また父と二人暮らしで，父は月の半分を出張に出ており，息子は何度も入退院をしていたので父はずっと入院させてくれという人がいて，それならということで外来患者への食事実費サービスを開始した．これは後にデイナイトケアとなった．

(2) 職員研修教育の重要性

　その後，英国のエリーヤンセン女史が来日しリッチモンド・フェローシップについて紹介され，1989年に6か月，1人の看護師をリッチモンド・フェローシップに研修に行かせた．また同年，希望する職員を約20人ずつ2班に分け，イタリアと英国の地域ケアの見学に行かせた．その後1990年には米国・サンフランシスコとカナダ・バンクーバーに，1999年に豪州に，2001〜2002年に米国・ロサンゼルスに研修に行かせた．このような研修に行った職員と仕事をしていると，少々奇抜なことを計画しても彼らは驚かない．

　日本の現状から出発し，外国の方向性について，日本的に「copy and improve」[1]するのは日本人の特技であるので困難ではなかった．困難なのは改革して安定するまでは余計な費用がかかること，地域にこれまで出していなかった患者を出していくと，地域からいろいろな反応があることである．

(3) ケアの継続性

　施設的には1989年4月に精神障害者通所授産施設・ロータスアートを開所し，パン製造を始めた．当時職員は週休2日となっており，ケアを3日以上空けないという目標を決め，ゴールデンウィークや年末年始には連続する休みの3日目には合同デイケアとしてビッグサロンを開始した．11月には作業およびパート取扱規定を定め，患者の労働に対しては雇用契約をすることとした．

(4) 地域への退院を促進するという強い信念と継続的実践の重要性

　できるだけ退院可能な人を生活モデルとするために，1990年1月には慢性開放病棟を「機能的援護寮」にした．本来，援護寮は地域の中の生活の場であるが，この試みは病棟を使っていながら病棟の規則，職員の関わりは地域生活に近づけ，「医者モデル」を「生活モデル」にし，地域への退院の可能性を検証，確認したものである．

(5) 居住施設の整備とリスク管理

　1991年2月には長期在院者の外泊や，退院訓練を開始し，そのための短期宿泊訓

練施設「わかばの家」を開設した．同年4月には「さわ病院家族会」を提案し，家族の自主的な集まりの会を作ってもらった．同年5月12日には，中間施設型の共同住居，キャッスル・ヒル231を開所した．ここの滞在期間は6か月を限度とし，永住型共同住居北斗ハイツ1・2号館を11月に，翌年5月にはもう1つの中間施設型グループホームを，7月には永住型グループホームを開いた．このとき新本館を建設し，銀行からの借り入れが多く，銀行から赤字部門のグループホームの売却を迫られ，1993年2月に3軒のグループホームを患者家族に売却し，借家として利用させてもらった．この流れで北斗ハイツ2号館は閉鎖した．当法人のグループホームは法外の共同住居のときからスプリンクラー設置を必須としている．これは後に述べるケアつきアパートでも同様である．

(6) 資金調達の重要性

1994年5月に地域高齢者への配食サービスを開始した．またそれに先立ち同年4月からデイナイトケアが診療報酬で認められたため10月から開始した．同年12月，有限会社バイシードを設立し，患者家族から1,000万円ずつ借り，グループホームを設立し，これを医療法人に賃貸し，一方利子3％を賃主に支払い，賃主は2人使用ならグループホームの家賃を医療法人に支払えるようにした（ただし，将来患者が死亡したときは寄付をしてもらう構造とした）．1995年4月には訪問看護ステーション・エバーケア（24時間体制）の認可を得た．

(7) 一般雇用の重要性

1994年4月，患者とその家族，職員で米国（サンフランシスコ）を訪問し，現地の視察と患者との交流も行った．同年9月にはバイシードの作ったBCレジデンス1・2号館を，同年10月には3・4号館を開設した．1995年10月には地域高齢者への配食サービス・フロイデッセンを開始し，翌1996年には大阪府豊中市の在宅給食サービス事業が委託された．このときから，それまでの病院内の雇用を含めて大阪府の最低賃金を守る雇用としている．

(8) 障害者の自尊心と地域の受容性の向上

この配食サービスを担うのはすべて通院中の患者であるが，この事業には4つの重要な点がある．第1には通常の賃金を受けられることである．もう1つは「人に面倒を見てもらう立場から面倒を見る立場への転換」である．自尊心の向上に寄与する．さらに障害者が配食することを受け入れなければサービスが受けられない状況から自然に接触体験が得られ，地域住民の受容性が高まることである．最後に高齢者の家で弁当を届けて出てこないあるいは空の弁当箱が出ていないと高齢者に何か起こっているということがわかるので高齢者の見守りになるということである．

(9) 地域の資源を用意し退院させると自然に病床は減る

1996 年 4 月に BC レジデンス 5 号館，7 月には北斗ハイツ 2 号館をほかの場所で再開した．これらのグループホームの人の生活を支えるために，1997 年 3 月にはヘルパーステーション・ライフサポートを開設した．同じ月には BC レジデンス 6 号館をオープンした．これで合計 10 軒のグループホームができた．

グループホームはすべて病院から 1 km 以内のところであった．これは食事もデイケアも利用する程度の人向けのもので，自分で日中の活動ができたり食事も適当な指導で行える人は地域のアパートを借りてもらい，ヘルパーは適宜利用し，自立した生活ができるようにした．

グループホームはこれ以上地域で増やすことは難しく，またさらに重い人を地域でみようとすると，服薬管理を含めて常時スタッフが必要になる．そこで 1997 年 6 月に 1K の旧職員寮芝蘭荘 1 号館 2 階を退院者住居へ転用していった．そのためには対象者を 1 年前から 1 つの病棟に集め，1990 年に行ったのと同じように，開放病棟を機能的に生活モデルとして，1 病棟の患者も看護長を含めた看護者も精神保健福祉士も同時に「退院」させ，看護師は訪問看護師にも配置転換し，顔なじみの関係のまま地域生活ができるようにした．同年 8 月には芝蘭荘のサポート体制として在宅ケア室を再開した．翌 1998 年の 5 月に職員のアパートを整備し退去してもらい，同時にスプリンクラー工事を行って最終的に 60 人ほどの退院患者を受け入れるケア付きアパートになった．これで最終的に 1999 年 7 月には 9 病棟を 8 病棟とし，最大で 603 床であった病床も 505 床とした．

(10) 先行して作って利用できる制度の利用へ

デイケアのような決まったプログラムより自由に集える，いつでも相談に乗ってもらえることを希望し，また社会福祉協議会など地域の住民との交流がもてる場が欲しいという人のために，1999 年 10 月に地域生活支援センターを開始した．

また 2000 年 4 月に福祉ホーム B 型の制度ができ，補助金も出るため芝蘭荘の一部を福祉ホーム B 型とした．居住している人にとっては何も変わってはいない．

2002 年 6 月にはバイシード経営の「喫茶フローラ」を運営してもらった．

(11) 5 年で理解者，10 年で応援団

授産施設ではもの足りないが，一般企業では勤めにくい人に就職の機会を与えるために福祉工場を 2001 年に作った．さわ病院からわずか 500 m しか離れていないところだったので理解は得られると思っていたが，ちょうど池田小事件のあとだったのでかなりの反対運動があった．隣の保育園の講堂で 19 時から深夜 1 時まで園児の座

池田小事件：2001 年 6 月 8 日，大阪府池田市の大阪教育大学附属池田小学校に刃物を持った男が乱入し，児童 8 人が死亡，教師を含む 15 人が重軽傷を負った事件．加害者は統合失調症という診断で何度か措置入院してもすぐに解除され，継続的な治療が行われず，結局人格障害で「責任能力あり」と判断された．

る椅子に座らされて，罵倒され，「何でここやねん」「近くのマンションの経営者だが人が入らなくなったら補償してくれるのか」「勇気ある撤退を」「駅まできたら一目でわかる洋服を着せろ」「駅からは職員をつけろ」「隣の公園には入るな」などと言われた．説明会を開いたり当事者に話してもらったり，学識経験者の講演をしてもらったが，きてくれるのは理解者ばかりであった．結局予定通りに開所したが特に当事者をいじめたりする人はいなかった．講演などでの知識提供より接触体験が大切である．

福祉工場では就労支援室を設置し定期的な就労支援講座も始めた．

(12) 地域住民の理解と受容の促進

2004年に病院向かいのアパートの数部屋は夜勤者の仮眠室などに借りていたが，ここに空き部屋ができたと聞いて患者の居住施設にしようとし，大家の了解を得た．一般の居住者にその旨を話し，それなら引っ越したいという人には移転費用を法人がもって出てもらった．その後一般住民が残ったが何も問題はなかった．

1993年に病棟を新築したときから，病院塀をなくした．そのため，散歩が許可されている入院患者はどこからでも出て行くことができ，2000年12月に2人の患者が同じ団地から転落死した．その後筆者を含めて職員が団地内を見回り，2001年1月に団地住民との話し合いをもった．その結果，警備員2名を団地内に常駐させ法人が負担した．またそれまで何かあると開催していた地域住民との懇談会を3か月おきに設けることとした．最初は多く集まってきたが，最近は集まる人も少なく，また要望があったり，病院が大きな計画を示すときに開くようになっている．

また，さわ病院では先代から盆踊り大会や運動会を病院の運動場で行ってきた．1989年に地域の夏祭りが近隣の小学校でもたれるようになって，最初は職員が患者を連れて行った．その後模擬店をさせてもらい，やぐらも職員が受け持つようになった．ずっと土曜日が地域の夏祭り，日曜日がさわ病院の盆踊り大会とし，さわ病院の盆踊り大会はその後地域の障害者施設の夏祭りとした．土曜日が雨だと日曜日に合同で開催するという約束であった．ある年，土曜日が雨で日曜日に合同で開催したが，トラブルは何も起こらず，また翌年から土曜日と日曜日に分けて開催した．その後2004年にまた土曜日が雨になり日曜日に合同で開催した．この時になって社会福祉協議会やPTAなどから「このほうが自然だね」という声が挙がり，翌年の2005年からずっと合同で行っている．まさに雨降って地固まるの通りだと思われた．

(13) 自立支援法は役に立たない，一般就労こそ必要である

2006年10月に地域生活支援センターは，障害者自立支援法により「地域活動支援センター」に変わり，相談支援事業も行うようになったが利用者数が少なく，結局2010年9月で閉鎖し，ほかの社会福祉法人に移管した．

グループホーム11軒のうち1軒は貸主の都合で閉じたが，残る10軒は障害者自立支援法によりグループホームとケアホームとした．しかし経営的には成り立たず，生活保護の人のためにのみ5軒を残し，2009年以後次々と法外の共同住居に戻して

いった．福祉ホームも同様にケアつきアパートにした．さらにさわ病院の慢性病棟にいた患者を退院させていったが，死亡した人，一般アパートに移っていった人などで，その後共同住居を使う人も少なくなり，地域のグループホームとケアホーム，共同住居の数もそれぞれ5軒，3軒に減少させた．一方，個室で24時間スタッフのいるケアつきアパートは不足気味である．この住居プログラムは開始して20年になるが，居住者の高齢化により階段を上がることが困難になり，エレベーターの設置を必要とする状況となり，2011年に2つの共同住居に，まもなく3階建てのケアつきアパートにも設置される．

　授産施設も福祉工場も，特に障害者自立支援法になって赤字がひどくなった．これまでは医療で得た利益を同法人の施設に回す形をとったが，診療報酬も下げられる時代になりこの部門の維持は難しくなった．2008年4月，福祉工場は一応就労移行支援に転換したが，できたら閉じたい部門である．

歴史の中で見出したこと

　　　　上記の歴史の中で述べてきたことを列挙してみる．
・地域への退院を促進するという強い信念と継続的実践の重要性
・地域移行のバックアップの救急医療の重要性
・職員研修教育の重要性
・宿泊体験から退院後生活のイメージ作り（職員も患者も）
・4つの要素の整備[2]
　①居住施設[3,4]
　②地域サポート体制の重要性，ケアの継続性[5]
　③活動の場
　　a．一般就労こそ必要，一般雇用の重要性，作業費から賃金契約
　　b．それによる障害者の自尊心の向上
　④地域住民の理解と受容の向上・促進とリスク管理
　　a．講演などでの知識提供より接触体験が大切
　　b．5年で理解者，10年で応援団
・運営
　①先行して作って利用できる制度の利用へ
　②資金調達の重要性
・地域の資源を用意し退院させると自然に病床は減る（図3-1, 2）
・障害者自立支援法は役に立たない[6]

1 患者の声を聞き，できることから始める

　これらの変革でなにより大切なのは，患者が地域生活を始めて必要とするサービス

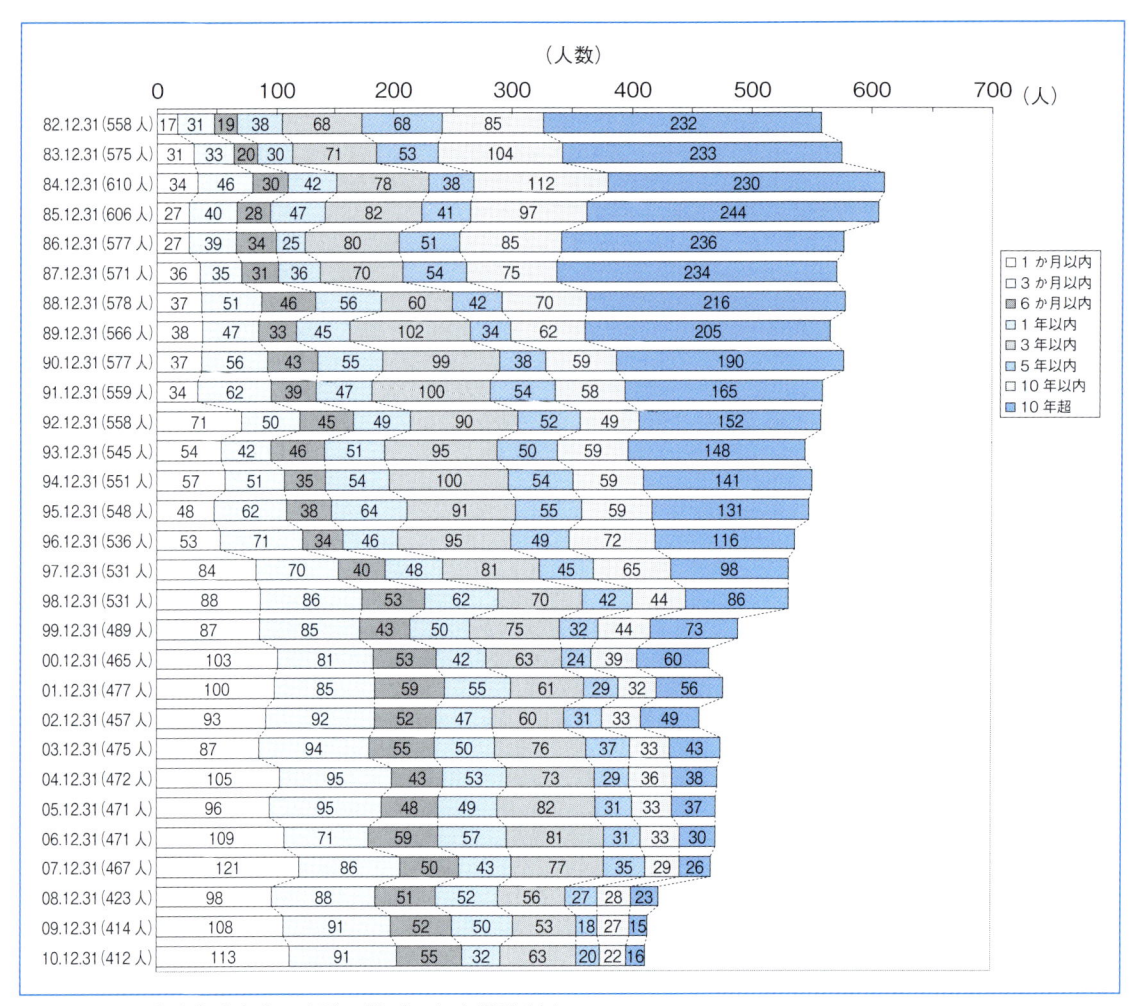

	1か月以内	3か月以内	6か月以内	1年以内	3年以内	5年以内	10年以内	10年超
82.12.31 (558人)	17	31	19	38	68	68	85	232
83.12.31 (575人)	31	33	20	30	71	53	104	233
84.12.31 (610人)	34	46	30	42	78	38	112	230
85.12.31 (606人)	27	40	28	47	82	41	97	244
86.12.31 (577人)	27	39	34	25	80	51	85	236
87.12.31 (571人)	36	35	31	36	70	54	75	234
88.12.31 (578人)	37	51	46	56	60	42	70	216
89.12.31 (566人)	38	47	33	45	102	34	62	205
90.12.31 (577人)	37	56	43	55	99	38	59	190
91.12.31 (559人)	34	62	39	47	100	54	58	165
92.12.31 (558人)	71	50	45	49	90	52	49	152
93.12.31 (545人)	54	42	46	51	95	50	59	148
94.12.31 (551人)	57	51	35	54	100	54	59	141
95.12.31 (548人)	48	62	38	64	91	55	59	131
96.12.31 (536人)	53	71	34	46	95	49	72	116
97.12.31 (531人)	84	70	40	48	81	45	65	98
98.12.31 (531人)	88	86	53	62	70	42	44	86
99.12.31 (489人)	87	85	43	50	75	32	44	73
00.12.31 (465人)	103	81	53	42	63	24	39	60
01.12.31 (477人)	100	85	59	55	61	29	32	56
02.12.31 (457人)	93	92	52	47	60	31	33	49
03.12.31 (475人)	87	94	55	50	76	37	33	43
04.12.31 (472人)	105	95	43	53	73	29	36	38
05.12.31 (471人)	96	95	48	49	82	31	33	37
06.12.31 (471人)	109	71	59	57	81	31	33	30
07.12.31 (467人)	121	86	50	43	77	35	29	26
08.12.31 (423人)	98	88	51	52	56	27	28	23
09.12.31 (414人)	108	91	52	50	53	18	27	15
10.12.31 (412人)	113	91	55	32	63	20	22	16

図 3-1　さわ病院在院患者の在院日数別の年次推移（人）

を，患者の声を聞きながらできることからしていくことである．役人が机上でシステムを作っていく「演繹」手法とは全く異なり，現場から「帰納」して1つひとつ積み重ねていくことである．これは，レシピを作った人は料理をしたことのない人で，料理を作るのにいらない調理道具をそろえさせ，実際は使いづらいという状況に似ている．

　患者の声を聞くといっても，いつまでもいたいというのをそのまま受け入れていては進まない．これを筆者は「ないない6重奏」と呼んでいる[7]．職員も患者もその家族もイメージがないからである．

　周囲との連携，ネットワークとよくいわれるが，人が bio-psycho-social（生物・心理・社会的）な存在であるからアプローチも同じく bio-psycho-social である必要がある．そのためこの3分野の専門職がチームでアプローチする必要がある．しかし人は24時間生活しているので，24時間のサービスをする人とは連携するが，それ以外の人との連携は結局は都合のよい「つまみ食い」の補完をさせられるので問題である．

　退院促進・地域移行により，障害のある人が当たり前の地域の人となることは大賛

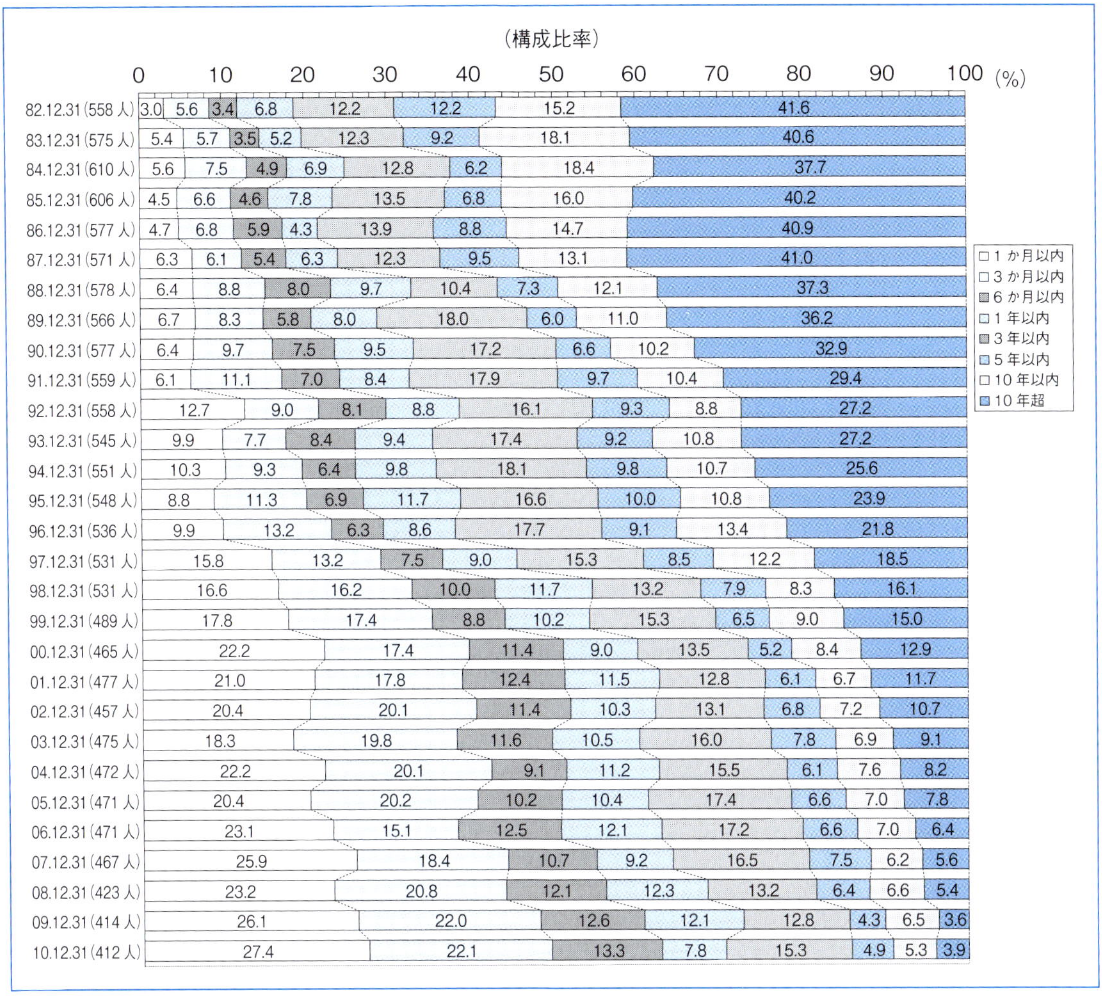

（構成比率）

年月日	1か月以内	3か月以内	6か月以内	1年以内	3年以内	5年以内	10年以内	10年超
82.12.31 (558人)	3.0	5.6	3.4	6.8	12.2	12.2	15.2	41.6
83.12.31 (575人)	5.4	5.7	3.5	5.2	12.3	9.2	18.1	40.6
84.12.31 (610人)	5.6	7.5	4.9	6.9	12.8	6.2	18.4	37.7
85.12.31 (606人)	4.5	6.6	4.6	7.8	13.5	6.8	16.0	40.2
86.12.31 (577人)	4.7	6.8	5.9	4.3	13.9	8.8	14.7	40.9
87.12.31 (571人)	6.3	6.1	5.4	6.3	12.3	9.5	13.1	41.0
88.12.31 (578人)	6.4	8.8	8.0	9.7	10.4	7.3	12.1	37.3
89.12.31 (566人)	6.7	8.3	5.8	8.0	18.0	6.0	11.0	36.2
90.12.31 (577人)	6.4	9.7	7.5	9.5	17.2	6.6	10.2	32.9
91.12.31 (559人)	6.1	11.1	7.0	8.4	17.9	9.7	10.4	29.4
92.12.31 (558人)	12.7	9.0	8.1	8.8	16.1	9.3	8.8	27.2
93.12.31 (545人)	9.9	7.7	8.4	9.4	17.4	9.2	10.8	27.2
94.12.31 (551人)	10.3	9.3	6.4	9.8	18.1	9.8	10.7	25.6
95.12.31 (548人)	8.8	11.3	6.9	11.7	16.6	10.0	10.8	23.9
96.12.31 (536人)	9.9	13.2	6.3	8.6	17.7	9.1	13.4	21.8
97.12.31 (531人)	15.8	13.2	7.5	9.0	15.3	8.5	12.2	18.5
98.12.31 (531人)	16.6	16.2	10.0	11.7	13.2	7.9	8.3	16.1
99.12.31 (489人)	17.8	17.4	8.8	10.2	15.3	6.5	9.0	15.0
00.12.31 (465人)	22.2	17.4	11.4	9.0	13.5	5.2	8.4	12.9
01.12.31 (477人)	21.0	17.8	12.4	11.5	12.8	6.1	6.7	11.7
02.12.31 (457人)	20.4	20.1	11.4	10.3	13.1	6.8	7.2	10.7
03.12.31 (475人)	18.3	19.8	11.6	10.5	16.0	7.8	6.9	9.1
04.12.31 (472人)	22.2	20.1	9.1	11.2	15.5	6.1	7.6	8.2
05.12.31 (471人)	20.4	20.2	10.2	10.4	17.4	6.6	7.0	7.8
06.12.31 (471人)	23.1	15.1	12.5	12.1	17.2	6.6	7.0	6.4
07.12.31 (467人)	25.9	18.4	10.7	9.2	16.5	7.5	6.2	5.6
08.12.31 (423人)	23.2	20.8	12.1	12.3	13.2	6.4	6.6	5.4
09.12.31 (414人)	26.1	22.0	12.6	12.1	12.8	4.3	6.5	3.6
10.12.31 (412人)	27.4	22.1	13.3	7.8	15.3	4.9	5.3	3.9

図 3-2 さわ病院在院患者の在院日数別の年次推移（%）

成である．しかし疾患や障害についていつでも対応できるような体制にないならば，「入院していたほうがよい」といわれても仕方ない．

2 「必要なときのお節介」の保障が大切

　筆者は「地域は病院だ，家庭は病室だ，町中開放病棟だ」と言ってきた[8]．2011年3月11日の東日本大震災では地域生活をしていたものの，避難所で大勢の人の中でストレスを感じ，眠れず，あるいは薬をもってくるのを忘れて，または人前で服用することを躊躇して再燃する人が増加した．阪神淡路大震災のときも同様であった．筆者の病院では，震災のあった1995年1月17日のうちに訪問看護で回っていた人，デイケアに通っていた人には，生命の安全，生活維持の可能性，医療の継続の保障について確認した．このような「必要なときのお節介」が保障されないのなら退院促進・地域移行はしないほうがよいとさえいえる．それはさておいて，まず退院促進・地域移行

というのはサービス提供側の勝手な思いともいえ，再燃により脳の状態がさらに悪化するかもしれないことをもう1度考えるべきであろう．

地域に戻すために必要なこと

　繰り返しになるがまとめると，退院させて地域に戻すのが当たり前という信念と，そのために用意する4つの要素を地域と経済に応じて用意すること，この経済にはそれを支える診療報酬，補助金があればよいが，なくても他の部門との経済バランスで先行していくこと，そして時に先行していくと後に診療報酬化したり補助金化することがある．もう1つはこの動きを一緒にしてくれる多職種のスタッフを育てることである．

　そして地域に戻ったときに，入院機能以下のサービスしか地域で用意されていなければそれは失敗であり，絶対必要なのは「24時間の救急サービス」と「リスク管理」である．

● 文献

1) 澤　温：独自の社会復帰．松原三郎(責任編集)：専門医のための精神科臨床リュミエール(4) 精神障害者のリハビリテーションと社会復帰．pp 139-151，中山書店，2008
2) 澤　温：社会復帰と福祉．日本精神科病院協会雑誌 14：24-29，1995
3) 澤　温：社会復帰と住居問題—ゲリラ的共同住居の展開．日本精神科病院協会雑誌 11：44-53，1992
4) 澤　温：精神保健・福祉・医療のシステム化をめざして—精神病院の立場から(社会復帰と住居問題をグループホームの展開から考える)．精神神経学雑誌 94：1145-1156，1992
5) 澤　温：社会復帰メニューの利用が在院期間におよぼす効果についての統計学的検討．精神神経学雑誌 93：1042-1052，1991
6) 澤　温，伊東秀子，東山利江：障害者自立支援法の施行とその功罪—地域医療サービスと新事業体系の統合したサービス提供の可能性について．日本精神科病院協会雑誌 26：14-18，2007
7) 澤　温：地域精神医療と精神科病院—地域に開かれた精神科病院．Schizophrenia Frontier 5：19-25，2004
8) 澤　温：外来精神医療の拡大で入院医療がどう変わるか．日本外来精神医療学会誌 3：7-16，2003

〔澤　温〕

第 4 章

長期入院患者の退院と地域生活支援
—「治療共同体」から「生活共同体」へ
のぞえ総合心療病院の場合

長期入院患者を取り巻く状況

　わが国における統合失調症長期入院患者の退院支援の困難さは，彼らを取り巻く上位，同位，下位システムとの多様な不連続性にあるように思う．いまだ活字だけの精神保健福祉法，不備の多い障害者自立支援法による国や地方行政のありさま，精神障害者に排斥的な地域社会，長期入院患者に依存した管理中心の精神科病院，そのような精神科病院に依存した家族．ストレスにことのほか弱く，無為，自閉といった変化を好まぬ統合失調症の病理，新規抗精神病薬の使用率は上がれど相も変わらぬ多剤併用の大量薬物療法という実態．

　このように行政，医療，経済，文化など，どれをとっても長期入院患者の退院を阻むものばかりのようにみえる．さらに患者の地域生活は退院の先にあるものであるから，当然のごとくスタッフも患者も，さらには地域住民も行政も，退院を支援する側も受け入れる側も監督する側も，知識も経験も乏しく，地域生活支援はさらに困難となる．

　しかし，きたるべき困難に備え，精神的にも経済的にも周到に準備し，先輩患者や家族や地域を巻き込み，試行錯誤してなおあきらめず，したたかにことを運べば少なからず「退院」という結果は出せるように思う．さらに「地域生活支援」にしても，「退院支援」の方法が違っていなければ，すでに「退院支援」の中にあるし，育っていると考える．

　なぜなら，米国 Menninger Clinic で学んだ「治療共同体」に基づく多職種による力動精神医学的チーム医療（以下：力動的チーム医療）を[1,2]，医療および社会復帰部門など法人全体に導入することで，この15年の間に平均在院日数を2156.7日から60.3日に激減させ，今や多くの患者の地域生活支援に携わっているからである．

　むろん，長期入院患者全員が回復し，地域生活へと移行できたわけではない．2009年7月末日の変革開始15年後の予後調査では，導入当時入院中であった152名中85名（55.9%）の患者は，「適材適所」という考えのもと，老人は老人病院や施設に，知的障害者は知的障害者施設に，また「全員退院を目指す」という当院の治療目標に合意できぬ患者（正しくは家族）は他精神科病院に移ってもらった．そして，ほかの67名（44.1%）の患者が当院で今も治療中（入院5名，ほかは外来）であるが，彼ら全員が何

らかの形でこれまでに少なくとも1度は退院し，その多くが地域生活を体験している．

そこで以下，当法人で行ってきた精神科医療変革の経験から知り得た知見をもとに，わが国においても可能な長期入院患者の退院支援・地域生活支援について述べる[3,4]．

精神科医療変革前の当院の状況

理事長就任(変革)直前の1994年8月時点での当院(定床150床)の状況は，入院患者数152名に対し，スタッフは精神科医5名(うち常勤医2名)，看護基準は旧看護体制の基本3類でコメディカルはおらず，薬物療法(今でいう多剤併用療法)と看護スタッフによるいわゆる生活指導が行われていた．

また，入退院は月に1人あるかないかで平均在院日数は2156.7日，平均入院期間は12.5年，1年以上の入院患者割合は91.7%(当時の全国平均は75.7%)，3か月以内の入院患者はわずか4.1%であった．また，外来患者は1日に5人ほどで，ダムにたとえれば，満々と水を湛えているようにみえるが，そのほとんどは沈殿物(長期入院患者)で，本来のダムとしての機能(病院機能)は失われていた．また，経営状況は売りに出ていたので決してよくはなかった．

当院の変革を始めるに至った3つの理由

長年，社会防衛的役割を果たし，経営的にも安定している精神科病院を変えるには，変革を余儀なくするほどの背景と動機づけが必要であろう．

当院の場合，変革を始めた理由は大きく3つあった．その強さから順に述べれば，第1に前病院において道半ばで断念せざるを得なかった「力動的チーム医療」を実践し，「地域に開かれた精神科病院作り」を実現したいという思いである．

第2に，「力動的チーム医療」の実践どころか，間違えば病院の存続さえ危ないという経営状況の存在である．買収により生じた多額の借金の返済，法外な適格企業年金の掛け金などで70%近くに膨れ上がった人件費の支払い，築30年近い病院の整備費など，長期入院患者を退院させ入院費の高い短期入院患者に入れ替え，収益を上げていくほかに道はなかった．

第3に，筆者の父が設立した前精神科病院のコミュニティで患者とともに遊び育ったものとして，病院こそ移ったものの何かしらの恩返しをしたいという思いからであった．

当院の「長期入院患者の退院支援」の成功は，知的動機づけや情緒的動機づけだけでなく，以上のごとく経営上の危機という避け難い現実があり，それらすべてが同一方向のベクトルで合致したところにあると考える．前者は変革を牽引し，後者は変革の後退を許さぬだけでなく，精神分析でいう現実原則となり，当院の変革を破綻させる

ことなく今日まで継続させ，成長を続けるうえで今なお大きな力になっていると考える．

当院における精神科医療変革について

1│方法論としての「力動的チーム医療」

　長く米国 Menninger Clinic で活躍した高橋哲郎氏[5]は「精神科病院も生きているシステムで，複層の下位システムをもつ生物原則に従う．細胞膜を介して環境との間で，物質，エネルギー，情報の交換を行い，適応，柔軟な平衡を保ちながら分化，成長する．病院における複層のシステム間のバウンダリーは細胞膜と同様の機能をもつ．また，上下システムを通してシステムのどこかである変化が起こると，同じ変化が全システムに起こる（同形原則）」と説く．

　このシステム論的発想に従えば，改革前の当院を含め，現在のわが国の多くの伝統的精神科病院の抱える入院や外来，地域支援の在り方など，多くの問題点がみえてくる．社会システムとは異質のシステム，つまり全体主義，権威主義，極端な階層秩序，閉鎖主義などが存在する伝統的精神科病院において，たとえ多職種による「伝統的チーム医療」を行ったとしても退院させることは困難で，仮に退院したとしてもすぐに再燃し再入院に至ることは容易に予測できる．わが国の一向に減少しない平均在院日数，30%を超える3か月以内の再入院率の高さはそれを示すものであろう．

　その点，精神分析理論，社会学，集団力動論，システム論からなる「力動的チーム医療」は治療システム相互の連続性や開放性・活動性，患者の病理や治療者・患者関係，病院組織や施設・設備や患者に課す役割など治療する側の問題点，さらには個人とは違う集団の力動などを重要視する．つまり，「治療共同体モデル」に基づいたより対等で社会と同様な階層秩序のもと，患者のもつ健康な部分にも焦点を当て，薬物療法だけでなく，スタッフおよび患者チーム双方を組織し，個人および集団の治療的相互交流により治療しようというものである（詳しくは後述）[6]．

　このように「力動的チーム医療」と「伝統的チーム医療」とは異質のものである．ここに当院の変革を「力動的チーム医療」に託した理由はあるが，それだけに導入に際しては多くの反発や困難があること，さらに習得と普及には時間が必要となることを覚悟した．

2│いかにして「力動的チーム医療」を当院に導入し，変革していったか

　当院の変革を始めるに際し，精神療法的手法を用いようと考えた．そこで，まずは陽性の関係作りを重視し，時を味方につけ，抵抗は進んでいる証ととらえ，横断的判断だけでなく縦断的な理解と判断で変革を進めるようにした．さらに，先述の現実原則を重視した．なぜなら，経済性が伴うものでなければ継続した変革は行えぬと考え

たからである．

(1) 変革の必要性を説く

　まずは，理事長交代に揺れるスタッフや患者を前に，当院自身が無為，自閉のいわば「統合失調症の慢性状態」に陥っていること，よって慢性長期入院患者を社会復帰させようとするなら，まずは「当院自身の社会復帰」が必要であることを説いた．そして，その方法論として前述の「力動的チーム医療」を提示し，具体的に体験してもらうことから始めた．

　その際，スタッフには経営的理由を，入院患者には知的理由を強調して伝えた．案の定，看護スタッフの中には「変わること」に不満をもち，今にも辞めんとするものも多かった．変革を軌道に乗せるためには，何とか繋ぎ止め，時を稼がねばならなかった．やむをえず臨時のベースアップを決断したのは変革を始めてわずか1か月後のことであった．

(2) 変革の先陣，核としてのデイケア

　当時の当院は「外来」か「入院」かの二者択一で，いったん入院すれば平均入院期間12.5年という状況にあった．こうした当院の閉鎖システムを開放し，地域社会システムとの連続性を持たせるには，まずは「境界膜」的役割をもつデイケアの存在が不可欠と考えた．デイケアを開設し，そこに「力動的チーム医療」を導入することで，変革の先陣，核とし，病院全体に広げていこうとしたのである．

　なぜなら，1つにデイケアは長期入院患者の退院，地域生活支援には不可欠な存在であるし，目標とする短期入院，外来中心の精神科医療においても核となると考えたからであった．さらには，理事長交代で揺れる病棟に，前述のごとくこれまでとは全く異質の「力動的チーム医療」を直接導入することは得策ではないと考えたからであった．まずはデイケアを導入することで病棟スタッフの短絡的反応を防ぐとともに，スタッフの反応も窺えるし，脱感作的効果も期待できると考えたからである．

　また，経済面においては，認可の条件上，精神保健福祉士（PSW）と臨床心理士（CP）を必要としたが（それも狙いの1つ），施設基準では未使用の会議室の転用で事足りたし，デイケア開設後の通所者の確保は前病院から当院に移った30名ほどの外来患者がデイケア開設を待ち望んでいたため，懸念するところはなかった．実際，デイケア開設による増収は先の臨時ベースアップで経営的に厳しくなった当院の救世主となっただけでなく，その後の当院の変革を医療および経済の両面で後押しする力となった．

　こうしてデイケア開設を契機に変革開始後1か月足らずで「力動的チーム医療」の要となる「スタッフチーム」と「患者チーム」が誕生した．次なる課題はいかに育てていくかであったが，採用したPSWが前病院で一緒にデイケアを立ち上げた仲間であった．そこで，前病院の患者とともに先輩として，新人や後輩のスタッフや患者に「治療共同体」を伝授するというまさに「治療共同体」的手法で浸透させていった．

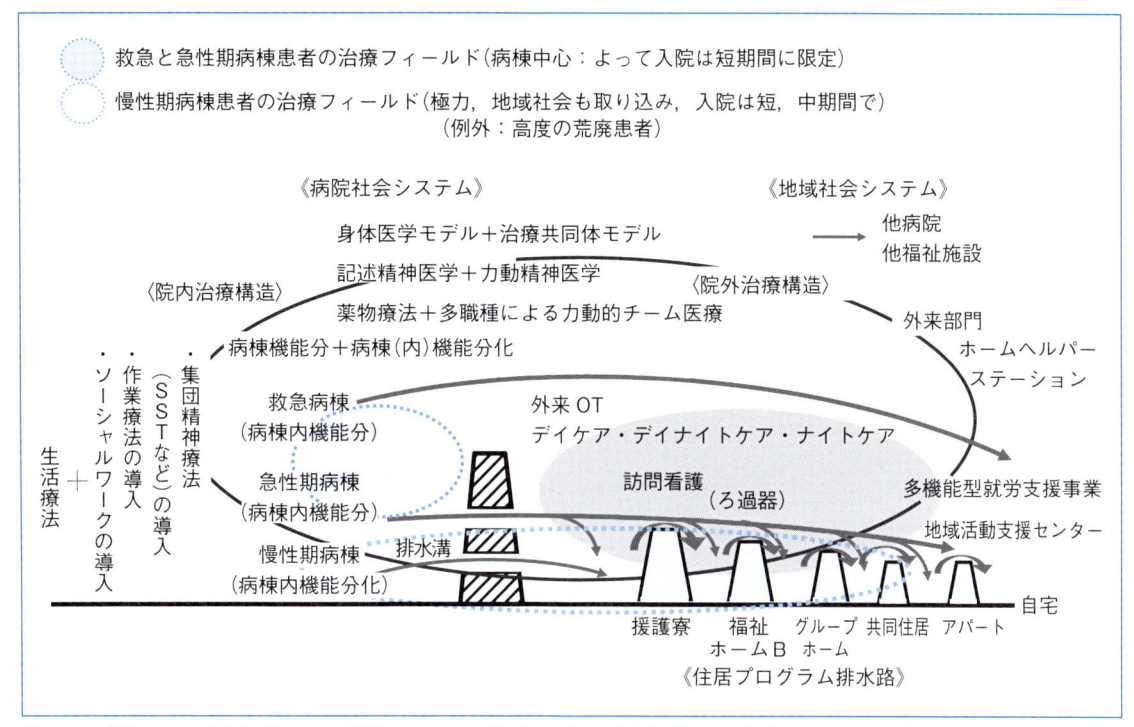

図 4-1 「開かれた」精神科医療(退院)システム(短期入院・外来精神科医療中心：学校モデル)
〔堀川公平：治療共同体に基づく力動的チーム医療．井上新平，安西信雄，池端恵美(編)：精神科退院支援ハンドブック—ガイドラインと実践的アプローチ．p 191，医学書院，2011 より一部改変〕

やがて，「スタッフチーム」と「患者チーム」による患者・スタッフミーティングやコミュニティ・ミーティングなどを配した週間プログラムを組めるまでになると，男女混合開放病棟から男子閉鎖病棟，女子閉鎖病棟と順次スタッフの研修を受け入れた．このようにして，その後もデイケアや外来患者の増加，作業療法の認可などで収入が上がるたびに PSW や CP や作業療法士(OT)を採用し，各病棟に配属しては「力動的チーム医療」を病院全体に広め，さらには必要なハードを整備していったのである．

退院促進・地域生活支援システムとしての精神科病院の姿

システム論を考慮して作り上げた現在の当院の姿をダムに例えたものが図 4-1 である．ダムそのもののサイズ(平均在院日数)は小さなものとなる．現在 150 床の病棟は診療報酬制度上，非任意患者主体の 2 つの救急病棟 90 床(急性期の初発・再発患者対象の病棟 40 床，慢性期の再燃患者対象の病棟 50 床)と任意患者主体の急性期病棟 60 床に機能分化し，各病棟とも地域に開放されている(どの病棟からも入退院が可能)．

さらに各病棟は病勢期や状態や回復度だけでなく，スタッフの関わり方をも示す精神発達論的視点や，治療に適した集団サイズなどを考慮した集団力動論的視点から機能分化している(病棟内機能分化)[7]．つまり，観察室 2 床(超急性期：新生児期想定，ゆりかご)，PICU 6 床(急性期：乳児期想定，家庭)，閉鎖ゾーン 20 床(回復前期：幼

表 4-1 「治療共同体」の内容

1. 社会的な構造(コミュニティ)そのものが考えや感情や行動を修正する力をもつ.
2. 社会的規範は行動を修正させる潜在的力である.
3. 精神機能に障害をもつ患者であっても同時に多くの未知の能力をもっている.
4. スタッフ同様,患者も援助能力をもっている.
5. スタッフ同様,患者も責任ある行動を取りうる.
6. 心を開いて他の人と交流し合うといった結びつきは,コミュニティを治療的なものにするには不可欠なものである.こんなことから当院では多くの会合を必要とする.
7. スタッフ間の障害された人間関係と患者の障害された行動には直接の因果関係がある.
8. スタッフの役割は患者が"成長"することを,つまりコミュニティにおける生活体験から多くのことを学び,成長するよう勇気づけ,それを許すことである.
9. 各専門職間の情報交換は治療上きわめて重要である.患者の治療に関する重要な決定は,チームレベルでなされてこそ最良である.
10. チームは決定において民主体制をとっているわけではないが,患者も治療スタッフも誰もが自分たちの考えを出し合うよう鼓舞されるものである.
11. 治療共同体とは治療形態であると同時に,1つの生活共同体である.多くの治療形態のように,その最終目標が治療的であるということである.また多くの生活共同体のように常に変化している.つまり,そこに住む人々の必要性や息遣いや価値観や振る舞いや生きる術を反映している.このように,治療共同体とは近づいても決してたどり着くことのない目標に向かう発達過程なのである.

児期想定,幼稚園),開放ゾーン20〜30床(回復後期:児童・思春期想定,学校)とに分化している.

回復(成長)に伴いゾーンが移るにつれ,スタッフの関わりも変わる.当初のナース(母性,母親,父親)中心の高密度の関わりから徐々に低密度な関わりとなり,それにつれコ・メディカル(兄弟,先生)や患者同士(友人)の関わりが重要視される.また,関わりの内容も身体を介した関わりから言語を介した関わりへ,情緒的関わりから知的関わりへと移る.むろん,状態の改善に伴い薬物も減量され,それとともに精神療法的接近が増える.

これらを踏まえ,入院患者の主たる治療の場を考慮すると,救急や急性期の患者の治療の場は病棟となるが,それだけに入院期間は短い(当院では1〜2か月).一方,慢性期の患者は欠陥や荒廃の著しい者を除き,主たる治療の場は病棟から近隣,地域へと広がる.

「力動的チーム医療」の要:「治療共同体」について

先述のごとく,病院システムを社会システムにより近づけると,入院し病院に適応していくことが社会に適応する過程となる.当院では一般社会的な枠組みを強調したTomas Main 型に近い Menninger 型の「治療共同体」を治療の基本に据えている[8].表4-1 に Menninger Clinic を参考にした当院と関連社会復帰施設の「治療共同体」想定を紹介する.

以上の「治療共同体」想定の中には,「力動的チーム医療」のエッセンス,つまり「治療共同体」は当然のこととして,精神分析理論や社会学的研究や集団力動論やシステ

ム論的見解が盛り込まれている．この想定にあるごとく，真の「力動的チーム医療」とは，「スタッフチーム」を育成するとともに，患者のもつ責任能力，相互扶助能力を信じ，決定過程に患者を極力関与させることで「患者チーム」を育て，スタッフとの1対1の関係だけでなく，両チームの集団的関わりの中でともに成長（治療）しようというところにある．

　この方法論は職種を問わない．患者自身はむろん，家族も地域の住民も参加できる．さらには急性期患者が集う病院よりも慢性期の患者が集う社会復帰施設においてより効果を発揮する．そのことは「治療共同体」想定下に運営する当法人の生活訓練施設（定員20）や福祉ホームB（定員20）においては各々年間40名近い患者が地域の共同住居やアパートに巣立っているという事実からもわかる．わが国ではこうした方法論をもたぬ社会復帰施設が多いことも，その後の地域生活の展開に結びつかぬ原因の1つのように思う．

「スタッフチーム」の教育，研修について

　長期入院患者の退院支援を積極的に行っている精神科病院が少ないとなれば，研修する場も少ない．それであれば自前で育てていくしかない．現在，当法人には常勤の精神科医が12名（他に非常勤4名），PSWが31名，OTが11名，CPが4名，看護師が100名ほどいるが，これらのスタッフ教育も患者と同様な形をとっている．つまり，新入院患者に先輩患者が紹介され，先輩患者の指導の下に種々のミーティングへ参加し，仲間やスタッフとの言語的，情緒的交流により回復，成長していくように，新人スタッフも先輩スタッフの指導のもと，種々のミーティングに参加することで教育され成長していく．

　つまりは，「治療共同体」という治療文化をスタッフも体験し，共有することで，親も子の成長により成長し，子も自らの成長を親が喜ぶ姿をみてさらに成長していくように，先輩スタッフもまた後輩が成長していくことで成長し，新人スタッフも先輩や患者が喜ぶ姿をみて成長していく．

「力動的チーム医療」的視点からみた施設の整備について

　当法人では患者，病院，法人自体が何を必要としているかを判断する際も，精神発達モデルを用いる．つまり，乳児期前半では乳母車，後半であれば歩行器，幼児期では三輪車，学童期前半では自転車…やがてはバイク，車，レジャーカーというように，病院や法人にもその発達段階に合った成長を支え，促進するハードが必ずあると考える．

　保護室，閉鎖病棟，開放病棟，デイケア，住居施設，支援センター，就労支援事業などがそれに当たる．この文脈からすると，こうしたハードを患者も病院も法人も，そこで働くスタッフも，自らの発達段階に適した時期，場所で供与されることで成長

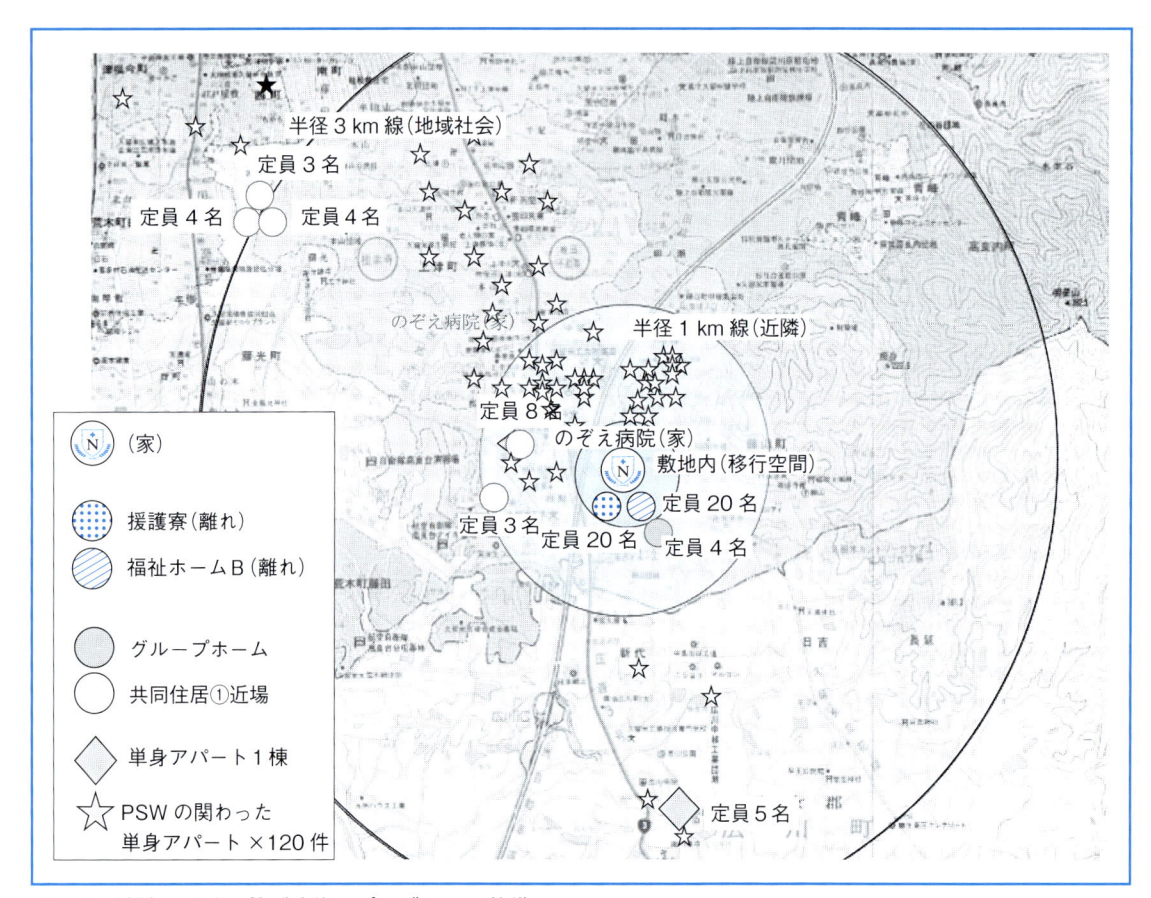

図 4-2 精神発達論に基づく住居プログラムの整備
〔堀川公平：治療共同体に基づく力動的チーム医療．井上新平，安西信雄，池端恵美(編)：精神科退院支援ハンドブック─ガイドラインと実践的アプローチ．p193, 医学書院，2011 より一部改変〕

は促進される．さもなければ，赤ん坊に三輪車を，小学生に車を与えるがごく，ハードは生かされぬどころか，かえって成長を阻害するものとなる．

　この視点から病棟機能分化や社会復帰施設整備のあり方を見直せば，これまた多くの問題点がみえてくるように思う．何があって何がないかだけでなく，時期や場所をも再考する必要がある．このような理解から，図 4-2 にみるように，病院本体を家と見立て，病院敷地内をようやく歩き出した赤ん坊(慢性の長期入院患者)が不安ながらも遊べる庭先，つまりは地域につなぐ移行空間として重視している．

　よって，敷地内に生活訓練施設，福祉ホーム B を設けることで，患者だけでなくスタッフの分離不安をも軽減させ，その結果多くの退院が可能になったと思う．さらにそれらを地域社会への発射基地，前哨基地とすることで，すでに地域生活をしている先輩患者の助けを借りながら，多くのメンバーが隣接地，近隣地(半径 1km 以内)，地域社会(半径 3km 内外)の共同住居やアパートへと巣立っている．そして当院のデイケアや訪問看護，活動支援センターなどの支援，さらには夜間や休日の救急外来をうまく利用しながら地域生活をしている．つまり，入院や入居中に「治療共同

表 4-2　長期入院患者の社会復帰を考える際の要点

- 患者の社会復帰を考えるなら，まず精神科病院が社会復帰を
- 病院の社会復帰とは地域社会に開かれているということ．つまり，患者，スタッフ，情報の出入り自由な，入退院や外来患者の多い病院
- 改善しないから退院させないのではなく，改善しないから退院させるという逆転発想も必要か．リハビリの主たる場は病院にはなく地域社会
- よって，このような試みが可能な場所(病院の庭先)に，地域生活への前哨基地，発射基地としての社会復帰施設が必要
- 諸々の試みは地域生活支援システムが整った後か並行して
- 完治せぬ病気(障害)だからこそよき先輩，仲間の存在が不可欠
- 再入院は「里帰り」のようなもの，悲観的になることはない．前進への好機となること多し．ただし，長居は無用．
- 成長発達的視点からの援助・支援が肝要

体」で培った仲間同士の助け合いが退院後の地域生活においては「生活共同体」として花開くのである．

「力動的チーム医療」を生かすための統合機能

　多くのシステムが開放され，活動的で，有機的に絡み合い，効果を発揮してこそ長期入院患者の退院，さらに地域生活支援は可能になる．そのためにはこれらのシステムを統合する機能が必要となる．毎朝1時間かけて行っている全体スタッフミーティングがそれに当たる[9]．ここでは，上位(経営，管理部門)，同位(関連社会復帰施設)，下位システム(各部署，各治療集団，各職種集団)のスタッフ50〜60名ほどが集い，法人内のイントラネットで構成された電子カルテを駆使して，プロジェクターで大画面に映し出した情報を皆で共有しながら，討論し，対応策などを即決していく．

　時には他国の精神科医療のありようやわが国の精神科医療や福祉施策の動向についての報告，他病院・他福祉施設との連携のありようについても討論される．このように，入退院に限らず，当院を取り巻くあらゆるシステムの情報の共有とスタッフ間の情緒の共有が行われてこそ，不連続で断片的であった情報も連続性をもち統合される．また集団として陥りやすい退行を防ぎ，拡散から凝集性を高め，基底想定集団から課題集団へと向かわせしめる．このような統合機能があってこそ初めて長期入院患者の退院支援は可能になるし，継続して行ない得ると考える．

「力動的チーム医療」による長期入院患者の退院支援と地域生活支援の実際(表 4-2)

1│長期入院患者をいかに理解するか─乳児期想定による理解と対応

　長期入院患者をいかにとらえるかで退院支援のあり方も変わる．たとえ実年齢は50歳や60歳となった長期入院患者であっても，精神的にはWinnicott[10]のいう「相対的依存期」に留まる乳児ととらえている．そのように理解することで，スタッフは，

管理者は，経営者は何をすべきか，いかなるスタッフが，そしていかなる施設が必要かもみえてくる．

2 | なぜ退院に尻込みし，退院を拒むか

　前述のごとく想定することで，この問いの答えは容易に出るし，見直すべきこともみえてくる．ナースの患者への関わりはどうなのか？　good enough なのであろうか…？　多くのナースは長年にわたる目標のない看護の繰り返しに消耗し，批判的で敵意に満ち，自分の感情を抑えきれずに巻き込まれ，いわゆる high EE（expressed emotion）状態に陥っている．こうした過保護で過干渉な too much な関係から good enough な関係に変わるべきであろう．さもなければ，長期入院患者は退院することなく病棟の中で寛解と再発を，回復と再燃を繰り返し，さらなる慢性化へと進むことになろう．

　そうさせぬためにも，まずはナース自身のエンパワーメントが必要となる．これは精神科医，病棟医長，管理者，経営者など上位システムの役割と思われる．そのためには病院内のあらゆる組織，つまりは各部署間だけでなく，スタッフ間，職種間など，上位・下位，同位システム間だけでなく，外部システム（他病院など）との交流も必要となるし，いつでも相談できる臨床経験の豊富な常勤医の存在が望まれる．

3 | 患者・スタッフ関係について

　病棟における患者・スタッフ関係も患者・患者関係も，すべては退院後の地域生活を見据えたものが必要であろう．しかし，多くは 30 年も 40 年も同室に入院しているにもかかわらず，互いに名前程度しか知らないし，さらにはそうした関係であることをスタッフも知らない．こうした状況を打破するためにも，スタッフと患者との関係を階層秩序の強い身体モデルから，前述のより対等な「治療共同体」モデルに変えるべきであろう．

　そうなれば，入院生活のありようも変わってくる．食事と風呂と作業が中心の入院生活から，すでに退院し地域生活をしている先輩患者との話し合いや退院後の生活を見据えた作業療法を中心とした入院生活に変えるのが自然である．洗濯，掃除，炊事など，できることは極力患者自身が行ったほうがよいし，退院という目標が定まってこそ，またスタッフ・患者関係がより対等となってこそ，こうした試みはかつて使役として批判されたものとは異なり，生活訓練として認められよう．

　また，先述のごとく，入院生活も病棟中心ではなく，極力，病棟外での時間を確保すべきであろう．公共機関を用いて公共施設に出向くことも必要であろう．自分たちの先輩が日中はどんなところで活動し，地域のどんなところに住み，どんなところで働いているのか，最初はスタッフの付き添いで，やがては仲間どうしで，あるいは 1 人で出かけてみるよう鼓舞することもスタッフの役割であろう．

むろん，このような刺激により不眠や幻聴や妄想が再燃し，不穏状態となったりもする．しかし，それを単なる悪化とみるようでは先には進めない．何十年も入院し，退院など夢にも思わず，またそう思わないことで偽りの精神的平和（自閉）を保ってきた患者にとっては，動揺が生じて当然であろう．むしろ健全な反応であり，退院の可能性が広がったと解すべきである．

地域生活支援について─「治療共同体」から「生活共同体」へ

患者が退院してから地域生活の支援について考えても遅い．母親が妊娠中から，出産前から誕生後のことを，誕生後も常に子どもの成長の幾分先を見据え準備し，育てていくように，スタッフも入院中から備えるべきものは備え，練習させておくべきものは練習させておくべきであろう．

1 スタッフができるサポート

「孤独」という根源的な病理をもつ統合失調症のメンバーにとって，仲間と集える安全感の高いデイケア，デイナイトケア，ナイトケア，そしてそれらのない週末などの訪問看護などは，地域生活を行っていくうえで不可欠なサービスと考える．また，炊事，洗濯，掃除などの生活能力が低下したメンバーにとって，ホームヘルパーは大きな助けとなる．

また，30年，40年といった長期入院経験を持つ患者には，長期入院ならではのメリットもある．それは，多くの患者が60歳近い年齢であることである．もはや仕事を焦る年代ではなく，同世代の友人たちも葛藤を感じる存在ではなくなっている．こうしたライフサイクル的視点をもち患者に対応することは重要である．

また留意すべきことは，数年経ったら必ず再燃し，再入院が必要になることである．それを治療の失敗と考える必要はない．「里帰り」と称し，「よくがんばったね．しばらく病院（実家）でゆっくり休んでおいで．でも長居は駄目だよ…」と肯定的に対応することが肝要である．事実，再入院中の患者の治療姿勢からは明らかに社会性が増していることがわかるし，またそれに応じるがごとく，しばらくすると「先生，もう元気になったから退院してもよいようです」と，元気な姿で退院していくものである．

2 メンバー同士でないとできないサポート

メンバー同士ができるサポートは大きい．しかしそれは，入院中からそのことにスタッフが気づき，メンバー同士の相互交流，相互扶助を尊重し，生かし，育てて，初めて可能になる．先述のデイケアも，そうした関係の中で育まれた仲間との関係があればこそ，安全感に満ちた安らぎの場となる．入院生活で培った「治療共同体」は地域

に住むようになれば「生活共同体」として生かされていくのである．

「病院作り」から「街づくり」へ——地域とのトラブルの対応と対策

1│生やさしくなかった地域との関係作り

　変革開始後17年目になる今では，年間900名ほどの患者が入退院し，多いときには400名を超えるデイケアやデイナイトケアを含む外来患者が通院している．さらに，40名ほどの長期入院経験者を含めれば約250名の当院患者が病院から半径2kmほどの近隣地域に住んでいる．このような状況にあるのだから，地域生活においてトラブルが起きても不思議はない．要は，トラブルが起こっても地域住民との決定的なトラブルとならぬような関係作りを日ごろから行っていくことが重要となるが，それは生やさしいことではない．

　かつて久留米大学精神科在局時代に大学病院において始めた「御用聞き」的発想に基づくリエゾン・コンサルテーションの体験を基に，トラブルが起こったときの迅速な対応はむろん，日ごろからの「地域との関係作り」を重要視してきた．変革開始後まもなくより町内の清掃事業に参加するだけでなく，夏祭りや文化祭の折には近隣住民を病院へ招待するなどして日ごろからの交流に努めた．さらに6年目からは地域生活支援センター（現・地域活動支援センター）が中心となり地区のボランティア養成講座を公民館で始め，デイケアやセンター活動で支援をしてもらったり，町内会や老人会を誘い，グランドゴルフやバーベキュー大会を生活訓練施設で催すなどの関係作りをしてきた．しかし，その間もいくらかのトラブルは生じ，その際の抗議の激しさは相も変わらぬものであった．

　多くは，「店でおかしな言動をとる者がいるがおたくの患者ではないか．迷惑だ．どうしてくれる…」とか，「庭先に勝手に入った者がいるがおたくの患者に違いない．何かあったらどうする．責任取れるのか．大体…」などといった抗議の電話である．一方的で感情的な訴えに当方も感情的になり，激怒することも多かった．しかし，何とか場を収めようと，その都度，スタッフを謝罪に回らせる一方で，デイケアや病棟で臨時のコミュニティ・ミーティングを開きその問題を取り上げ，皆で対応や対策を考えた．しかし，大学在局時代のリエゾン・コンサルテーションのようにはいかなかった．10年経ち15年経っても，地域との関係が広がり深まっても，トラブルに対する反応は相変わらずであった．「それは一部の住民…」「色んな住民がいるのだから…」などと自らを納得させようとしたが，腹立ちはおさまることはなかった．

2│「社会に認知された」という錯覚からの脱却

　そんな頃の2010年4月（変革開始約16年後），地域活動支援センターに「町内会に入らないか」との連絡が入った．その誘いに，「ようやく認知された」とスタッフとと

もに喜んだが，同時に何とも不思議な感覚に取りつかれた．多くの長期入院患者を退院させ，短期入院・外来中心の精神科医療が展開できるようになり，ここ5～6年は日本全国の精神科病院から多くの見学者が訪れ，精神科医療の世界では知られるようになっていた．そのため，当院はこれでようやく「社会復帰」できた，「社会に認知された」と思い込んでいた．しかし，実はそうではなかった．精神科医療の世界からはたとえ認知されていても，地域社会からは認知されていなかったのである．

そのことはどこか心底（無意識か前意識）では感じていたことではあった．しかし，「地域に認知されている」と思いたかったし，そのように思い込んで（錯覚して）おきたかった．それゆえに，「目を覚ませ」といわんばかりの近隣住民の反応に被害的となり，不思議なほどに激怒したのであろう．また，地域との関係作りにおいても迷路に入り込むばかりで活路を見出せないでいたのであろう．

さらに，退院して近隣に暮らす長期入院患者への思いは，子どもを溺愛する母親にも似たものがあった．子どもの傷つきは自分の傷つきであり，冷静に対応することができなかった．この心的距離の近さこそが他科の病棟で，他科の患者を対象とするリエゾン・コンサルテーションとの違いであったし，当院の医療変革の際との違いであったように思う．

精神分析でいえば，これが1つの「脱錯覚化」過程となり，次のステップへと進むことを可能にした．それを契機に当院の医療変革，つまり「病院作り」から「街づくり」へという新たな発想の展開が生まれた．すると，地域に対する被害的な思いは薄れ，地域に対して何をなすべきかがみえるようになった．それまでの受動的で消極的で，地域活動支援センターまかせであった町内会や老人会との交流も自ら能動的で積極的にできるようになった．町内会や老人会を招いて院内で当事者とのフォーラムを開いたり，トリエステに関する講演会に出かけたり，地域の校区民との集いで町内会の有志と当事者とともにシンポジウムを開催するまでになった．

このような活動を踏まえ，これまでの「街づくり」の一里塚，拠点とすべく，いわゆる地域のコミュニティ・スペースを当事者や家族会だけでなく，町内会，老人会の意見も聞きながら国道3号線沿いに開設するまでになった．「病院作り」から「街づくり」という発想の展開をもつに至ったことで，今や精神障害者だけでなく，他の身体障害者や地域住民とともに行う「街づくり」へと発展している．

● 立場の違いを理由にせず，とにかく試してみることが大切

精神科医としての思いだけでなく，経営的にも余儀なくされて始めた当院の精神科医療変革．単に病院の経営者，管理者であったから成し得たとは思わない．「力動的チーム医療」を方法論としたことで「病院作り」から「街づくり」という発想が生まれ，長期入院患者の退院および地域生活支援に必要なシステムを構築できただけでなく，そこに関わるスタッフや患者，さらには家族や地域住民をも「抱える」ことができたように思う．

読者の多くは異なる立場で精神科医療に携わっている方であろうし，年齢（ライフサイクル）も異なっていよう．専門とする精神医学もわが国に多い記述精神医学であり，よって治療法も薬物療法を主とする伝統的精神科医療という方が多いのであろう．これらの違いを理由とせず，何か参考にできるものがあれば学び，身につけ，臨床の場で試みて欲しいものである．考えてみれば当たり前のことだが，長期入院患者の退院や地域生活支援に必要な「病院作り」や「街づくり」に伝統的精神医学も薬物療法も役には立たないからである．今や高齢化の進んだ長期入院患者に残された時間は少ない．発症してからの半生のすべてを精神科病院の中で終えさせるようなことはあってはならないと思う．

● 文献
1) 岩崎徹也：精神分析的病院精神医学―第Ⅰ部（基礎的な発展）．精神分析研究 20：171-186，1976
2) 岩崎徹也：精神分析的病院精神医学―第Ⅱ部（その後の発展）．精神分析研究 22：14-57，1978
3) 堀川公平：地域生活促進のためのシステム作り　長期入院患者の退院，地域生活を可能にするシステムとは―当法人（小規模精神科病院）の12年間の実践と障害者自立支援法施行後の課題．日本精神科病院協会協誌 26：32-39，2007
4) 堀川公平：堀川公平会10周年記念論文選集．医療法人コミュノテ風と虹，2005
5) 高橋哲郎：久留米大学医学部精神科第20回同門会夏季セミナーにおける「力動的入院治療」講演資料．2004
6) 堀川公平：新規抗精神病薬は精神科医療を変えたか：非定型抗精神病薬と力動的チーム医療．臨床精神薬理 12：2283-2293，2009
7) 堀川公平，堀川百合子：精神発達論，集団力動論から見た「病棟内機能分化」の提唱―治療的にも経営的にも貢献できる病棟を目指して．病院・地域精神医学 49：286-288，2007
8) 舘　哲朗：治療共同体―力動的入院治療の構成要素として．精神分析研究 35：98-114，1991
9) 連理貴司：入院治療において集団を如何に活かすか―精神科医と病院集団（組織）との関わり．集団精神療法 17：87-96，2001
10) 牛島定信（訳）：情緒発達の精神分析理論．岩崎学術出版，1977

（堀川公平）

第 5 章

新・旧の入院患者の退院促進
瀬野川病院の場合

退院促進という1つの流れ

1 | 信念に基づき打ち出した独自の将来プラン

　精神科医療の提供体制は医療法で規定されている．

　急速な高齢化による疾病構造の変化など，医療を取り巻く状況の変化をふまえて，精神病床の設備構造や機能分化などの議論が始まり，限りある財源で良質な医療を効率的に提供する体制を確立するために医療制度の抜本改革案が医療審議会（2000年1月）で取りまとめられた．こうして第4次医療法改正（2001年3月）が施行された．一般病床から療養病床を独立させ結核・精神と一緒にするという病床区分を行ったのである．これにより，われわれ医療者側は当然痛みを伴うことが予測された．

　さて，精神科領域においては2002年公衆衛生審議会精神保健福祉部会で，3年ごとに行われている「平成11（1999）年患者調査の概況」（厚生労働省）から受け入れ条件が整えば退院可能な入院患者を集計して，「72,000人のいわゆる社会的入院者として解消する」という目標が唐突に掲げられた．その後の審議会でもこの病床数削減の目標数値は何ら具体策のないまま変わることなくお題目のごとくついてまわった．

　当院には，「医療法人せのがわ　夢・未来図」（図5-1）という将来計画がある．上述の医療政策を織り込み，当医療法人の在り方を思想と組織展開および具有すべき機能などについて社会貢献と社会医療の視点を基本にしたマスタープランである．すなわち，コンセプトの主軸は，病院業務の中で今後は入院部門を一歩引き下げ，外来部門を強化して，社会復帰部門の整備を図っていきたいというものである．財政面から打ち出される国の政策意図に対して，当院の職員に当院の現況とその位置づけおよび確固たる信念により運営に安定と活力を促すためのものであった．

　その後，この将来計画は度重なる改訂に対応してより充実し現在に至っている（図5-1）が，そのコンセプトの変更はない．また，国の方針も「入院医療中心から地域生活中心へ」（精神保健医療福祉の改革ビジョン．厚労省精神保健福祉対策本部，2004年9月）という決定的施策として打ち出されてきて，2005年10月の精神保健及び精神障害者福祉に関する法律（精神保健福祉法）改正の実施につながったのである．

　これに対して，当院は救急医療対応施設として重点的に整備促進し，平均在院日数

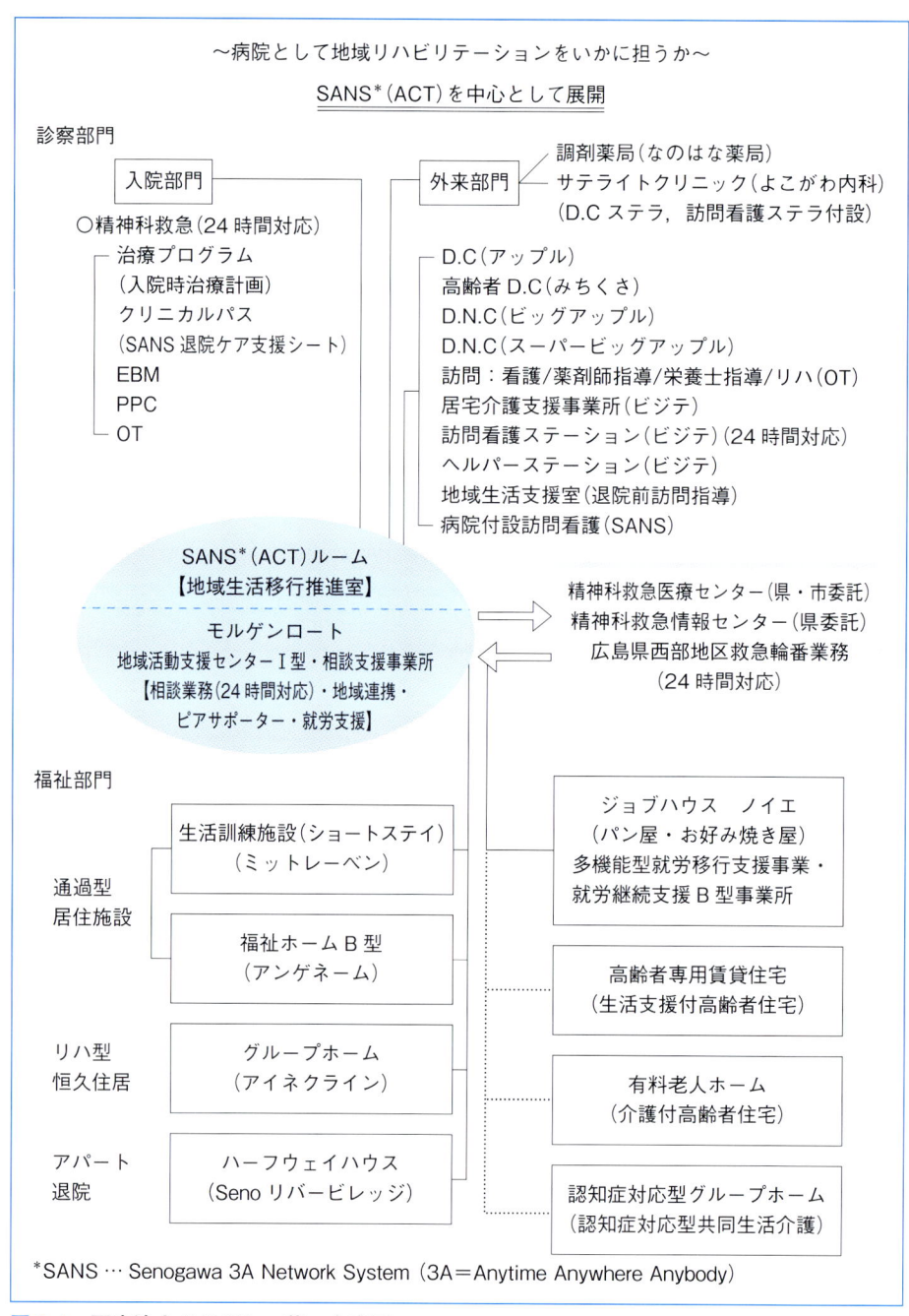

図5-1 医療法人せのがわ 夢・未来図

～病院として地域リハビリテーションをいかに担うか～
SANS*(ACT)を中心として展開

診察部門

- 入院部門
  - ○精神科救急（24時間対応）
    - 治療プログラム（入院時治療計画）
    - クリニカルパス（SANS退院ケア支援シート）
    - EBM
    - PPC
    - OT

- 外来部門
  - 調剤薬局（なのはな薬局）
  - サテライトクリニック（よこがわ内科）（D.Cステラ，訪問看護ステラ付設）
  - D.C（アップル）
  - 高齢者D.C（みちくさ）
  - D.N.C（ビッグアップル）
  - D.N.C（スーパービッグアップル）
  - 訪問：看護/薬剤師指導/栄養士指導/リハ（OT）
  - 居宅介護支援事業所（ビジテ）
  - 訪問看護ステーション（ビジテ）（24時間対応）
  - ヘルパーステーション（ビジテ）
  - 地域生活支援室（退院前訪問指導）
  - 病院付設訪問看護（SANS）

SANS*(ACT)ルーム【地域生活移行推進室】

モルゲンロート
地域活動支援センターⅠ型・相談支援事業所
【相談業務（24時間対応）・地域連携・ピアサポーター・就労支援】

→ 精神科救急医療センター（県・市委託）
精神科救急情報センター（県委託）
広島県西部地区救急輪番業務
（24時間対応）

福祉部門

- 通過型居住施設
  - 生活訓練施設（ショートステイ）（ミットレーベン）
  - 福祉ホームB型（アンゲネーム）
- リハ型恒久住居
  - グループホーム（アイネクライン）
- アパート退院
  - ハーフウェイハウス（Senoリバービレッジ）

- ジョブハウス　ノイエ（パン屋・お好み焼き屋）多機能型就労移行支援事業・就労継続支援B型事業所
- 高齢者専用賃貸住宅（生活支援付高齢者住宅）
- 有料老人ホーム（介護付高齢者住宅）
- 認知症対応型グループホーム（認知症対応型共同生活介護）

*SANS … Senogawa 3A Network System（3A＝Anytime Anywhere Anybody）

の短縮化のみならず，退院調整機能の充実，地域での医療・福祉の基盤整備，また一層の外来部門強化に帰結し，結果として救急医療の守備範囲を拡充拡大するに至った．

2 | 医療・介護連携時代の退院支援・地域移行を

さて，近年の高齢化問題に加えて精神障害者自身の老齢化もまた目立ち始めてきていることは周知の通りである．このような現況をふまえて現在検討されている「新たな地域精神保健医療体制の構築に向けた検討チーム」(厚労省精神障害保健課)の第11回資料(2010年11月)において認知症患者への精神科医療の役割(詳しくは後述)もまた避けて通れない重大な課題として新しく加わってきた．その結果，2012年度の診療報酬改定と介護報酬の改定という同時改革は突き詰めれば医療・介護の連携時代を新たに迎えようとしている．繰り返し付言すると，医療と介護の連携とは，両者がそれぞれ存在(2つのサイフといわれていたが)しているのではなく，この両者の中心が医療で，その周辺の福祉的サービスなどが介護であると思っている．この両者のドッキングこそ，これからの地域包括ケアの骨子になるのではないだろうか．

当院はこうした流れの中で実行してきた退院促進の実践とその医療経済的裏付けを披瀝し，今後いかにして精神科医療を場面総合的にとらえ，地域移行に結びつけていけばよいかのヒントについて考察してみた．

退院促進の実践

1 | 病院のアウトライン

まず2010年時点での当院のアウトラインについて紹介する．

- 当院は，広島県西部地区の精神科病院であり，2001年4月には，広島県・市精神科救急情報センター(広島県，市委託)，2006年11月には，一般科の救急医療の第三次救急医療機関に相当する精神科救急医療センター(広島県，市指定)に全国初の民間病院として指定されている．
- 病床数は325床で，年間の入院患者数は950人，1日の外来患者数は239.9人であった(表5-1)．このうち，950人の入院患者を疾患別にまとめたのが表5-2，入

表 5-1　2010年の病床数　　　　　　　　　　　　　　　　　　　　　　　　2010年(1～12月)

病棟種別	病棟数	病床数(床)	平均在院日数(日)
精神科救急入院料病棟1	2	108	51.4
精神一般病棟 15対1入院基本料　看護配置加算，看護補助6対1	2	116	352.8
精神科療養病棟	2	101	545.3
病院全体	6	325	125.0
入院患者数(年間)			950人
1日外来患者数(日祝除く)			239.9人

325床　指定病床数85床

表 5-2　2010 年の疾患別入院者（950 人の内訳）

疾患名	人数（人）	割合（%）	
F0 器質性	21	2.2	
F1 アルコール	256	26.9	
F1 覚せい剤	45	4.7	34.8
F1 その他薬物	30	3.2	
F2 統合失調症	374	39.4	
F3 気分障害	116	12.2	
F6 パーソナリティ	44	4.6	
G40 てんかん	10	1.1	
その他の精神病	54	5.7	
合計	950	100.0	

表 5-3　2010 年の入院形態別入院者（950 人内訳）

措置	医療保護	任意	応急	医療観察法による鑑定	鑑定留置
79	433	407	15	5	11
8.3%	45.6%	42.8%	1.6%	0.5%	1.2%

表 5-4　2010 年の指導・訪問・デイケア件数（年延べ件数・月平均・実人数）

項目（カッコ内は事業所名）	人数枠（人）	年延べ件数（件）	月平均（件）	実人数（人）
精神科退院前訪問指導		121	10	78
在宅患者訪問薬剤管理指導		925	81	89
精神科訪問看護（SANS）		2,184	182	21
訪問看護ステーション（ビジテ）		27,230	2,269	378
訪問看護ステーション（ビジテ呉）		6,246	521	81
訪問看護（よこがわクリニック　ステラ）		7,670	639	118
デイケア（アップル）	50	9,060	755	91
デイナイト・ケア（ビッグアップル）	50	12,131	1,011	52
デイナイト・ケア（スーパービッグアップル）	70	16,722	1,393	73
重度認知症患者デイケア（みちくさ）	25	6,493	541	33
デイケア（よこがわクリニック　ステラ）	50	6,083	507	63

表 5-5　関連施設

- 居宅介護支援事業所　　　「ビジテ」
- 訪問看護ステーション　　「ビジテ」
- 訪問看護ステーション　　「ビジテ呉」
- ヘルパーステーション　　「ビジテ」
- 地域活動支援センターⅠ型「モルゲンロート」
- 生活訓練施設　　　　　　「ミットレーベン」
- 福祉ホームＢ型　　　　　「アンゲネーム」
- グループホーム　　　　　「アイネ・クラインⅠ・Ⅱ・Ⅲ」
- ハーフウェイ施設　　　　「Seno リバービレッジ」
- よこがわ内科・循環器科クリニック
  　　　　　　　　　　　　デイケア「ステラ」
  　　　　　　　　　　　　訪問看護「ステラ」
  　　　　　　　　　　　　重度認知症患者デイケア「うらら」

表 5-6　居住別一覧表

種別	定員（人）
生活訓練施設「ミットレーベン」	20
ショートステイ	2
福祉ホームＢ型「アンゲネーム」	23
グループホーム「アイネ・クラインⅠ」	5
グループホーム「アイネ・クラインⅡ」	6
グループホーム「アイネ・クラインⅢ」	6
ケア付共同住居「Seno リバービレッジ」	48
ケア付共同住居	30
ケア付共同住居中野コーポ	4
合計	144

表 5-7 医療法人せのがわの職員数　　　　　　　　　　　　　　　(2010 年 12 月 31 日現在)

職　種	人数(人)
精神科常勤医師〔( )は精神保健指定医〕	15(12)
その他常勤医師(内科 3, 外科 1, 放射線科 1)	5
非常勤医師(精神科 1, 内科 2, 皮膚科 1, 麻酔科 1, 産婦人科 1)〔( )は精神保健指定医〕	6(2)
研修医(2010 年受入延実人数)	13
歯科医師	1
看護師	140
准看護師	72
看護補助者	44
薬剤師	9
栄養士〔( )は管理栄養士〕	8(4)
検査技師	4
精神保健福祉士	43
心理療法士	13
作業療法士〔( )は理学療法士〕	16(1)
事務員	25
その他	94
合　計	508

院形態別にまとめたのが表 5-3 である．疾患別でみると，当院では統合失調症に次いで，アルコール・物質依存症の患者が多いためか，入院形態別では任意入院より医療保護入院のほうが多くなっている．
- 指導・訪問・デイケア件数については表 5-4 にまとめた．
- 関連施設を表 5-5 に，また居住別一覧表を表 5-6 に紹介する．医療法人せのがわの職員数(2010 年 12 月 31 日時点)は表 5-7 のとおりである．

　退院促進を行うためには病院全体での取り組みが必要であり，当院では，2007 年 12 月より地域移行推進室を外来部門に立ち上げ，ここに所属する看護師と精神保健福祉士がコーディネーター役となり，退院促進および地域移行支援を行っている．そして，病院全体で取り組むために，当院独自の地域移行支援を行うためのネットワークシステム(Senogawa 3A Network System；SANS, 3A = Anytime/Anywhere/Anybody)を構築し，新規入院患者の長期化の防止や長期入院患者の退院促進，回復患者の再発防止のための社会資源やサービス紹介と調整などがスムーズに行えるように努力している(図 5-2)．

　したがって，退院促進をするためには，入院中の病棟のスタッフだけが関わるのではなく，退院が近づくにつれ，各患者の地域生活のニーズに合わせた外来部門のデイケアスタッフや在宅支援に携わる訪問看護師ならびに作業療法士，あるいは社会復帰施設に入所する場合はそれらの施設に所属するスタッフなども入院中から患者との関

図 5-2　せのがわ式トータルケア
2007年12月にせのがわ式ACTとして「SANS地域包括型支援」が発足した．入院から退院，そして地域生活の支援を行い個々のニーズに対して柔軟に対応している．SANSの課題として退院促進，再発防止，社会性の回復を図るトータルコーディネート，社会資源の提供に取り組んでいる．

わりをもち，退院支援を病棟スタッフと一緒に行うようにしている．患者の状況を把握し，地域移行に向けて各部署の連携が進むように促すのが，地域移行推進室の役目であり，退院促進のための重要な役割を果たしている．

　退院促進とは，退院を促すだけではなく，その後の地域での生活を継続してもらうことも含まれていると理解している．患者の地域生活ができる限り継続するために，通院治療に加え，デイケアなどの通所施設，訪問看護などでの在宅支援に力を注いでいるが，精神科患者の再発率は高く，再入院するケースも多い．しかし，退院時にその後のフォローアップ体制を整え，デイケアや訪問看護などで多くのスタッフが関わることができていれば，早期に再発に気づくことができ，もしも再入院をすることになったとしても，早期に治療に取りかかっているため，入院期間も長期化することなく，再び地域での生活に戻ることができるようになると考えている（図5-3）．

2　退院促進をいかにして進めていくか

　当院の退院促進，つまり地域移行の方針には2つの力点がある．

　1つは救急入院科病棟に入院した患者の地域移行支援であり，これは入院直後から退院に向けての働きかけを独自のクリニカルパスにより積極的に行い，退院後のトータルコーディネートを行う．ほとんどが救急入院した患者であるが，長期化防止を心がけ，時としていわゆる"New long stay"に移行させないための配慮が必要となる．その結果2002年の精神科急性期治療病棟の平均在院日数は78.4日であったが，2003

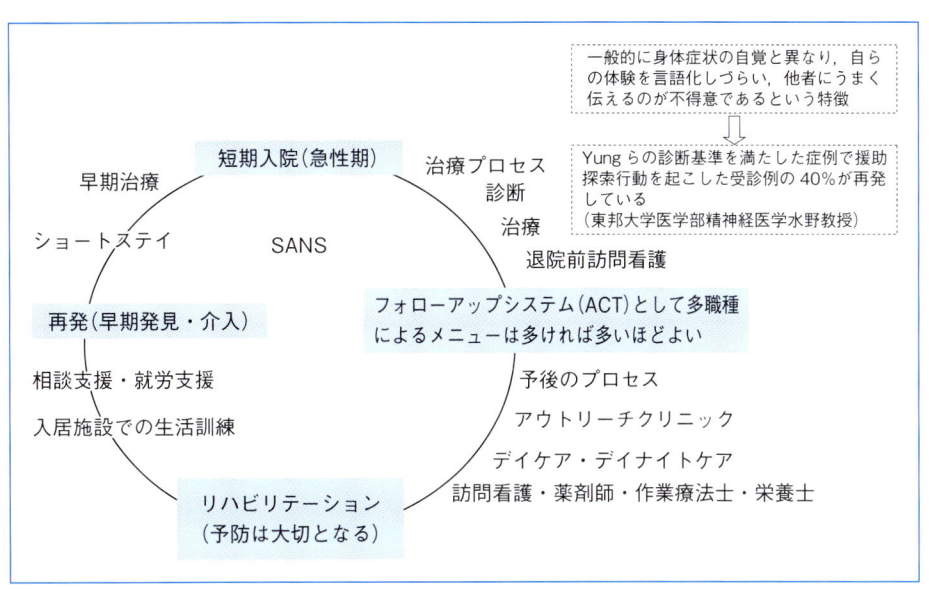

図 5-3　ケアサイクルマネージメント（地域ネットワーク）

＜図の内容＞

円環状の流れ：
- 短期入院（急性期）
- 治療プロセス　診断　治療
- 退院前訪問看護
- フォローアップシステム（ACT）として多職種によるメニューは多ければ多いほどよい
- 予後のプロセス
- アウトリーチクリニック
- デイケア・デイナイトケア
- 訪問看護・薬剤師・作業療法士・栄養士
- リハビリテーション（予防は大切となる）
- 再発（早期発見・介入）
- 相談支援・就労支援
- 入居施設での生活訓練
- ショートステイ
- 早期治療
- SANS

補足：
- 一般的に身体症状の自覚と異なり，自らの体験を言語化しづらい，他者にうまく伝えるのが不得意であるという特徴
- Yungらの診断基準を満たした症例で援助探索行動を起こした受診例の40％が再発している（東邦大学医学部精神経医学水野教授）

年に精神科救急入院科病棟を新設し，同2010年の平均在院日数は51.4日となった．

もう1つ大切なのは5年以上の長期入院患者（精神科地域移行実施加算算定：2008年4月改正）の地域移行支援である．何らかの理由によって長年の入院生活を余儀なくされた人たちを退院に向けて，まず患者自身の脱入院，すなわち外に出るというモチベーションを向上させることから始まり，徐々に次の生活環境に慣らしていくようにする．そのためには専門性を活かした多職種による連携と支援に対して膨大なエネルギーが必要となる．

この地域移行支援については，2006年4月にSANSを発展させ，積極的に行い始めていたが，正式には2007年12月より専属〔地域移行推進室（SANS）〕の看護師1名，精神保健福祉士（PSW）1名を常置させ，ケア会議（正式名：長期入院患者地域移行推進プロジェクト）を毎週定期的に院長，副理事長，看護部長，病棟課長，事務部長などで徹底して行っている．退院候補者が決定すると専属のスタッフが病棟に直接入って退院前面接を行い，毎週行われるケア会議のために資料を作成する．新たに入所する場所，自宅，一連の中間施設アパート（病院附属のアパート，近所の単独アパート），特に長期慢性期の患者で退院の候補に挙がった対象者は今までの病棟での治療プログラムに加えて"プレデイケア"という訓練を開始する．当院併設のデイケアおよび重度認知症デイケア（超長期の対象者は高齢者が多いことにもよる）に加えてショートステイ，スタッフの精神科"退院前訪問指導"活用による家族との協議や自宅外泊なども実施する．

退院が決定した場合にはどのようなフォローアップをするかを決定する．外来通院の義務づけ（当院かアウトリーチクリニックか，紹介入院を受けたクリニックに逆紹介するか）に加えて，可能であればデイケアかデイナイトケアか重度デイケアに通い，

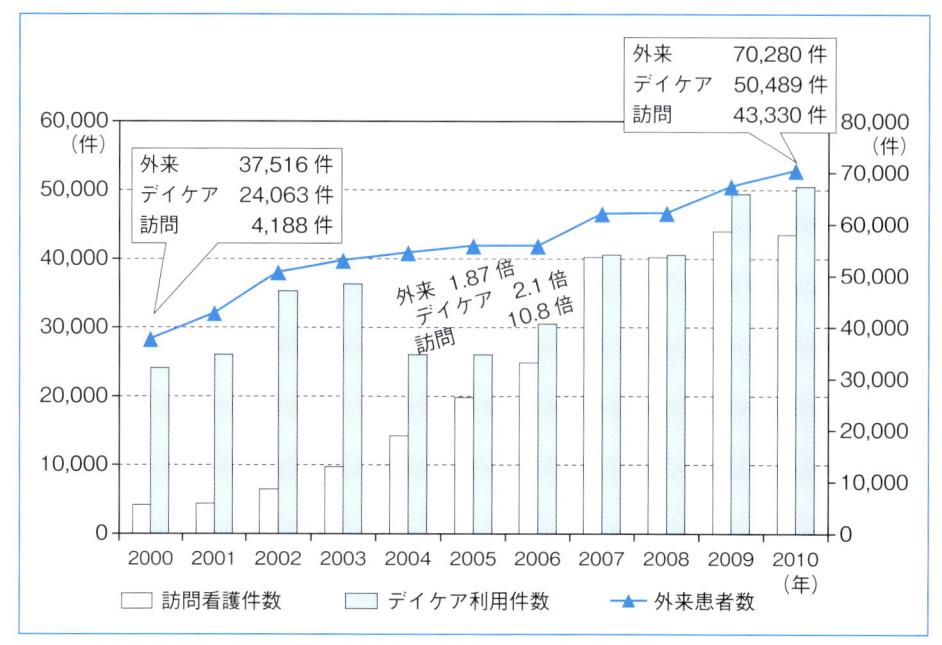

図 5-4　外来患者数・訪問看護・デイケア(デイナイトケア)の推移

その間に訪問看護をキーパーソンとなる家族と本人に説明し，納得して退院となる．退院直後は不安定となることが多いので，週5日訪問看護することもしばしばである．また夜間の相談電話も周知させ用意している．当院附設の中間施設を利用する場合にはできるだけ地域活動支援センターⅠ型(365日・24時間対応)が附属常置している生活訓練施設から始めて，次第に1人での生活(他の中間施設など)へと自立を促すような流れにしている．そのほか，福祉ホームBにも1名ベテランの看護師が夜間の見回りと住居者の相談などのため当直を行っている．病棟部門と社会復帰施設は近隣ではあるが，道1つを隔てて独立して何種類かの施設が集合し存在している．

　当院では，比較的早い時期から，退院後のケアを行っており，1987年にデイケア(50人枠)を新設したことを皮切りに，以後これまでに人数枠の増員や，デイケアおよび訪問看護のチーム数を増やすなどして，地域におけるサポート体制を強化している．現在では，通所リハビリテーションを行うためのデイケア(50人枠)が2チーム，デイナイトケア(70人枠と50人枠)が各1チーム，重度認知症デイケアが1チームある．また，在宅支援を行う訪問看護については，ステーションとして2事業所，病院併設型訪問看護チームが1チーム，クリニック併設型訪問看護が1チームと4か所の訪問看護チームに分かれて，より広い地域での支援を行うようにしている．

　したがって，ここ約10年を振り返ってみても，外来通院患者数は1.87倍，デイケア通所者数は2.1倍，訪問看護件数は10.3倍と，外来での対応が増加していることが示唆される(図5-4)．

　当然のことながら，それらの利用者の増加に伴い，スタッフ人員の増加も必須である．特に件数の増加が顕著にみられる訪問看護においては，1998年に訪問看護ス

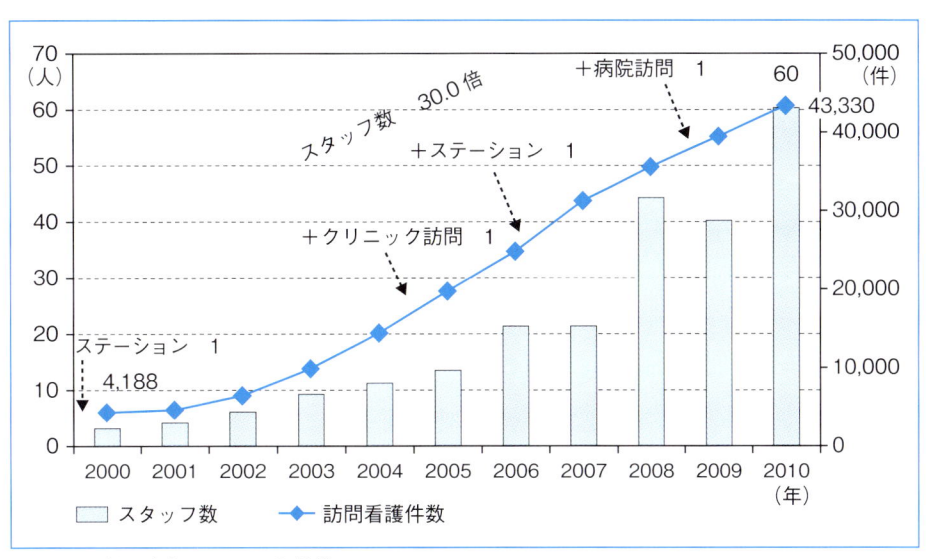

図5-5 訪問看護スタッフと件数

　テーション「ビジテ」の事業所をスタートして以降，2004年にサテライトクリニック併設訪問看護開始，2006年には訪問看護ステーションを1チーム追加，2008年からは病院併設型訪問看護を開始しており，訪問看護の件数がここ10年で10.3倍になっていることに並行して，訪問看護の看護スタッフ数は2人から60人と30倍に増員となっている（図5-5）．これらの訪問看護チームは広島県内での各エリアに分かれて活動しており，広い地域で多くの患者の地域支援を行うためには，より多くのマンパワーが必要になる．

　上述の入院基本料の「精神科地域移行実施加算」は2008年の診療報酬改定で新設されたが，当院の実績は，2008年度は対象患者71名中9名退院，2009年度は対象患者66名中4名退院，2010年度は対象患者63名中5名退院で，疾患別では，F1（物質使用による精神障害）が2名，F2（統合失調症）が13名，F3（気分障害）が3名であり，退院先は中間施設が11名，地域・アパートが3名，自宅が4名となっている．

　その後の予後は精神症状悪化のみならず半数は内科疾患悪化のためで，再発した者4名，自宅で虚血性心疾患で突然死した者1名であった．

　繰り返すが，このSANSでは，入院中から退院や地域移行に向けてのトータルコーディネート（退院後のサポート体制との連携をとって地域支援）を行っている．特に重点的にSANSの課題として新規入院患者の長期化防止，長期入院患者の退院促進，回復患者の再発防止のための社会資源やサービス提供と調整を行っている．訪問看護を行うことで全体の84%が定期的通院につながっている．こうした努力により地域で生活する期間がより長くなるという好結果に結びついていると思われる．

運営および経営

1 病院経営指標

どの病院においても入院・外来部門の診療行為別の分析は毎月行っていると思う．ここでいつも比較されるのは，通常一般科の入院対外来部門の収入比は大体 6：4 であるにもかかわらず，われわれ精神科医療の入院対外来の収入比は大体 8：2 が相場とされてきた．それほど精神科は入院収入に依存してきたことになる．

さて，診療報酬について言及する場合，安易に基本診療料を上げればよいと考えがちである．確かに入院診療報酬の 80％ 近くが基本診療料（入院基本料，特定入院料）で占めている．さらにこの基本診療料を大きく左右するものとしては，①病床利用率，②（主として救急病棟の）入院患者の新規率，③医療観察法による精神鑑定数（昨年 5 件），④検察庁精神鑑定刑事訴訟法による鑑定留置数（昨年 11 件），などがある．また，外来診療報酬を左右するものは，①通院外来患者を増やす，②通院回数を頻回にする，③診療単価を上げるにつきると思われる．

2008 年度日本精神科病院協会医療経済実態調査報告（入院収入比率＝入院収入/医業収入×100）によると，入院外来収入比率は 84.6％：12.63％ とある．

では当院における過去 13 年間の両者の比較はどのように変化したのであろうか．訪問看護，アウトリーチクリニック，社会復帰施設など入院収入などのすべてを外来収入として比較してみた．

1998 年を仮に 100 として 2010 年までの変遷 13 年間の両者の比率をみると，入院部門は 147％，外来部門は 371％ と伸びている（図 5-6）．同様に各年の収入に関わる項目を比較したものが図 5-7 である．この図より，入院対外来部門の収入比率は，1998 年に入院部門 83.4％：外来部門 16.6％ であったのが，2010 年には入院部門 66.5％：外来部門 33.5％ となった．外来収入比率が常時対応型施設として 24 時間・365 日対応の救急入院対応施設であるにもかかわらず，入院収入比率の伸び率をはるかに超えて伸びていることが判明する．

2 マンパワー

図 5-6 のごとく，1998 年末の当院の職員数 264 名を 100 とした場合，当然マンパワーの増員は必要となり，2010 年末には約 1.9 倍の 495 名となっている．

3 人件費比率

日本精神科病院協会医療経済委員会実態調査報告（2009 年度）によると，2008 年度の人件費比率は 61.5％ となっている．当院では，1998 年の 46.6％ から 2010 年には 54.0％ と 7.4％ 増加している．アウトリーチを実践するために当然マンパワーの充実

運営および経営　69

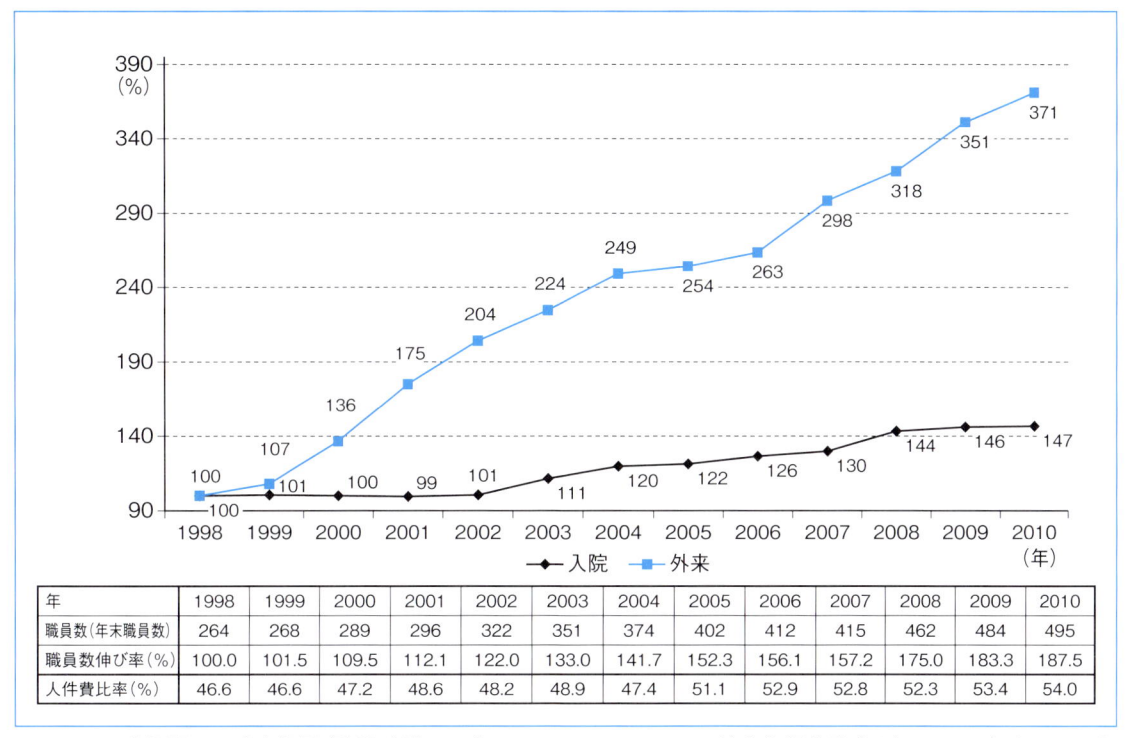

年	1998	1999	2000	2001	2002	2003	2004	2005	2006	2007	2008	2009	2010
職員数(年末職員数)	264	268	289	296	322	351	374	402	412	415	462	484	495
職員数伸び率(%)	100.0	101.5	109.5	112.1	122.0	133.0	141.7	152.3	156.1	157.2	175.0	183.3	187.5
人件費比率(%)	46.6	46.6	47.2	48.6	48.2	48.9	47.4	51.1	52.9	52.8	52.3	53.4	54.0

図 5-6　入院部門 VS 外来部門(訪問看護・アウトリーチクリニック・社会復帰施設含む)で 1998 年を 100% とした場合の収入の推移(伸び率)と人件費比率

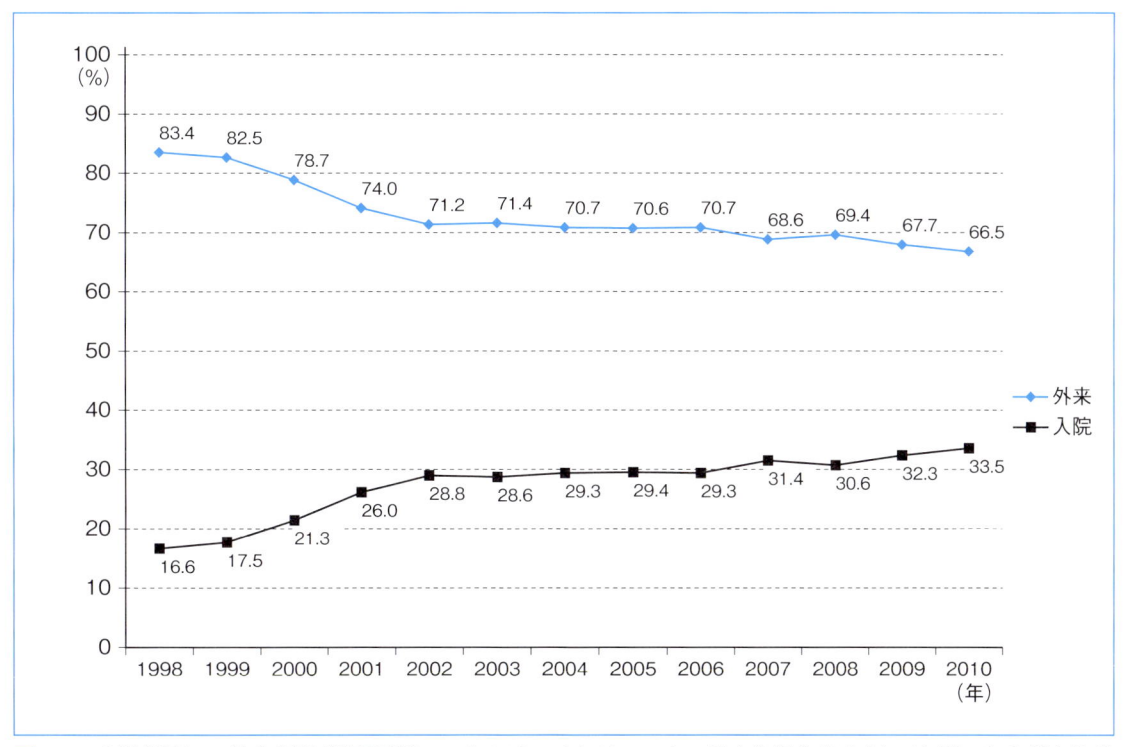

図 5-7　入院部門 VS 外来部門(訪問看護・アウトリーチクリニック・社会復帰施設含む)で年別の収入割合比較グラフ

表 5-8　自己負担額の補助

下記の自治体では自己負担部分について補助を行う．

広島市	10% 全額を補助　医療機関に対して給付
海田町	10% 全額を補助　申請に基づき償還払い
府中町	5% を補助　申請に基づき償還払い(国保の方のみ)

償還払いは①領収書，②受給者証，③口座番号がわかるもの，④印鑑，⑤上限額管理表の写しが必要となる．

表 5-9　当院における自立支援医療人数(2010 年 12 月)

	広島市	海田町・府中町 他	総計
実人数(人)	971	390	1,361

は必須要件であり高騰した．

しかし，第 1 精神科救急入院料病棟(2003 年 8 月)と第 2 精神科救急入院料病棟(2007 年 12 月)の届け出をした翌年(2004 年，2008 年)にはそれぞれ 23 名と 47 名の増員をみているが，そのぶん収入増となり人件費比率は若干ではあるが下がっている．

自立支援医療(精神科通院)制度の現況

広島県においては，広島市とその近隣に位置する海田町，府中町に限って住民票のある方に対して市と町が自己負担額を負担するため，受給者の方の自己負担は免除されている(表 5-8)．これにより指定医療機関制となっている精神科の①病院，②デイケア，③薬局，④訪問看護をあらかじめ各 1 機関ずつ登録して利用できる．

このため，当院における 2010 年 12 月自立支援医療(精神通院医療受給)人数は表 5-9 のごとくである．

この制度は広島市における平均在院日数が全国平均に比べて低いことと，受給者の生活保護率が低い(生活保護を受給しないで頑張っている実情を汲んで)ことを理由に実施されている．これにより退院時の通院，服薬，デイケア・デイナイトケア，訪問看護などのフォローアップの指導は説得力があり，退院者にとっても納得しやすく大きな恩恵を受けており，好結果につながっていると思う．

就労移行支援事業所・就労継続支援 B 型事業

また，障害者雇用促進法が改正(2008 年)され，医療法人の障害者の就労支援事業が可能となった．当院における就労支援の流れを図 5-8 に示す．2010 年に開設した就労施設(就労移行支援事業「お好み焼き」，就労継続支援事業 B 型「ベーカリー」)は人件費比率が 100% を超えている(表 5-10)．

利用者，職員の意気込みが報われるように，就労支援・移行事業の組織・効率化な

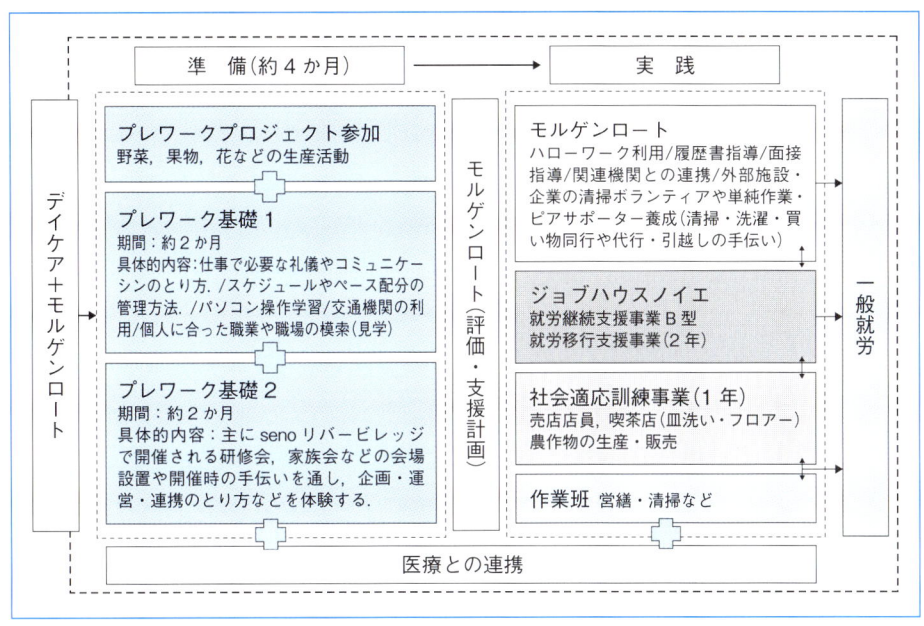

図 5-8 就労支援の流れ

表 5-10 2010年に開設した就労施設の収入と人件費

	項目	金額
収　入	店舗売上　就労支援報酬 利用料(就労支援報酬1割)	21,827 千円
人件費	・就労者工賃(就労移行事業→時給600円，就労継続支援事業B型→時給 160円) ・職員人件費	21,956 千円

と障害者自立支援法の改革は今後の課題として残る．

新・旧の入院患者の退院促進と認知症患者対応が最重要課題に

　診療報酬と介護報酬が2012年4月に同時に改定されたが，医療と介護の地域連携とその包括化の課題は一層議論され始め，さまざまなアプローチが試みられている．しかし，介護保険制度創設時においても，この課題は議論され，その必要は共通認識であったはずであった．

　ことの始めは，社会的入院の解消にあった．入院の長期化や社会的入院が問題視され，その解消策が求められていた．この問題は詳しくは別項に譲ることにするが，最近になって精神科医療において長期入院する認知症の患者が増加していることをふまえて，認知症でさらに行動異常・精神症状をもつ人たち(behavioral and psychological symptoms of dementia；BPSD)をどこで治療しケアしていくか，同時に退院後の地域包括ケア(アウトリーチ)についても議論されてきている．つまり認知症でBPSDのある人たちが介護認定では老人保健施設などに入所されにくいことが問題となって

きている．また入所中に BPSD のため対応困難となる人たちも問題となっている．介護保険の運用においてサービスそのものが自己目的化し機械的となり，患者・利用者の実態に即した対応が二の次になってしまったのが主因である．

　医療の中の「介護」部分を切り離し，独立させることにより，みんなで支え合うという発想を修正して，医療と介護は同心円上にあり単に連携ではなく，医療と介護サービスは連続性のものであることを今一度確認しなければなるまい．また行動障害，精神症状のある認知症患者は喜んでわれわれ精神科医の専門分野ととらえて受け入れるべきと思う．

　このように政局よりも社会保障の一体改革の推進というキャッチフレーズにわれわれ精神科医療も積極的に介入していかなければならないと思われる．当院の先を読んだつもりで作成した「夢・未来図」ではあったが，結果的には着々と推進してきた国の方針，つまり診療報酬体系に従っていけば，経済的運営も好結果をもたらすことになったのである．

　さて，これまで述べてきたことを要約すると，最重要課題として新旧両者の入院患者の退院促進を強力に推進することが必須であり，急性期患者は救急病棟を中心として対応し，長期入院患者の退院促進に着実な注力を行うことが必要である．さらにもう1つの最重要課題として，医療と介護にまたがる精神科の認知症患者対応を前述の課題と一体化し継続させることであり，このことは避けて通れない重要課題として受け入れる決意を精神科医も共通認識とすることが，今後のわが国の医療および社会的福祉などに対するわれわれ医療人に課された命題であり，わが国の高齢社会に寄与する道であると考える．

〔津久江一郎〕

第 6 章

院内チーム医療から地域チーム医療へ
新阿武山病院の場合

転換期を迎えた精神科医療

　近年の精神科医療は，これまでの入院中心型から地域中心型の医療，サービスへと大きく転換しつつあり，そのことは現場で携わる者にとって肌で実感できる変化であろう．とりわけ新規抗精神病薬が本邦に導入されてから，治療の目標が症状の安定（寛解）から患者の自己実現や社会参加（回復）に向かい，それとともに薬物療法にとどまらずさまざまな精神科医療のスキルアップが求められるようになってきた．それを実現するためにはチーム医療の力量を高める必要があり，さらに地域でのケアの質を考えた場合，地域まで含めたチームとしての取り組みが要求されることになると思われる．

　もちろんその取り組みは一朝一夕に実現できるものではない．当院でも10年前に抗精神病薬の最適化を目指し始めた頃には，それまでにさまざまな治療プログラムを実施していたにもかかわらず，必ずしも有機的に結びついていたわけではなかった．それが現在までにどのように結びつき，チーム医療の基盤を構築していったかをここでは紹介するつもりである．さらに，地域での支援として地域参加型の精神障害者スポーツクラブを立ち上げ，それを契機にほかの医療機関や就労移行支援事業所，社会復帰施設，一般住民とのネットワークができつつあること，つまり院内にとどまらない地域を含めたチーム医療をスポーツを通して実践していくというユニークな試みも併せて紹介したいと思う．

新阿武山病院の特徴

　当院は，大阪府北部の高槻市にある都会型の精神科単科病院であり，病床数は290床である．開院は1971年で，当時大阪医科大学神経精神医学教室の満田久敏教授が，「大学精神医学」と「病院精神医学」に二分されていた精神科医療を憂い，臨床・研究・教育・地域医療を集約した病院をつくるため，同門有志を集めて設立された．そのため現在もオーナーは不在で理事会が母体運営となっている．1999年に精神科急性期治療病棟を立ち上げ，5つの機能別病棟（精神科急性期治療病棟，精神科一般病棟，精神科療養病棟，認知症治療病棟，アルコール依存症治療病棟）と大・小規模のデイ

ケア，3つのグループホームを有している．1年間の入院患者数は800名前後，1日の平均外来患者数は120～130名である．

当院の特徴の1つは創立時からアルコール依存症の専門病棟があることで，アルコール依存症治療を中心とした医師・看護師・精神保健福祉士(PSW)のチーム医療体制は古くより確立されており，治療プログラムとしての疾病教育や家族教室なども早期から導入されていた．たとえば1999年に誕生した日本初の「アルコール依存症の妻をもつ夫の会 in 関西」は，PSWが中心となって誕生しており，チーム医療を具現化させた1つの成果であるといえよう．このアルコール依存症治療をモデルとして，統合失調症や気分障害の治療にも応用され，疾病教育，家族教室，栄養指導，デイケアでの運動プログラムなどさまざまな取り組みがなされるようになっていた．しかし，冒頭でも述べたように，それぞれの取り組みが必ずしも有機的に結びついていたとは言い難く，各職種がそれぞれのプログラムをこなしている範囲であったと思われる．それがチームとして動き出したのは，次に述べる抗精神病薬最適化に取り組み始めてからである．

抗精神病薬最適化の取り組みからチームが動き出した

1 患者の「回復」という最終目標の共有が足がかりに

今から11年前の2001年，わが国において抗精神病薬の多剤・大量療法の問題が指摘されつつあった頃，急性期治療病棟に関わる医師でこの問題について話し合う機会があった．まず急性期の段階から目指す治療の最終目標は何かという話になり，患者個々によって目指す目標が違うため意見の違いは出たものの，患者の社会復帰，社会参加を実現させること，すなわち「回復」にあるという結論に至った．結論としては当然であったかもしれないが，ここで大切なのは各医師の抱くイメージのずれを少なくすることができたことであったと思われる．

そのうえで，急性期における薬物療法について具体的に議論した．ちょうどその頃，多剤併用大量処方と新薬による単純な処方における治療コンセプトの中で両者の治療目標の違いを指摘した論文[1]を読む機会があった．すなわち，前者の治療目標が精神症状の改善で止まるのに対して，後者は回復促進と本人の自己実現であるとしている．これは治療目標をどこに置くかによって薬物療法のスタイルが異なってしまうことを示している．すでに回復を目指すことで意見が一致していたため，抗精神病薬の単剤化，至適用量での使用を推し進めることに異論は出なかった．そこでまず当時の急性期治療病棟での単剤化率を調査したところ，40％以下と予想外に低いことが判明した．つまり各医師の薬物療法は必ずしも一定したものではなく，使用薬物についてもさまざまな"好み"で使用されていた傾向にあった．そこで目標を達成するため治療薬に求める特徴として，①副作用が少なく有効性の高い薬物であること，②再入院率が低くなるような薬物であること，③cost-effectiveness(費用対効果)の高い薬

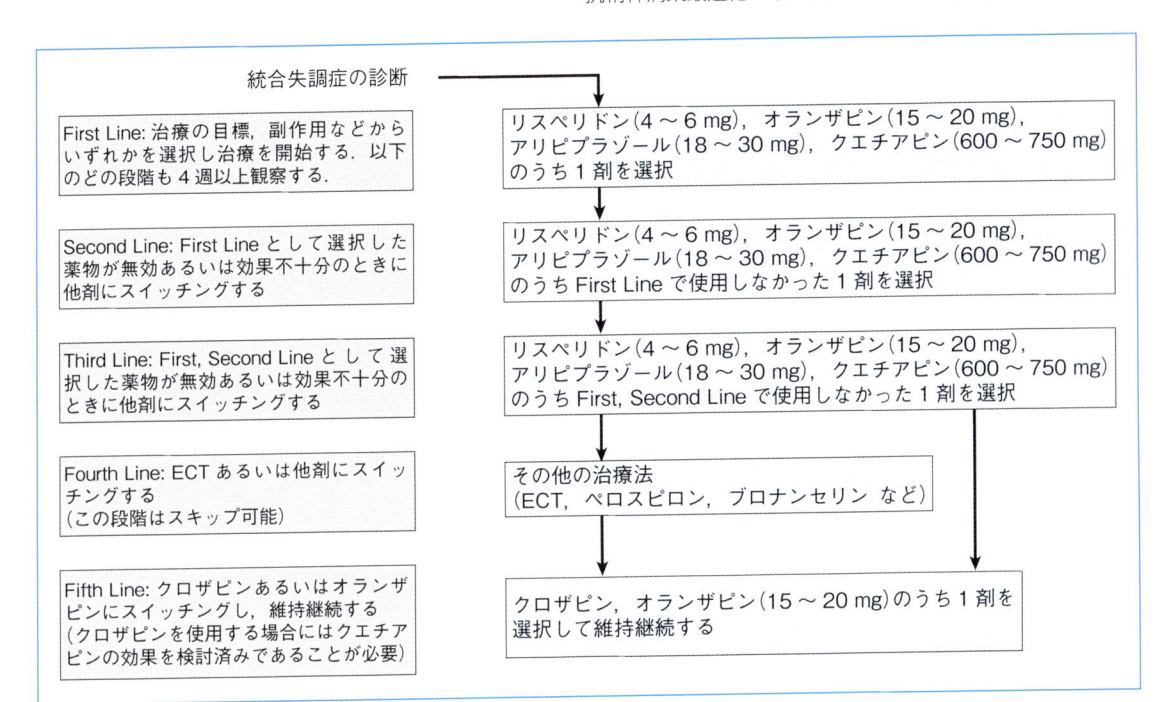

図6-1 統合失調症治療のアルゴリズム

統合失調症の診断

- **First Line**: 治療の目標, 副作用などからいずれかを選択し治療を開始する. 以下のどの段階も4週以上観察する.
  → リスペリドン(4〜6 mg), オランザピン(15〜20 mg), アリピプラゾール(18〜30 mg), クエチアピン(600〜750 mg)のうち1剤を選択

- **Second Line**: First Lineとして選択した薬物が無効あるいは効果不十分のときに他剤にスイッチングする
  → リスペリドン(4〜6 mg), オランザピン(15〜20 mg), アリピプラゾール(18〜30 mg), クエチアピン(600〜750 mg)のうちFirst Lineで使用しなかった1剤を選択

- **Third Line**: First, Second Lineとして選択した薬物が無効あるいは効果不十分のときに他剤にスイッチングする
  → リスペリドン(4〜6 mg), オランザピン(15〜20 mg), アリピプラゾール(18〜30 mg), クエチアピン(600〜750 mg)のうちFirst, Second Lineで使用しなかった1剤を選択

- **Fourth Line**: ECTあるいは他剤にスイッチングする (この段階はスキップ可能)
  → その他の治療法 (ECT, ペロスピロン, ブロナンセリン など)

- **Fifth Line**: クロザピンあるいはオランザピンにスイッチングし, 維持継続する (クロザピンを使用する場合にはクエチアピンの効果を検討済みであることが必要)
  → クロザピン, オランザピン(15〜20 mg)のうち1剤を選択して維持継続する

剤であること, の3点が挙げられた. 言い方を変えれば, 治療有用性とコストを考慮した薬物の選択を考えたということになる. 当時使用できた新規抗精神病薬はリスペリドン, オランザピン, クエチアピン, ペロスピロンの4種類で, それらとハロペリドールなどの従来型抗精神病薬で上記の3条件を比較検討した結果, 第1選択薬をリスペリドンとして使用することになった. リスペリドンの効果が不十分な場合や忍容性の問題が出たときには他剤にスイッチングするが, その際も多剤併用にせず単剤で使用することを申し合わせ, 独自のアルゴリズムを作成していった. その後の新薬の上市に合わせてアルゴリズムを改定していき, 図6-1が現在の当院でのアルゴリズムである.

2002〜2004年までの3年間と2010年のある月における抗精神病薬の単剤化率および服薬量について調べたのが図6-2である. 医師間で話し合いをもった直後の2002年時には多剤使用傾向であったものが, 2004年には単剤化率が80%以上となり, 2010年ではほぼ100%近くまで上昇している. 患者1人当たりの服薬量(リスペリドン換算量)は, 2002年には10 mgを超えていたものが2004年以降には5 mg以下にまで下がっており, 至適用量での使用へと変化していった. 現在の使用抗精神病薬の内訳は, リスペリドン, オランザピン, アリピプラゾールがそれぞれ約25%ずつで, 残りがクエチアピン, ブロナンセリンなどとなっており, 比較的バランスよく使用していることがうかがわれる.

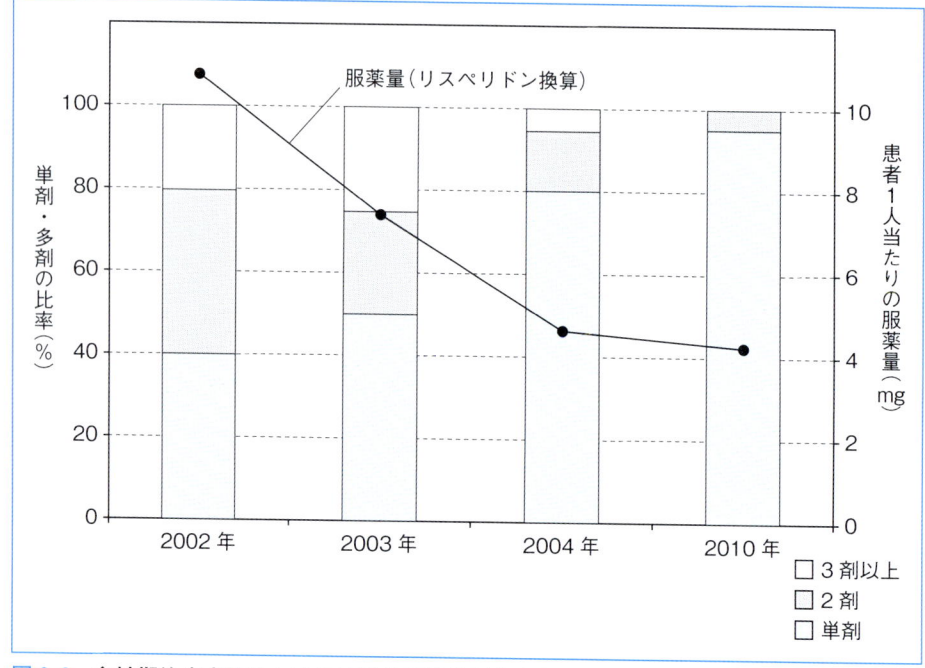

図 6-2　急性期治療病棟における抗精神病薬単剤化率と服用量の変化

2 | 研修などを通じて他職種との連携を強化

　このように抗精神病薬最適化にむけた取り組みを進める中で，コメディカルと情報を共有するために院内看護研修会と院外での学会，研修会などへの参加を病院全体で推奨するようにしていった．院内看護研修会は以前から定期的に行われていたが，そこに医師が新規抗精神病薬についての講義をするようにし，看護師のみならずPSWや栄養士，薬剤師なども加わることで，薬物療法に対する共通の認識が得られるようになった．さらに，院外の第三者の優れた意見を個々のスタッフが取り入れるために研修会に参加し，学会での発表を進めることで，単に抗精神病薬の最適化だけではなく，さまざまな優れたものを取り入れることができるようになった．次に取り上げるメタボリック・シンドローム対策の取り組みもその1つの例である．

　抗精神病薬最適化という課題は実は大きな問題ではない．大切なのは，それに向けて共通の認識をもつチームを作ることである．まずは小さくてよいので，精神科医がチームを形成し，進む方向を示していくことは大切である．そのうえで他職種と協働することで，よりよい薬物療法が成り立っていくものと思われる．

メタボリック・シンドローム予防に取り組む

1 | NSTによる栄養指導

　新規抗精神病薬の使用が増えるにつれ，副作用としての体重増加や耐糖能異常の誘発にへの対策を早期に立てる必要が出てきた．特に体重増加による肥満はインシュリン抵抗性を引き起こし，糖尿病，高血圧，脂質異常症が加わるとメタボリック・シンドロームと呼ばれ，狭心症や心筋梗塞など心血管系イベントにつながる．統合失調症の場合，薬物の影響以外にも食生活の問題や運動不足，さらに疾患そのものがメタボリック・シンドロームと関連する可能性も指摘されており，その予防対策は単純ではない．これらの課題を乗り越えてメタボリック・シンドロームを予防していくためには，薬剤の整理選択，疾病教育，栄養指導，運動療法などを効率よく実施する必要がある．特に栄養指導は重要であり，栄養サポートチーム（Nutrition Support Team；NST）の導入が必要となる．

　当院でNSTを導入したのは2002年である．前述した抗精神病薬最適化に向けての取り組みとほぼ同時期である．すでに抗精神病薬最適化で精神科医チームができており，メタボリック・シンドローム対策の必要性も認識していたため，次に管理栄養士とチームを組んで取り組むことに時間はかからなかった．その取り組みの内容を簡単に紹介する．

　まず外来患者と入院患者に分けて調査したところ，外来患者のほうが食生活習慣に関しては，高カロリー・高脂肪の飲料，スナック，ファーストフードの摂取量が非常に高く，リスクファクターの高い食生活になっており，BMI・血糖値・総コレステロール値（TC）・中性脂肪値（TG）のいずれの項目においても入院患者より有意に問題を有していた．入院患者は，環境的な要因や陰性症状などの問題により活動量，運動量が外来患者より少なく，より問題を有しているのではないかと当初は考えていた．しかし結果は逆で，むしろ入院患者は栄養管理されていることから外来患者より問題が少ないと考えられた．この調査の結果，栄養指導の重要性を再認識し，医師・管理栄養士・デイケアスタッフ・外来看護師・訪問看護師・PSW・グループホーム世話人など規模を拡大してチームを組み，デイケア通所中の外来患者に対して実施を試みることとした．

2 | チームアプローチの内容と成果

　実施過程は，まず診察時スクリーニングとして外来診察時に身長・体重測定を行い，血液検査データ，身体所見などをもとに，医師より栄養指導の指示が出される．次に，栄養管理プランニングとして患者の身体・血液検査データ，生活形態，生活習慣（食習慣・運動量），家族からの情報などをもとに，患者の栄養評価を管理栄養士が行う．さらに栄養管理プログラムとして①個別の栄養指導，②デイケアでの集団の栄

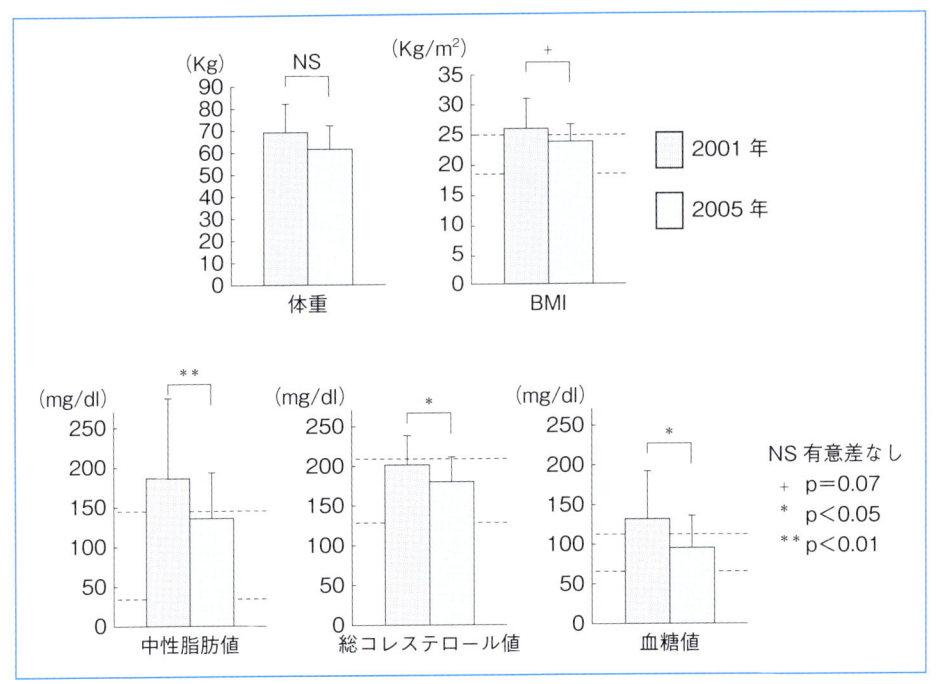

図 6-3　NST 導入前後の検査結果の比較

　養指導および生活指導，③運動プログラムの実施，④基礎的な栄養に関する知識習得のためのスタッフ教育の実施，⑤グループホーム入所者に対する朝食・夕食の食事管理および食材提供などを行う．それらの結果をもとにチームカンファレンスで情報交換しながら再度プランを立てる．その後，これらを繰り返していくことになる．

　この取り組みを始めて半年〜1 年後には血液検査の結果は改善し，4 年間の長期追跡調査で，体重は有意ではないものの減少し，BMI は正常範囲となり，血糖値・TC・TG は有意に低下していた（図 6-3）．2009 年には，メタボリック・シンドロームの診断基準に当てはまるものは 79 名中 5 名のみ（6.3％）であった．2007 年の国民健康・栄養調査結果の概要によると，40 歳以上の成人で 40〜74 歳でみると，男性の 2 人に 1 人，女性の 5 人に 1 人が，メタボリック・シンドロームが強く疑われる者または予備群と考えられている[2]．また，統合失調症患者では，19〜51％の頻度でメタボリック・シンドロームを認めており[3]，6.3％という数値はそれらの結果と比較して明らかに低いと思われる．10 年という比較的長期において追跡調査ができており，その結果から適切な栄養指導や運動療法，疾病教育を組み合わせ，チームとして取り組むとメタボリック・シンドロームの予防に有効であると考えられた．また，管理栄養士によると抗精神病薬が最適化されていく以前は，栄養指導を行っていても情報が十分に患者に届いていない印象であったが，取り組みが進むにつれ明らかに患者の理解度が向上したとのことである．おそらく，最適化されることで鎮静作用が弱まり，認知機能が改善されていったのではないかと思われる．

3 | 職種間の確執を乗り越えて

ここまで述べてくると，何の問題もなく取り組みが進んでいるようにみえるかもしれない．たしかに大きな問題はなかったが，職種間で一時確執が生じたことはあった．管理栄養士の調査が進むうちに外来患者，特にデイケアに通所している患者にメタボリック・シンドロームを有する者が多いことが判明した．この結果にデイケアスタッフは一時反発した，「われわれのプログラムによる指導が悪いというのか」と．管理栄養士からすればそんなつもりはなかったので当惑したらしい．そこで，精神科医がその間に入り，この取り組みから何を目指しているのかをお互いに確認しあうようにした．もちろんメタボリック・シンドロームの改善，予防ということで意見は一致するのであったが，その話し合いの中で，デイケアスタッフからすれば現場に顔を出さずに管理栄養士が結果だけを伝えてきたことが不満であったらしい．管理栄養士もそれに気がつき，それ以後はデイケアのプログラムの中に管理栄養士の栄養指導が加わることになった．その後，管理栄養士はデイケアだけではなく，各病棟，外来へと自ら出向いて栄養指導を行うようになり成果を上げている．特に疾病教育プログラムは当初は精神疾患に限られたものであったが，身体疾患にまで幅をもたせることができるようになったのである．

このようにして，最初は抗精神病薬最適化に向けた小さなチームから副作用防止の取り組みを通して各職種との連携が一気に広がることになった．さらに抗精神病最適化が進むことで錐体外路症状や鎮静が軽減し，NSTにより肥満を防止できたことで患者はよく動けるようになった．すでにデイケアやNSTのプログラムで実施されていた運動プログラムに参加していた患者の中から，スポーツがしたいという声が出始めたのも自然な成り行きであった．次に，そのスポーツを通しての地域での患者支援の試みについて触れてみたい．

スポーツを通して地域支援を試みる

まず統合失調症の症例を紹介する．

〈症例：21歳，男性〉

統合失調症．元来内向的な性格であるが，小学生時からサッカーをしており，大きな大会に優勝したこともあった．しかし高校に入学した頃から，「人の声や考えたことが聞こえる」「人の会話が自分のことをいっている」「人にみられている」「集中して本が読めない」「考えがまとまらない」といった幻聴，思考化声，被害関係妄想，注察妄想，認知機能低下などの症状が徐々に出現したため外出できなくなり，家に引きこもり高校も中退した．自宅近くの精神科クリニックにはなんとか通院し，服薬することで精神症状はやや軽減したものの，薬をのむと体がソワソワして落ち着かず（アカシジア），ほとんど自宅で過ごしていた．18歳時に精神症状が悪化したため筆者の外来

を受診し，入院することになった．入院後は，処方されていた従来型抗精神病薬から新規抗精神病薬に変更し，併せて統合失調症についての疾病教育を行い，家族には家族教室に参加してもらった．精神症状は次第に落ち着き，アカシジアも消失していった．退院後のデイケア通所を勧めたところ承諾し通所し始めたが，何回か通ったあと来なくなった．理由は同年代の人が少なく「面白くない」というものであった．そして再び自宅に引きこもったままとなった．ちょうどその頃に後述する地域参加型のスポーツクラブが立ち上げられた．そこでその中のフットサル講習会に参加するよう勧めてみた．最初は母親に連れられて参加し，自信なさそうに体育館の隅のほうで見ているだけであった．やがて基本練習に参加するようになったが，技術的には優れたものをもっていたため，スタッフが1つひとつのプレーを褒めて評価するようにした．ほかのメンバーとの交流もほとんどなかったが，自分のプレーがほかのメンバーから拍手をされることに嬉しそうな仕草をみせるようになった．やがてプレーのレベルはスタッフと対等なほど向上し，試合形式の練習では，ほかのメンバーのプレーに配慮したパスを出したり，カバーリングしたりするようになった．この頃，本人の希望で単位制の高校を受験することになった．約3年ぶりに電車とバスに乗って面接に出かけ無事合格した．しかし，初登校前に不穏となり自室の壁に穴をあけるということがあった．驚いた母親が本人から話を聞くと，初登校を控えて不安が強まったうえでの行動であり，統合失調症の症状の悪化ではないことがわかった．翌日，1人で登校し，その後は大きな問題なく通学し大学検定試験にも合格した．大学受験は最初は失敗したものの，その後1年間予備校に通った結果，関西の一流大学に合格し現在は大学生である．また，フットサルの練習も継続しており，精神障害者の大会への参加のみならず一般の大会に出場してもひけをとらないほどになっている．

1 参加者との交流が回復の礎に

　さて，この症例から教えられることは何であろうか．薬物療法については，従来型抗精神病薬から新規抗精神病薬にスイッチングすることで有用性が高まり，疾病教育や家族教室参加により治療は継続し，家族も本人の動揺に対してうまく対応できるようになった．本症例では特に問題なかったが，前述したメタボリック・シンドロームについての知識も得ることができている．これでデイケアに通所できれば，院内のチーム医療のもとでの治療プログラムが有用であった治療成功例ということになると思われる．しかし，彼はデイケアには通所せず，再び引きこもってしまった．精神症状は軽減し安定していたので寛解状態であったが，我々が目指す回復とは言い難かった．彼は現在こう言っている．「あのときフットサルがなかったら，症状は軽くても今でも引きこもっていたと思う」と．

　彼はデイケアには興味を抱かなかったが，もともとサッカーが好きであったこともあり，フットサル講習会のときだけはやってきた．自分のプレーがスタッフやほかの

メンバーから評価されることで自信がつき，その後も継続して参加できるようになった．ほかのメンバーとの交流も芽生え，やがて大学進学という自己実現を果たすことになる．今もフットサル仲間との交流は続けており，お互い支えあっている．もし院内だけの治療プログラムだけで何とかしようとすれば，なかなか回復を目指すことは難しかったのではないかと思われる．

2 精神障害者スポーツの歴史

ここで，精神障害者スポーツの歴史について簡単に触れ，スポーツを通した地域支援という新たな試みについて述べてみたい．

日本で本格的な精神障害者スポーツ大会開催や組織育成が始まったのは1999年のことである．厚生省（当時）の意向を受けて，（社）日本精神保健福祉連盟内に「障害者スポーツ推進委員会」が設置され，精神障害者スポーツ大会開催と組織基盤育成が進められた．そして，2001年に仙台市において第1回「全国精神障害者バレーボール大会」が開催され，翌2002年には第2回「全国精神障害者スポーツ大会」と名称変更して高知県で開催され，同県で同時開催された第2回「全国障害者スポーツ大会」のオープン競技として精神障害者バレーボールが認定され準公式参加を果たした．さらに大分県で開催された第8回「全国障害者スポーツ大会」（2008年）から精神障害者バレーボールが正式競技となった[4]．

バレーボールは2008年から正式種目になったが，他の競技種目を増やすことが課題の1つであった．より多くの精神障害者がより多くの種目に参加できるためには，1つの医療機関で取り組むのには限界がある．そこで，2006年に大阪北部（北摂地域）に地域参加型の精神障害者スポーツクラブを立ち上げ，その中にバレーボール以外に5人制サッカーであるフットサルのチームを結成した．地域参加型のスポーツクラブ形式をとることによって，地域のさまざまな医療機関から当事者やスタッフも参加できるようになった．さらに北摂地域をホームタウンにしているJリーグチームの協力で，本格的なフットサル大会やサッカースクールが開催されるようになった．現在，同様の取り組みが福岡，愛媛，神奈川，埼玉，千葉，札幌などでもなされており，全国的な広がりをみせている．

3 スポーツが生み出す効果

では，この地域参加型精神障害者スポーツクラブの活動が，現在どのように地域での患者支援として役立っているのであろうか．1つは，スポーツそのものが患者の生活上の満足度や自尊感情を向上させていることである[5]．運動自体が脳機能を改善させている可能性もあるが，スポーツへの取り組みに精神療法的な作用がある可能性や，チームでの活動となるため相互理解，協力を必然的に要するため一種の自助グループとしての作用があることも関連していると考えられている[5,6]．

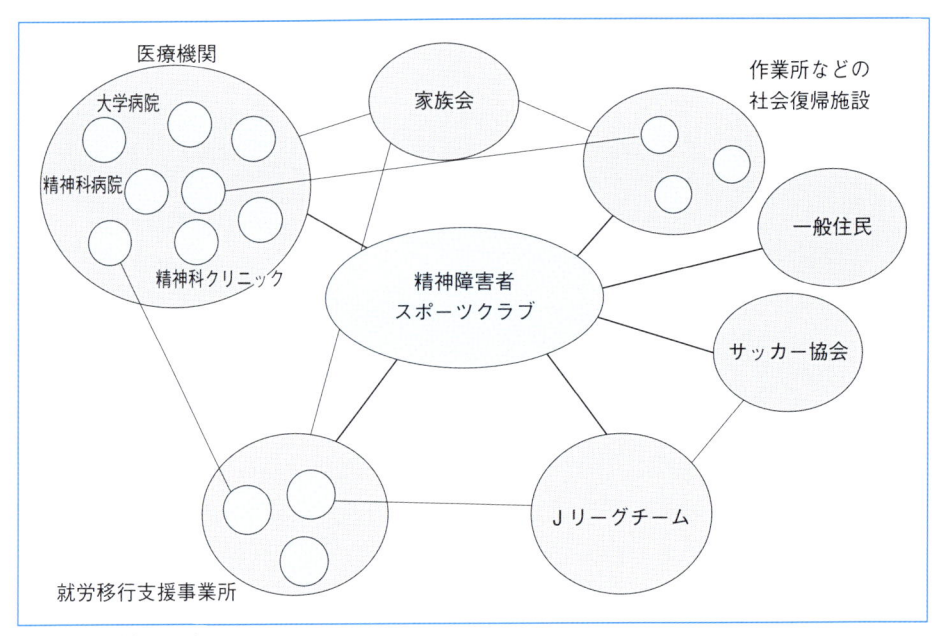

図 6-4　地域でのネットワーク

　2つ目は図 6-4 に示したように，多くの医療機関，作業所などの社会復帰施設，就労移行支援事業などで働くスタッフも同じスポーツクラブに集まり，ともに汗を流す仲間となることで，患者とスタッフ，スタッフ間で「顔の見える」関係，連携が自然と生まれていったことである．仲間ができ，自信がつき始めた患者は次第に就労や進学への意欲を見せ始めた．スポーツクラブを立ち上げた 2006 年と翌 2007 年時点で登録メンバーは 32 人いたが，主な生活状況は 20 人がデイケア通所，4 人が作業所通所，7 人が自宅のみで，就労しているものは 1 人だけであった．それが 4 年後の 2011 年 1 月現在では，この同じ 32 人のうちアルバイトも含めた就労が 10 人，就労移行支援事業所参加が 2 人，大学進学が 1 人，デイケアから作業所通所が 1 人，デイケア通所が 6 人，自宅のみが 5 人，不明が 5 人，その他が 2 名であった．2011 年では，就労，就労移行中，進学を合わせると 32 人中約 4 割の 13 人が回復の条件を満たしつつある（図 6-5）．特に就労に関しては，就労移行支援事業所のスタッフと患者，医療機関のスタッフとの密な協力（顔の見える関係）が得られたことが大きな推進力になっていると思われる．

　スポーツそのものが精神科医療に与える影響はまだ明らかではないが，地域参加型スポーツクラブを中心とした地域での患者支援活動は，医療モデルに縛られない新しいチーム医療モデル，言い換えれば地域チーム医療としての試みといえるのではないだろうか．精神科チーム医療は院内で行われるのは当然であるが，そこだけにとどまるのではなく，地域まで広げていくことが回復にとって重要なことであると思われる．

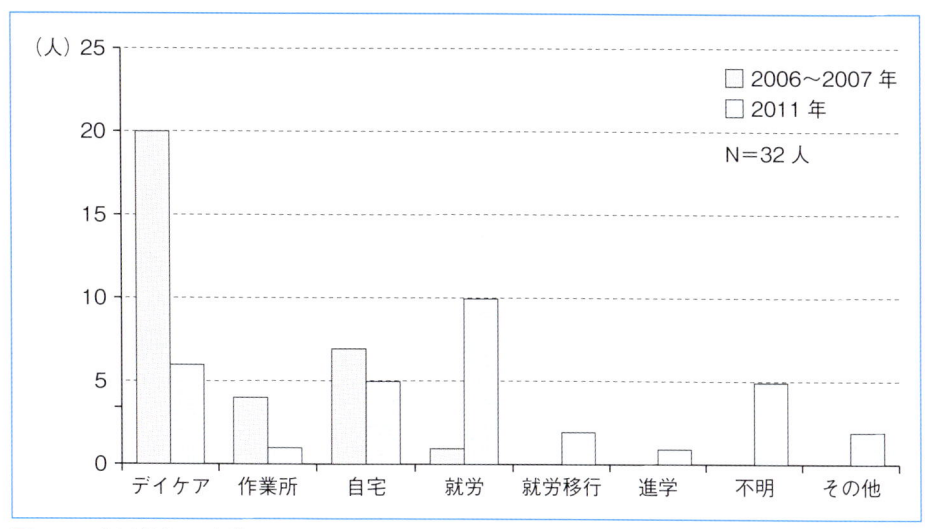

図 6-5 生活状況の変化

精神科医療の活動の広がりを

　ここでは，抗精神病薬最適化の取り組みを始めたことにより，院内のさまざまな治療プログラムが結びついていった当院での 10 年間の"体験談"を述べた．さらにスポーツを通した地域支援というまだ始まったばかりのユニークな取り組みについても紹介した．患者の回復は院内でみられるものではなく地域社会でみられるものである．よってチーム医療は院内にとどまらず，地域にまで広げて考える必要があり，精神科医療の活動の場はこれからますます広がっていくことが期待される．

●文献
1) 藤井康男：多剤併用から新しい抗精神病薬治療へ．臨床精神薬理 4：1371-1379, 2001
2) 厚生労働省ホームページ：平成 19 年国民健康・栄養調査結果の概要について(http://www.mhlw.go.jp/houdou/2008/12/h1225-5.html)
3) 渡邊純蔵，鈴木雄太郎，澤村一司，ほか：精神疾患とメタボリック・シンドローム．臨床精神薬理 10：387-393, 2007
4) 大西 守：精神障害者スポーツの歴史と今後の課題．日本スポーツ精神医学会(編)：スポーツ精神医学．pp 110-113, 診断と治療社，2009
5) 岡村武彦：スポーツ活動とストレスマネジメント．日本森田療法学会誌 21：19-23, 2010
6) 岡村武彦：精神障害者フットサルの動向．日本スポーツ精神医学会(編)：スポーツ精神医学．pp 122-124, 診断と治療社，2009

〈岡村武彦〉

第7章

敷居の低い精神科病院と地域
南信病院の場合

● 退院支援・入院治療の本音と建前

　1週間近く身体の不調が続けば，大抵の人は「入院して検査して，治療してもらったら」と勧める．しかし精神科の場合は，「できるだけ入院しないで，外来治療するように」というのが国の方針である．それに，入院は「人権侵害である」と反対する人権派グループもあり，もともとの偏見もあって，入院治療を避ける傾向がある．「できるだけ入院しないで」というのは世界的な風潮で，建前はともかくとして，本音は経済優先の医療費削減にある．そのために，ベッド数の多い精神科病院はベッド数を減らすことを至上命題とされている．これは全科にわたることであるが，入院期間の短縮が図られ，国際数値と比較しながらその成果を追求しているのが医療政策の現状である．精神疾患の場合，ほとんどが原因不明で，現在，治療の主流をなす薬剤も仮説に基づいて開発されているありさまである．したがって，原因が割合にはっきりしている外科系の治療のように，工程表によって入院期間の短縮を競い，収益増を図ることはできない．入院期間の短縮を迫られ，収益をあげようとすれば，どうしても回転ドア式になる．つまり，治療半ばで入退院を繰り返すうちに，自然に治療効果は鈍化し，慢性化が進み，無為鈍感な欠陥状態に近づくことになる．

　こうした点はあるものの，国際的な潮流に沿って，国は，これまで入院治療が中心であった精神科医療を「地域で治療する」方向に力点を移しつつある．そのために，長期在院している，いわゆる社会的入院患者を退院させること，新たに長期在院を生まないよう急性期治療を重視し，通院治療の在り方を模索している．いずれにしても精神科医療の流れを変えようとしているが，筆者は，病院医療から地域医療へという流れが自然のように思う．精神疾患患者の経過は，他科とかなり違う．特に統合失調症の患者は，一見治癒しているようにみえても，地域社会で受け入れられるにはかなり手間がかかる．川上の病院で十分治療して，川下の地域社会に受け入れやすくするのが順当のように思う．

　筆者は，病院治療の在り方について，これまでさまざまな試みを繰り返してきた．本項にその経緯を発表するので，精神科医療を考えるうえでの参考にしていただきたい．

全開放を目指して

　1972年8月に長野県南部にある人口7万足らずの伊那市に，全開放方式を標榜して，104床（4床は保護室）の南信病院を開設した．100床以上の病院で，設計の段階から全開放を掲げたのは，全国初のことと思う．

　全国の精神科病院は閉鎖病棟が当たり前で，大学病院ですら，開放病棟は信州大学の西丸四方教授の所だけであった．精神科病院は長期入院患者を抱えるため，運動や園芸作業のための広大な敷地を必要とする．また，偏見が強く地元の反対が激しいこともあって，人家から離れた，交通不便な場所にあるのが普通であった．

　伊那市の町中の街道沿いの900坪の狭い土地に，鉄筋コンクリート2階建ての病院を建設した．当然，一部の住民の反対があった．幸い，全国各地にみられる特定の政治団体が指導する組織的な反対ではなかったので，難儀ではあったが，なんとか収まった．最終的には住民側から，全開放で格子と鍵がないと，不安だから閉鎖にしろという要求があった．「新型の格子をつけるが，まだ米国に注文中で，現場には届いていない」と誤魔化し通した．そのうちに，患者が入院したりして，普通の病院と変わりないと思い始めたこともあり，また，私には「利のない所に理解はない」という考えもあって，病院の必需品はすべて近所の店から購入するようにした．一番反対していた理容院も，入院患者が行くようにしたら，南信病院の患者に限って割り引いてくれるようになり，反対運動の気配は全くなくなった．

入院した日から社会復帰訓練—代理行為をやめる

　当時は，閉鎖病棟が当たり前であったから，代理行為といって一般病院なら当然家族が行う金銭管理・洗濯・買い物などの日常の雑用を，看護師が一切受け持っていた．これは，精神科看護の大きな業務とされてきたが，大変な負担であった．このように，看護者に大きな負担を強いる代理行為をすることによって，かえって患者は自発性を失い，病気が軽快して退院する段階になって，改めて社会復帰訓練をしなければならないありさまであった．

　筆者は精神科医療の目標は，患者が社会で自立して生活ができることとしていたので，特別な患者以外は，入院した日から社会復帰訓練をしてもらうこととし，代理行為は一切しないことにした．開院当初は，他の病院から転院してきた患者が主で，筆者の方針は患者にも家族にも評判が悪かった．「南信病院は何もしてくれない」というのである．看護師たちも，「先生，これでは病院の評判が悪いから，従来通りの精神科看護にしましょう」という申し出があった．筆者は，「これまでの精神科看護では，患者の自発性の快復が遅れる．南信病院で新しい看護方法を行うのだから，半年，様子をみようではないか」ということで，当初の方針を押し通した．半年の間に，精神科に入院の経験が全くない患者も入ってくるようになり，彼らは，筆者の方針を当たり前のように受け入れた．自分で洗濯もし，入浴時はお互いに背中を流しあったり，

自分で買い物をし，自分でできることは当然のように自分で行っていた．そういう患者の数が増えるに従って，入院経験のある患者の声はなくなった．その頃になって看護師たちは，「これまでの精神科看護って一体何だったのでしょうね．南信病院方式のほうが，患者は活き活きとしているし，私たちも，余分なエネルギーを使わなくてすむ」と筆者の方針に賛同してくれるようになった．筆者は，入院したときから社会復帰訓練であると患者に話す場合に，「あなたの病気は，脳の一部に過ぎない．他はすべて正常ではないか．その正常な部分に働きかけて異常な部分を狭めていくようにしましょう」と説明をしてきた．

自然に社会性を身につける

伊那保健所管内の上伊那地区は人口20万足らずで，その中に精神科としては既に，県立駒ヶ根病院(300床)，伊那神経科病院(140床)，駒ヶ根竜東病院(80床)が開業していた．その中に南信病院が参入したのだから，経営上苦しいのは当然である．開放病棟だからといって患者を選択することはなく，患者本人に治す気のないアルコール症以外はすべて受け入れた．

全開放を掲げて，事故が多発して失敗すれば，「それみたことか」ということになる．それに経済的なこともあったので，4年間，万年当直を続けた．4年くらいは入院患者数は40名くらいであった．当初，入院がごく少ない頃は，患者が寂しいから，怖いから一緒に寝てくれというので，病室に一緒に寝て，入浴すると背中を流し合った．朝起きるとお互いに「おはよう」と挨拶をしていたが，それがいつの間にか，廊下で会うたびに挨拶を交わす習慣ができた．それが今に続いていて，時々みえる病院見学者にも挨拶をするので，「病院で入院患者さんに挨拶されるなんて初めてだ」と戸惑うらしいが嬉しそうで，おおいに好感を抱くようである．100床くらいの精神科病院は大都会なら半年で一杯になって，そんな雰囲気のできる余裕もないであろうに，入院患者の充足に長年かかったため，お互いに挨拶をするといった，他の病院にはみられない穏やかな雰囲気ができたのだと思う．

病院の建物は鉄筋コンクリート2階建てで，病棟に3か所も階段があるので1～2階の行き来は自由で，老若男女一緒で，一般社会と同じ人員構成である．したがって，「患者だからといって勝手な振る舞いはしないように，社会人としてのルールは守ってください」とお願いしてきた．同じフロアに男性と女性の病室が混在していることもあって，他の病院にはみられない，温かいアットホームな雰囲気がある．

テレビがないことによる患者同士の交流

食事がすむと，男女の患者がホールでそれぞれグループを作って，話に興じたり，ゲームを楽しんだりしていた．万年当直の筆者がマンドリンを弾くと，皆集まってきて歌ったりした．ある入院患者は「まるで国民宿舎のようだ」と言ったが，こんな様子

をみていた看護師たちが「先生，テレビを入れるのをやめて，このまま様子をみましょう．これまでの病院ではテレビは観ても，お互いにこんなに話すことはなかったですよ」ということで，テレビを入れないことにした．

新聞を読んだり，ゲームをしたり，茶を飲みながら話したりするのが日常の生活になっていて，テレビを要求する声はなかった．

入院を悪とする病院批判に接して

1 | 電気けいれん療法（ECT）への批判

開院した頃は，興奮患者を鎮静させるのに，今のような点滴用の抗精神病薬はなく，せいぜいクロルプロマジンの筋注か電気けいれん療法（ECT）であった．ところが，医療改革を主張する一部の医師たちが，ECT は非人道的な方法とレッテルを貼り，使用する病院を批判攻撃した．それによって，ほとんどの精神科病院や大学病院で行わなくなった．ECT は，実によく効く療法で，うつ病には特に効いた．筆者は，適応とみれば躊躇することなく行った．軽く麻酔をかけて行えば，患者は拒むことはなかった．大学の新人医師は南信病院に手伝いにきて，ここで ECT の実技・理論を学んだほどである．

ECT は外国では盛んに行われていたことから，再び行われるようになったが，修正型電気けいれん療法（mECT）は，麻酔医の管理下で実施することが求められ，診療費は上がったものの，現実的には単科の精神科病院では実施しづらくなってしまった．

初期に徹底的に治療し，ある程度軽快したら，日常生活の働きかけなどを積極的に行い，患者同士の自由な交流によって，著しい治療効果を上げるようになった．

そんなこともあって，合同出版の社長に頼まれて書いた「開放病棟」が思いがけずロングセラーとなり，それがきっかけで北は北海道から南は宮崎県と全国各地から入院患者が集まり，経営上一息つくことができるようになった．

治療効果もよく，入院患者が増えた頃，バブル期で，近くの民間企業からパートの求人があったり，農繁期には農家から援農依頼があったりして，85人の入院患者のうち35人くらいが外勤作業に出かけるほど活発になった．不登校で入院し，病院から中学や高校へ通う生徒も4～5人いた．バブルがはじけて，民間企業ではほかの精神科病院の患者は断っても，南信病院の患者を「いまどきの若い者は，来ても挨拶もしない．そこへいくと，南信病院の患者は朝も帰るときもキチンと挨拶をするので，気持ちがよいし，可愛い」との理由で，優先的に雇ってくれたのである．そのときにつくづく感じたことは，別に指導したわけでもないのに，院内の雰囲気は実に大切であるということである．

2 作業療法への批判

大きな精神科病院は広い農地や運動場や体育館をもっていて，長期入院患者には，作業療法や運動療法を行っていた．野菜作り，養豚などをして，心身の保全と退屈しのぎをしていた．当時，医療保険で作業療法の点数は認められていなかったから，費用は病院の持ち出しであった．こうした治療方針は，都立松沢病院や国立武蔵療養所（現・国立精神・神経医療研究センター・武蔵病院）が先に立って全国の精神科病院を指導していた．患者たちは，もちろん賃金はもらえないが，休憩のときには茶菓子やタバコをもらって，喜んで作業に従事していた．現在の作業療法の原型である．

ところが，ECT を攻撃した系統の医師たちが，作業療法を批判し始めた．作業療法は，治療か労働か．医療ならタバコや茶菓を振舞うのはおかしい，労働なら賃金を払うべきだ，第一，患者に労働をさせるべきでない，といった議論がなされるようになった．

悪徳病院と悪しざまに攻撃されて，難儀な議論が繰り返され，病院は苦労して，無償で善意でやっているのに，と腹に据えかねて，ほとんどやめてしまった．

農作業をしたり，敷地の整備をしたりして体を動かし，休憩時には菓子やお茶を飲みながら話をするのを患者は楽しみにしていた．彼らには医療か労働かなどということは念頭になかった．それが，なくなった．以後，彼らは何もすることもないので，室内でブラブラし，漫然とタバコを吸い，テレビを観るだけになり，習慣にしていた掃除もしないので病棟内も汚くなり，敷地内は雑草や雑木が茂るにまかせて荒れ放題．以前の整然とした美しい風景はなくなった．

1973 年に，作業療法は医療保険で認められるようになり，病院の収入になるということで作業療法が復活したが，往年のような活力はない．農地を利用できるような病院はなくなり，ほとんど体を動かすことのない，手先だけの室内作業である．

医療保険では認められていないが，最近，園芸療法が，精神科病院はもちろん一般人の趣味や福祉園芸の形で精神科病院以外でも盛んになり，昔の作業療法の先祖がえりの様相を呈してきた．

誰もが見学できる病院づくり

時代は平成に入りバブル経済が破たんして医療財政も厳しくなり，その結果，精神科医療政策も入院から外来中心へと大きく変わった．それ以前から，うつ病圏の患者が増え始め，入院患者の比率も高くなっていた．こうした時代の流れに対応した将来構想，敷地・建物が手狭になったこと，それに，精神科への偏見対応も考えて，病院の新築移転の検討を始めた．

開放病棟により，統合失調症の患者は南信病院への入退院をあまり気にしなくなったが，うつ病圏の患者の中にはプライドもあり，いまだに偏見が強く，入院をためらう者も少なからずいた．それは，自殺予防のうえでも重大問題と考えていた．以前か

ら精神科医療関係者の間では偏見をなくす運動は盛んであったが，偏見は感情で，理屈ではないので，啓蒙活動は難しいのである．南信病院としては，その運動を続けながら病院自身が変わって，一般病院と差のないことをみてもらって，感情的なこだわりを解きほぐすことが先決であると考え，新築移転を決断した．

かくして，1998年8月，中央高速自動車道の伊那インター近くに，新しい南信病院を開設した．希望があれば，誰でも院内を案内するようにした．これは好評で，誰もが精神科病院に対するイメージが変わったといってくださる．新築移転して今年で13年になるが，患者から見学者への抵抗（人権，プライバシーの侵害といった）は皆無である．むしろ，先に述べたように，患者が挨拶するので見学者の方が驚くほどで，好感度を増している．院内をみて，ためらわずに入院する患者が増えた．

これが，早期に入院し，早期治療につながり，長期入院とならないようにする方法である．

精神科病院と他科との違い

他科病院との決定的な違いは，集団生活・共同生活が主体であることにある．そのためには，食堂・ホール・浴室・運動場・体育館など，1床当たりの必要面積は他科とは比較にならないほどの広さである．そのことを一切考慮せず，1病室に限定して，他科同様に1床当たりの面積を決めつけることは，公正でないのである．

1 建物について

病院はホテルのように豪華である必要はない．適当な広さを保ち，明るく，清潔で，風通しがよいといったことが満たされればよい．

また，災害があって停電しても，あわてずに避難できるような単純明快な構造を，設計の基本とした．

2 病院の構造・備品（舞台装置）について

集団生活・共同生活を主体とする精神科病院は，それぞれにドラマをもった人の集まる劇場とみてよい．したがって，構造や備品は舞台装置で，演技しやすいように，指導しやすいように作るのが望ましい．

3 構造（舞台装置）の説明

(1) 俯瞰図（図7-1）

①病棟，②物干し場，③管理棟，④外来診察室：外来診察室は3室あり，3人で午前中のみ診察，午後は入院患者を診る．診察室がこの位置にあるのは，中庭，病棟，

図 7-1 病院の俯瞰図

それと通用門を通って外出する患者の雰囲気を知るためである．⑤菜園・花壇，⑥遊歩道：1 周 100 m，⑦患者通用門，⑧道路を隔てて，デイケア棟，⑨パオ（患者がハーブ茶を楽しむ），⑩デイケア用の菜園・花壇．

(2) 病棟の構造

病棟の両側に階段がある．1 階と 2 階の詰所も階段でつながっている．患者は 1 階と 2 階を自由に行き来できる．したがって，老若男女一緒で，社会と同じ人員構成であることは，治療上重要である．

(3) 保護室（図 7-2）

詰所から一番遠く，外部に一番近い場所にある．これによって，看護師は詰所から保護室に行く間の病棟の様子を知ることができる．外部に近いので，災害時には自分で開けて逃げることができる仕組みになっている．廊下を隔てて，下足室，洗濯室があり，一番人通りの多い場所にある．そのため，病棟の雰囲気を感じることができ，患者は孤独感に陥ることはない．そのせいか，1 週間以上入れっ放しにした例は 13 日間の 1 件しかない．観察廊下側にもドアがある．つまり，裏門・表門つきの保護室で，看護師にとって便利である．

いつ入院を考えるか

①こじれる前に早めに．これは治療効果を早めるうえで重要である．
②患者と家族はセットで考える．昼夜逆転して，夜中に最大ボリュームで音楽を聞くような状態が 10 日以上続く場合，双方を離して，ストレスの増加を防ぐため．

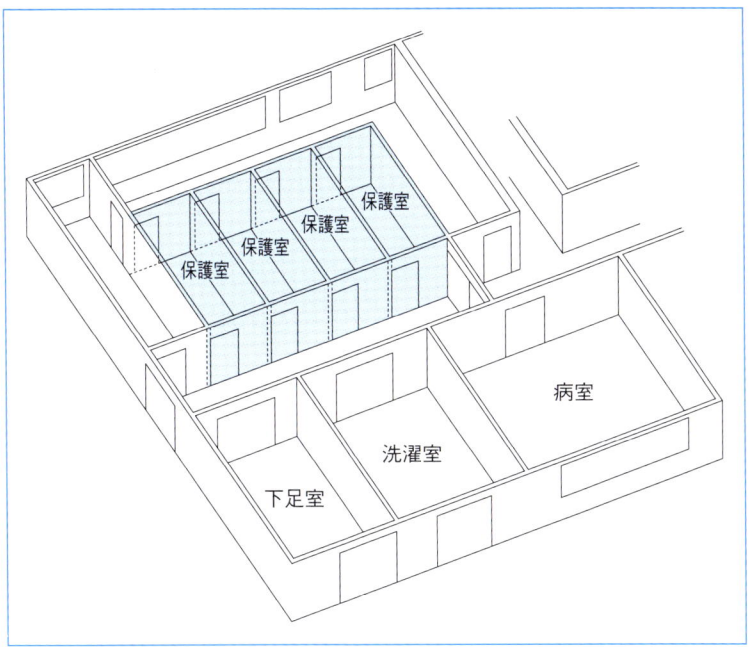

図7-2 保護室の場所
下足室，洗濯室に近く，人通りの多い場所にある．

③自殺のおそれを感じた場合．
④無為，引きこもりが長期化しないうちに，生活調整のために2～3か月をめどに入院（将来，社会不適応に陥らないように）して，治療することを考えてはどうであろう．

入院は統合的（複合的）で合理的な治療方法

1 入院のメリットを考えるその1：どの病院にも共通すること

①病気や薬の説明を受け，確実に服薬する．
②薬の微調整ができる．
③素早い薬の変更ができる．
④常にスタッフの働きかけがある．
⑤集団・共同生活による他患からの刺激で，自然に行動し，交流するようになる．
⑥リズムのある，規則的な生活により，身体機能を調整・活性化し，メリハリのある生活習慣が身につく．
⑦同病者がいることによる安心感．互いに病気について話し合えるゆとりがでてくる．
⑧退院する患者をみて，将来への希望と安堵感をもつようになる．
⑨ほかの患者の非常識な様子を見て，それを反面教師とし，自律と自戒の糧とするこ

図7-3 さまざまな人が混在する小規模病院の風景（若い男性患者のボールを受け取る女性患者）

とがある．

以上は，どの病院にも共通していることである．

2 | 入院のメリットを考えるその2：小規模病院ならではのもの

以下は，南信病院のような小規模病院ならではのメリットである．

大規模病院は軍艦にたとえるなら，戦艦，駆逐艦といった具合に機能分化されていて，患者同士の影響は割合単純で限られている．それに対して小規模病院は，機能分化はできないので，商船のようにさまざまな人が混在していて，お互いに多様な影響を与えて，治療効果を上げている．認知症のご婦人が，若い男性患者の投げ合うバレーのボールを偶然に受けとめたことがきっかけで，卓球をするようになった例もある（図7-3）．

①老若男女が一緒で，一般社会と同じ人員構成なので，社会と同じルールは守ってもらう．
②入院当初から社会復帰訓練として，代理行為は一切行わない．

特別に，指導要項として揚げているわけではないが，当事者としては患者に自立（自分のことは自分でする），自助（天は自ら助くるものを助く．自助努力），我慢（自分を律する，自制する），利他（思いやり）の心をもってもらうよう，心がけている．自立して社会生活ができるようにするための方法である．
③健康への配慮
・売店も自動販売機も置いていない．湯茶は自由に飲める用意はしてある．
・缶ジュース1本に角砂糖7個分が含まれている．どうしても飲みたければ，外出の

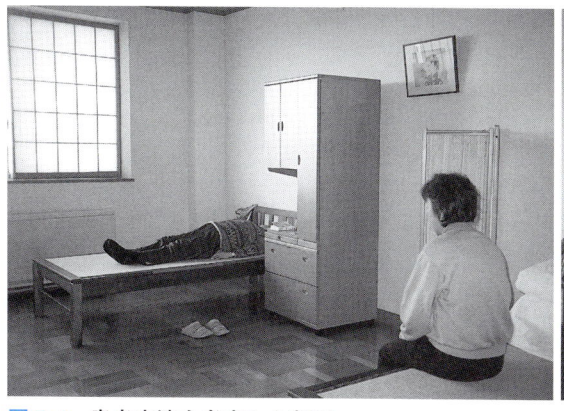

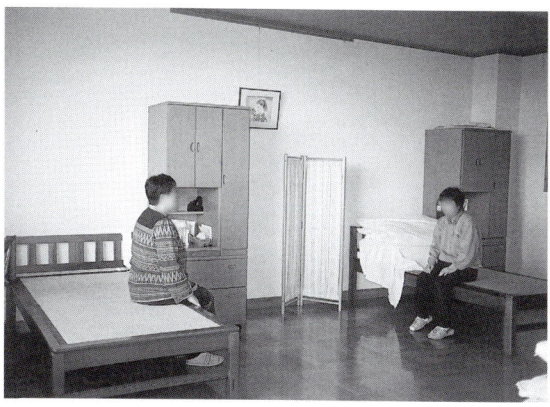

図 7-4　患者交流を考慮した部屋

身支度をして，わざわざ買いに行くしかない．気ままに飲まれたら，莫大な小遣いが必要となり，家族が困るばかりである．
- タバコはある程度強制的に制限している．しかしやむを得ず，喫煙室を設けている．その傍に「いやがらせ板」を掛けてある．タバコの害の記事が新聞に載ると，拡大コピーをして「いやがらせ板」に掲示する．効果はあまりないが．

④運動のすすめ
- 毎朝，起床時にラジオ体操をする．日課として，朝9時から30分間，花壇のまわり（1周100 m）の庭歩きをする．転んでも怪我のないよう，チップを敷いた．11時から院内ホールで作業療法士の指導により，30分間ストレッチを行う．
- 清涼飲料水の制限と運動により，肥満者はいない．転倒して骨折する者もほとんどいない．

⑤患者交流の仕掛け（興奮を鎮静化させるのはもちろんであるが，病院の大きな役割として，非疎通性・無為・鈍感の改善がある）
- 前述したように，開院以来テレビを置いてないので，ホールでの患者同士の交流は盛んである．マージャン，オセロ，卓球，トランプ，将棋など．新聞は4紙，月刊誌，週刊誌はよく読んでいる．2階の図書室もよく利用される．CDも患者同士で聞いている．
- 外出は必ず2人以上組んで．友人を作るためと事故があったときに知らせるため．
- 2階ホールには丸テーブルとそれを囲んで椅子があって，男女の患者が自由に話ができる．家族との面談の場でもある．
- 図7-4のように，ロッカーをカーテン代わりにしている．話したくなければ寝ればよい．起きればお互い話ができる．普通にみられる病室のカーテンでは，相手がカーテンを引いてくれない限り，話ができない．更衣のための衝立がある．

⑥雰囲気作り
- 鉄筋にコンクリート作りであるが，床，腰板，出窓など内装は木造にし，窓には障子をはめて，ベッドもロッカーも木製である．

図 7-5　自殺予防にも役立つ庇

- 詰所では，時には笑い声が聞こえるような明るさを心がける．それが病棟全体を明るい雰囲気にする．
- 病棟に入ったら，ホッとするような，アットホームな雰囲気があり，庭に出たら花が咲いて小鳥や蝶が舞う自然がある．こうして気分を落ち着かせて，そのうえで，それぞれの治療を施す．これが望ましい治療の在り方であると考えている．
- ホールや廊下，病室など，いたる所に絵を飾ってある．7個の柿の絵がある．患者に「ここに8個あったのに，あなたは1個食べたろう」と話すと，「食べました．おいしかったですよ」と冗談交じりに答える患者と，「そんなことしません」と真面目に答える患者といて，絵は会話のきっかけを作る．
- お茶を飲むのに給湯装置は設置しないで，ヤカンとポットと湯呑を一定場所に用意してある．お互いにお湯を注いであげたり，ポットに湯がなくなれば厨房に頼んだりする．そんな些細なことでも言葉を交わし，交流のきっかけになる．
- 患者が自発的に南信新聞を発行している．夕食後の午後6時30分から自然に患者が集まって「火の用心，マッチ1本火事のもと」と唱和しながら1～2階を一巡するのを毎日の行事としている．これも患者が自発的に始めたことで，新聞といい，非常に珍しいことである．
- 時々，理事長がバナナの叩き売りや手品を披露するが，患者の楽しみの1つになっている．年に1回，猿回しが勝手に巡業にやってくる．

⑦自殺予防
- 庇（図 7-5）：鉄筋コンクリート造りの建物に，庇を設けた．理由はいくつかあるが，自殺予防もその1つである．2階の窓は自由に開くので，飛び降りても死ぬことはないが，怪我は免れない．飛び降りは瞬間の衝動である．庇があれば，窓を開けて庇に降りて，下を見るまでに数10秒はかかる．その間に「やめた」ということ

になるであろう．これまでに飛び降りはない．
- 階段の手すりにはすべて，プラスチック板を張って，紐が通らないようにしてある．
- 保護室内ではドアのノブの代わりを考案し，格子にも紐が通らないよう空気穴のあいたプラスチック板を張ってある．
- ロッカーのハンガー掛けも，重さがかかれば折れるようにしてある．
- トイレのドアの上枠に紐がかけられないよう，プラスチック板をはめてある．
- 庭のベンチは動かせないように固定してある．庭木の下枝も切ってある．
- 庇の下に，花を植えてある．花の上には不思議なことに飛び降りない．出窓に花瓶，鉢植えなどの花を置くと，それを乗り越えてまで飛び降りることはしない．
- 抗うつ薬を多く使用している通院患者に自殺者が多いと，厚労省が問題視した．うつ病の入院患者が快復に向かって，気分の高揚した時期に退院させると，自殺する例の多いことは，入院治療では常識である．服薬量が多いせいばかりではない．ある患者が，自殺をしようと病棟中見て回ったが，自殺できる場所が見つからなかった．「これを設計した人は天才だ」と私に言ったので，「その天才は俺だ」と冗談を言ったら，感心していた．彼は，「場所を探すのにくたびれて，自殺を諦めた」と言っていた．自殺が1998年来，3万数千人もいるということで国は危機感を募らせているが，それくらいで収まっているのは，精神科病院で治療しているからだということを忘れてはならない．

⑧危険予防

　災害の際，停電があっても日頃の見当で支障なく外部に出られるように，広い廊下には一切物を置かない．

⑨外泊について

　長期入院患者の多くは家族の受け入れが悪くて，ほとんど面会に来なかったり，外泊することもなく年月が過ぎていくことが原因である．そこで，それを防ぐため，南信病院では1991年頃から5年間，盆・正月には強制的にたとえ1日でもと外泊を強行した．渋る家族には何とかお願いして協力していただいた．保護室にいる患者に「正月は帰りたいですか」「帰りたい」「家族に迷惑をかけないと約束できますか」「約束する」「それなら1日だけ」といった具合で，全員外泊を試みた．しかし筆者は，午前，午後，夜と3回ずつ4～5人の患者に電話して，様子を聞くのは大変なことで，盆も正月もなかった．この5年間の強制的な外泊が功を奏して，以後，外泊を拒む家族はなく，盆と正月は外泊するものと決めて，予定するようになった．現在は，盆・正月に残る患者は10人近くいるが，外泊できる状態ではない方たちである．本人の希望によって，無理には外泊させない場合もある．

　外泊について，筆者は家族の方に「外泊は退院を前提にした社会復帰訓練のためです．兵士が休暇に帰るのとはわけが違いますから，いろいろ仕事をいいつけて，家の手伝いをさせてください．家族からみてこれなら退院してよいと思うようになるまで，外泊を繰り返して様子をみましょう」と話して，家族の協力を得るようにしてい

図 7-6 デイケア棟全景
左の白い円形の建物は包（パオ）．包では，デイケア活動で作ったハーブのお茶などを飲むことができるようになっている．

る．家族とセットで考えているからである．

⑩調整入院

　入院中リズムある生活をしていても，退院して1〜2か月すると，夜中までテレビを観ていたり，パソコンをいじったりして生活の乱れが著しくなり，生活全体がだらしなくなる患者が出てくる．

　そんなとき，生活のリズムを調整するために，入院の日に退院の日を決めて最初は1か月単位で入院を勧める．入院生活を経験している患者は嫌がらずに入院する．約束通り，退院日には退院するが，うまくいかない場合は2週間ほど延長することもある．

　繰り返すごとに入院期間は短くてすむように，1週間くらいの入院で調整できるようになる．

⑪入院患者が見学者や職員に挨拶する．これは南信病院独特の風習である．

⑫デイケアセンター（図7-6）

　社会復帰訓練施設として，最も重要と考えている．それゆえ，道路を隔てて，病院の北側に独立して開設した．

　デイケアを患者の憩いの場と考えているところもあるが，筆者は，患者が「社会に居場所を作る」「出番を待つ」ためという2つの目標を掲げている．患者同士連れ立って，喫茶店に行ったり，カラオケに行ったりするのは，オブラートに包んで社会に出ているようなもので，社会の風に諸に当たったことにならない．これでは，社会に居場所を見つけたことにはならない．

　患者が1人でカラオケに行ったり，喫茶店に行ったりして，一般社会の人と自然になじめるようになることが，社会に居場所を見つけたことになると考える．

また，出番を待つとは，求めに応じていつでも働きに出られるよう準備しておく，ということである．そのために，一般の人々によい感じを与えるような振る舞いや，続けて一定の仕事ができるような辛抱強さを身につけるなど，ある程度の持続的な訓練と厳しさが必要である．開設して3年目の成績は，60人のうち30人がパートなどを含めて就職している．退院が決まって，デイケアを希望する患者は，入院中に1週間デイケアに通って，馴染んだうえで，改めて通うようにしている．

精神科医療の望ましい姿とは？

　世間の人々は，精神科病院に入院している大多数は興奮して暴れている患者であると思い込んでいるようである．実際には，そのような患者はほんの一部で，しかも，そのような症状は一時的なことである．静かな湖面に投げた石のつくる波紋が，間もなく静まるようなものである．不安や憂うつな気分，不眠や身体の不調感を訴えて入院される方もいれば，人嫌いで疎通性を欠き，自発性に乏しくて何もしない，非常識で無関心，勝手気ままで家庭や社会でうまく折り合えないために入院される方もいる．社会で折り合えない方たちは，治療をしないでそのまま放置しておけば，無為・茫然とした人柄に変わるか，あるいは再発して幻覚・妄想が出て，周囲に迷惑をかけることになる．

　社会的入院といわれて，病院非難の的とされている患者も，規則正しく服薬し，健康や日常生活上の管理・指導を受けているから，再発もせずに穏やかに暮らしているのである．現に南信病院でも，退院すればその日にでも天竜川に身投げをしそうな患者が機嫌よく長期入院している．これが現実である．

　さて，退院促進事業として半ば病院に責任を負わせた制度によって退院させているが，地域の受け皿が絶対的に少なくて，自治体は困惑している．仕方なく特別養護老人ホームに入所する例が多くなっていて，筆者が定期的に往診している施設には30%も入所している．こうした施設の介護職員は，精神科看護の経験がないので対応に困り，トラブルは絶えない．そのため元の病院に戻す場合もある．国は，退院促進事業ではなく社会復帰促進事業と名称を変えて国の責任を明確にして，受け皿となる施設を早急に充足させるべきである．国が進めている包括型地域生活支援プログラム（ACT）や訪問看護は，員数の豊富な国公立病院や人口の密な大都市でないとなかなか採用できない制度である．

　入院しないで通院のみの患者も，買い物をしたり喫茶店に行ったりして気ままに振る舞い，一見社会に適応しているように見える．しかし，日常生活はだらしなく，隣近所，親戚との付き合いもなく，年老いた親と2人暮らしの患者が増えている．親が

　包括型地域生活支援プログラム（Assertive Community Treatment；ACT）：在宅療養をしている，わりあい重症の患者を対象にした制度である．病院で，医師・看護師・精神保健福祉士・臨床心理士・作業療法士で構成する多職種医療チームを編成し，利用登録している患者を定期的に（週1〜2回）往診して，日常生活援助，服薬指導，外出支援などをする．症状が悪化すれば，入院への手続きもする．

亡くなった場合，なす術(すべ)もなく，そのまま放置して過ごす例も起こりかねない．「一生面倒をみてくれる施設が欲しい．これでは死んでも死にきれない」と嘆く老いた親たちの願いは，切実である．

あれこれ考えると，以前の国立療養所(武蔵，備前，下総)のように，農作業をしながらゆったりと治療する施設が必要と思う．

こうした状況の中で，国は精神科救急を精神科医療の最重要課題としている．薬の開発によって，興奮状態は割合早く落ち着くので，興奮の原因である疾患を念入りに治療しようとせずに，症状が治まったとして早々に退院させてしまう例が多い．これでは，回転ドア式と変わりない．短期入院治療が国の方針だからである．

新たな長期在院患者を生まないようにすることばかり考えて，回転ドア式の治療になり，結果的には，前述したような社会生活不適応患者が増えることになる．地域精神科医療優先策の中で考えなければならない，1つの課題である．

ところで，「薬の効果は20％，それ以外で治療に寄与するものは，医療者への信頼，メリハリのある日常生活，それとさまざまな働きかけである」と言った米国大手製薬会社の幹部の言葉は大変参考になる．家族や地域医療関係者の協力が必要とはこのことを指すが，いまや家庭の治療環境的機能は劣化している．地域精神科医療の主役であるメンタルクリニックの医師たちは，日々の診療に追われて病診連携はままならない．ましてや，診療以外の相談にのる暇はない．行政福祉面での担い手である保健師たちも，ほかの業務に追われて，精神保健福祉の仕事は片手間にならざるを得ない状況である．

大都市に住む方から「孫や子どもが不登校であったり，大学を卒業しているのに家に引きこもってブラブラして勝手なことをしている．本人に，病気の自覚も受診する気もない．どうしたらよいか」といった類の手紙を，見知らぬ方からいただくことが多くなった．いずれも，地元の市役所なり保健所の保健師に相談して，受診しなければならない例と思われる．このことからみても，地域精神科医療のシステムが十分に機能していないと考えられる．このように，人目に触れず，受診もしない，治療もしない方たちを医療のレールに乗せて，将来に問題を残さないようにするのが，地域精神科医療の第2の課題であると思う．

こうした方たちを，こじれないうちに入院治療をして，少しでも早く社会で自立できるようにすること，これが望ましい精神科医療の姿であろう．

（近藤廉治）

第 8 章

精神疾患への早期介入の取り組み
東邦大学医療センター大森病院の場合

　東邦大学医療センター大森病院は，人口約70万人の東京都大田区に位置し，都内の城南地区および隣接する神奈川県川崎市をそのキャッチメント・エリアとしている．精神神経科はメンタルヘルスセンターと呼称され，1日平均で約150人の外来患者が訪れる．また，開放18床，閉鎖18床の合計36床の病棟機能を有し，精神科一般のみならず精神科合併症にも対応し，同地域の精神医療の中核的病院の役割も担っている．当科における精神医療および支援の特徴として，早期介入と認知機能リハビリテーションの2点を挙げることができ，それらは後述する「ユースクリニック」と「イルボスコ」での取り組みに代表される[1-3]．

　本項では，今後の退院支援や地域移行の推進を考えていくうえでその鍵概念になると思われる精神疾患における早期介入について概説したうえで，当科における具体的な支援活動内容と，当事者からの視点も交えた症例の提示を行いたい．

早期介入という潮流

　わが国の精神医療保健福祉においても，病院中心から地域生活中心へと施策の転換が促進されているところであるが，欧米ではすでに脱施設化が進み，地域ケアシステムの整備が定着をみせている．統合失調症を中心とする精神障害に対する地域ケアが推進される中で，適切で包括的なケアの実施にもかかわらず再発や再入院は決して少なくはなく，患者の機能障害の回復には多くの制限がみられた．そうした中，長期的転帰を改善する試みは，早期段階において疾患を発見し適切に治療することで症状や機能障害の回復を目指す，精神疾患の早期発見と早期治療に主眼が置かれるようになり，それは今や臨床精神医学における世界的な一大潮流となっている[4,5]．

早期介入と精神病未治療期間（DUP）

　疾患の早期段階に関心が向かう中，精神病未治療期間（Duration of Untreated Psychosis；DUP）が重要な予後決定因子の1つとして注目されている．DUPとは陽性症状や一級症状の顕在化から，専門家による薬物療法を中心とする介入の開始までの期間と定義されている（図8-1）[6]．すなわち発症から治療開始までのタイム・ラグのこ

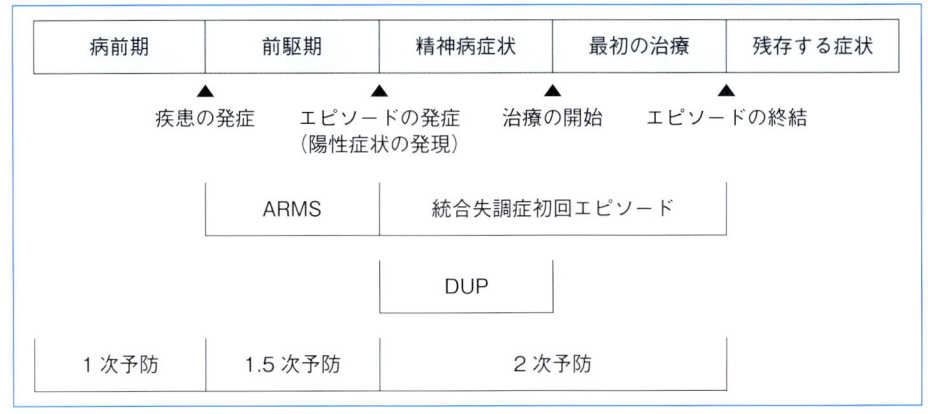

図8-1 統合失調症の早期段階
At-Risk Mental State；ARMS（発症危険状態），Duration of Untreated Psychosis；DUP（精神病未治療期間）

（根本隆洋：統合失調床発症以前への支援．こころの科学 160：71-77, 2011 より一部改変）

とで，平均 DUP は世界的に 1〜2 年と報告されており，DUP が長いほど転帰が不良であることが多くの研究で明らかにされている．また，DUP が治療反応性，寛解に至るまでの期間，寛解到達レベル，再発率，認知機能や QOL 低下と関連するとの報告もみられる．早期介入により DUP を短縮することは初回エピソードからの回復を容易にし，治療反応性を保持し，長期的転帰の改善に寄与すると考えられる．

治療臨界期

　DUP に関する諸研究から，予後を改善するためには初回エピソードにおいて，なるべく早期に適切な治療を開始することが重要であることがわかった．一方，発症からの 3〜5 年間が，治療の成否を分け長期的予後を左右する「治療臨界期（critical period）」であることも明らかにされた．それは，多くの症例で発症早期に精神症状や社会機能などの悪化がみられ 2〜5 年後にはその水準で安定化してしまうこと，約 8 割の患者が 5 年以内に再発を経験し，特に発病後 2 年間に再発が高率に起こること，発症後 2〜3 年で自殺率が高いこと，などの知見の集積により明らかとなった．つまり，治療臨界期内における治療開始は，それ以降に開始される場合よりもはるかに有効であり，DUP の短縮は治療臨界期における治療開始に直結しているのである．また，この時期は服薬アドヒアランスが不良なことが知られている．多くの患者で服薬中断がみられ，また，再発を繰り返すたびに治療抵抗性が高まることが知られている．よって，薬物療法と心理社会的療法を有機的に組み合わせ，包括的な治療や支援の充実を図るために重点的に医療資源を注ぎ込むことが重要である[7]．

顕在発症の予防

　さらに，近年においては発症の予防を目指した，閾値下の精神病状態にある前駆期

への早期介入に関する研究と実践が各国で展開されている．これは予防医学概念における1次予防や2次予防とも異なる，いわば「1.5次予防」と呼ぶべき位置づけにあり，精神病につながりやすい症候を少しでも早く見出し専門家につなげ，適切な介入により本格的発症を頓挫させる戦略である．前駆期にはすでに認知機能や社会機能の低下が生じているとの報告，それを裏付けるかのように進行性脳病態が前駆期から生じていることを示す研究もみられ，前駆期の適切な治療と長期的予後の改善に関する議論もみられはじめている．実際，DUPよりもむしろ疾病未治療期間（Duration of Untreated Illness；DUI，つまり前駆期＋DUP）のほうが，中期的転帰の予測因子であったとの報告もみられる．前駆期とは明確な発症がみられたうえでの後方視的な概念であるため，臨床実践のうえでは前方視的に発症危険状態（At-Risk Mental State；ARMS）ととらえられる．これまでの報告では，1年間でARMSの10～40％が精神病に移行するとされ，適切な介入によって発症を遅らせたり頓挫させたりすることができると期待されている．現在，豪州や欧米などを中心に精神病の早期介入の試みが行われ一定の効果を上げており，わが国においてもその取り組みが広がりつつある[8]．顕在発症前のARMSの時期に積極的な介入を行うことは，不適切な行動の形成や社会的なひきこもりを軽減するなど，社会機能や精神機能の回復，予後の改善に重大な影響を与え，さらには挫折感やその後の自己評価にも影響を与えると考えられる．

東邦大学大森病院での取り組み

1 ユースクリニック

各国で早期介入への関心と期待が高まる中，わが国での早期介入の取り組みの先鞭をつけるべく，東邦大学医療センター大森病院精神神経科では，2007年からARMSの若者を対象とした，「ユースクリニック」と名付けた専門外来を実施している．メンタルヘルスセンターでは40歳以下のすべての外来初診患者に対して，精神病前駆状態の自記式スクリーニングテストである日本語版Prime-Screen[9,10]を実施している（図8-2）．これは，前駆症状の程度と持続期間に関する11項目の質問からなり，5分程度で記入することができる．日本語版Prime-Screenで陽性となった患者や，主観的体験の変化，ごく短期間もしくは微弱な陽性症状，遺伝リスクや社会機能低下など，初診時の診察所見から精神病前駆状態が疑われた患者がユースクリニックに紹介される．その後，構造化面接（Structured Interview for Psychosis-Risk Syndromes/Scales of Psychosis-Risk Symptoms；SIPS/SOPS）[11]を行い，精神病前駆状態の診断を行う．SIPS/SOPSについては30～50分程の時間が必要である．適宜，MRIや

SIPS/SOPS：SOPS（サイコーシス・リスク症状評価スケール）は5つの微弱な精神症状，6つの陰性症状，4つの解体症状，4つの一般症状を同定し評価するスケールであり，SIPS（サイコーシス・リスクシンドロームに対する構造化面接）はSOPSを評定するための質問を中心とし，さらに生育歴などを含めた，前駆状態診断のための包括的な構造化面接である．

記入の仕方： この1年以内の体験に基づいて，以下の項目にどの程度あてはまるかを教えてください． 各々の質問をよく読んで，自分自身の体験を最もよく言い表している箇所に○をつけてください． 4, 5, 6にあてはまる場合は，その期間を右欄に7, 8, 9で答えてください． すべての質問にお答えください．	0 まったくあてはまらない	1 ほとんどあてはまらない	2 どちらかといえばあてはまらない	3 どちらともいえない	4 どちらかといえばあてはまる	5 かなりあてはまる	6 とてもあてはまる	左欄で4〜6と答えた方は，それがどの程度続いていますか		
								7 1月以内	8 1月〜1年	9 1年以上
a. 説明できないような奇妙で普通でない物事が自分の周りで起きていると感じることがある	0	1	2	3	4	5	6	7	8	9
b. 将来を予見することができると感じている	0	1	2	3	4	5	6	7	8	9
c. 自分の考えや感情，行動に干渉する，あるいは支配するようなものの存在を感じることがある	0	1	2	3	4	5	6	7	8	9
d. 迷信を信じて普段とはまったく違う行動をとった経験がある	0	1	2	3	4	5	6	7	8	9
e. 経験したり感じたりすることが現実なのか，空想や夢の一部なのかわからなくなって混乱することが時々ある	0	1	2	3	4	5	6	7	8	9
f. 他人が自分の心を読み取ったり，自分が他人の心を読み取ったりすることは起こり得ることだと思う	0	1	2	3	4	5	6	7	8	9
g. 誰かが自分に危害を加えることをたくらんでいたり，あるいは実際にされかねないと感じることがある	0	1	2	3	4	5	6	7	8	9
h. 自分にはもって生まれた以上に特殊な才能や超自然的な能力があると信じている	0	1	2	3	4	5	6	7	8	9
i. 自分の心にいたずらされているように感じることがある	0	1	2	3	4	5	6	7	8	9
j. 近くに誰もいないのに，誰かの発するかすかなあるいは明らかな音を聞いたり，誰かがぶつぶつ言っていたりしゃべっていたりするのを聞いたりしたことがある	0	1	2	3	4	5	6	7	8	9
k. 自分の考えを声に出して言われたように感じることがある	0	1	2	3	4	5	6	7	8	9

図8-2 日本語版Prime-Screen
以下の(1)〜(3)のいずれかを満たす場合に陽性と判断：
(1)「6」(1年以上)の項目が1つ以上あるか，「6」の項目が2つ以上ある
(2)「5」(1年以上)の項目が2つ以上ある
(3)合計得点が39点以上
〔小林啓之：前駆期における症候学的診断．水野雅文(編)：専門医のための精神科臨床リュミエール5 統合失調症の早期診断と早期介入．p 57，中山書店，2009より一部改変〕

認知機能検査なども併用している．治療において，低用量の抗精神病薬，抗うつ薬，抗不安薬などによる薬物療法や，ストレスマネジメントをはじめとする認知行動療法的なケアやサポートを行っている．

2 | イルボスコ

(1) 概要

　上記のように，精神疾患の早期介入を当科の主たる機能と位置づけたことを受けて，それまで当科で行っていた慢性期統合失調症患者を対象としたデイケアを終了した．そして，ARMSや初回エピソード統合失調症の若年患者(15〜30歳)に対し特化した介入を行う早期精神病ユニット(Early Psychosis Unit；EPU)を，大規模認可のデイケア(131 m^2，定員31名)として2007年5月に開設した．施設の目的は，①統合失調症の前駆状態から顕在発症への進展を頓挫させる早期介入，②初回エピソード後の社会復帰に向けた積極的なリハビリテーションである．スティグマを避け若者に受け入れられやすい治療施設とするべく「イルボスコ(Il Bosco：イタリア語で森の意，大森病院にちなんだ)」と命名された．イルボスコ担当医師に加えて，看護師，作業療法士，臨床心理士の専属常勤職員のほかに，精神保健福祉士，薬剤師，管理栄養士なども関わり，多職種チームを構成している．また，外部からのプログラム講師も招聘している．集中的なリハビリテーションを目的とするため利用期間は原則として1年間に設定しているが，状況に応じてさらに1年までの延長(最長2年)も弾力的に行っている．ユースクリニックにおいて適切な薬物療法などを継続し，イルボスコでは心理社会的な治療を集中的に行っている．一般精神科デイケアと異なり，発症間もない若年者が有する柔軟な脳の可塑性を最大限に発揮させられるよう，プログラムとその実施環境の設定には特に注意を払い，またスティグマのない雰囲気づくりや青年期というライフステージにも配慮している．スタッフは諸資源との連携やケアの連続性を重視している．

　また，精神疾患の予防に関する知識の普及やスティグマの軽減を目的とした啓発活動なども積極的に行っている．早期介入においては，本人の理解に加え，家族，学校など周囲の理解が特にその成功に大きく関係すると考え，本人，家族，学校教師向けに，こころの病に関するパンフレットを作成し配布している．ウェブサイトでは，不安から医療を避けたくなる心理を考慮して，正しい知識の提供と同時にセルフチェックを行い，現在の状態を把握し，必要に応じて医療機関を利用できるように工夫している(図8-3)．介入の導入にあたっては，疾患の早期発見の視点のみならず，生活のしづらさに着目し「よりよい生活を目指した共感的姿勢」が重要である．

(2) 具体的なアプローチとプログラム

　具体的な心理社会的アプローチとしては，①パソコンやワークシートを用いた社会生活技能の習得および向上，②疾病教育と生活支援，③集団体験を目的としたグルー

図 8-3 イルボスコのウェブサイト
（http://www.lab.toho-u.ac.jp/med/omori/mentalhealth/）

図 8-4 イルボスコでのプログラム風景

プワーク，④家族心理教育，を行っている（図 8-4）[12]．
　イルボスコの導入期においては，利用開始に合わせてすみやかに当事者の目標設定とそれに向けた取り組み計画を明確にするようにしている．思春期・青年期は心身と

もに成長の過程であり，学校教育を続けたり就労を開始したりする時期でもあるため，時間の浪費は周囲との隔たりを増強することになり，挫折感や劣等感が高じてしまうことが懸念される．慢性期の患者を対象としたデイケアと比較して，かなりのスピードを要求されるといえる．また，早い時期に具体的な目標と戦略を明らかにすることで，予後に希望を持ち，プログラム参加への動機づけも高まる．対人関係においては，なかなか馴染むことが困難な者も少なくはない一方で，携帯電話や電子メールなどを介して急速に当事者間で対人距離が近づき，しかし対人技能の未熟さや不得手さにより短期に破綻をきたしてしまうような場合もみられるので，対人関係構築への手助けや注意深い観察も大変重要となる．

　通常のデイケアでは「導入期」-「安定期」-「(社会への)移行期」という経過をたどるが，イルボスコでは安定期と移行期の境はほとんどなく，利用開始時からすでに次のステップへの取り組みが始まっているといえる．これは，社会的立場や役割を維持している，もしくは離れて間もないことがほとんどであるため，まずデイケアで安定してから次のステップを考えようということが少ない．このため，グループで実施するプログラムであっても，個々の目標に応じて使い分けることができるように工夫している．プログラム内容を細分化したり，イルボスコ全体として実施していない内容であれば，枠外で臨機応変に特別プログラムを実施するなどの対応を行い，個別面接も頻回に行っている．「デイケア内での安定」をゴールとしないため，常に社会参加へ向けて「統合型精神科地域治療プログラム(Optimal Treatment Project；OTP)[13]」に依拠しながら，個別化され地域資源と統合された支援の提供を心がけている．イルボスコの活動においては幅広い社会資源との連携が重要であるが，従来型のデイケアと異なり学校との協働の機会が非常に多く，学校現場に出向いてのケースカンファレンスなどを行うとともに，教職員への啓蒙活動も積極的に行っている．対象とする世代に合わせた包括的な支援のネットワーク作りが必要となる．

　イルボスコの利用期限の中で，元の学校に戻ったり，通信制高校を選択したり，大学受験に向けて予備校通いを始めたり，就労を開始したりするなど，多くの利用者が次のステップへと進むことができている．卒業後も時折イルボスコに顔を出し現状を報告してくれたり，相談を求めてきたりする者は数多い．一方で，若年者であるがゆえに，回復した後はイルボスコでの時間を忘れてしまいたい思い出と考える者もいるであろう．どのような形のフォローアップが適切なのかは模索中であるが，卒業生による現利用者に向けた報告講演会などにも取り組んでいる．

認知機能リハビリテーション

　イルボスコではOTPに基づく認知行動療法を軸とした心理社会的アプローチとともに，脳機能への直接的介入を目指した認知機能訓練(cognitive training)を軸とした生物学的アプローチも取り入れ，それらを両輪として精神病の早期介入を包括的に推進している．早期精神病者に対して同様の介入を行う施設は世界的にも少なくその成

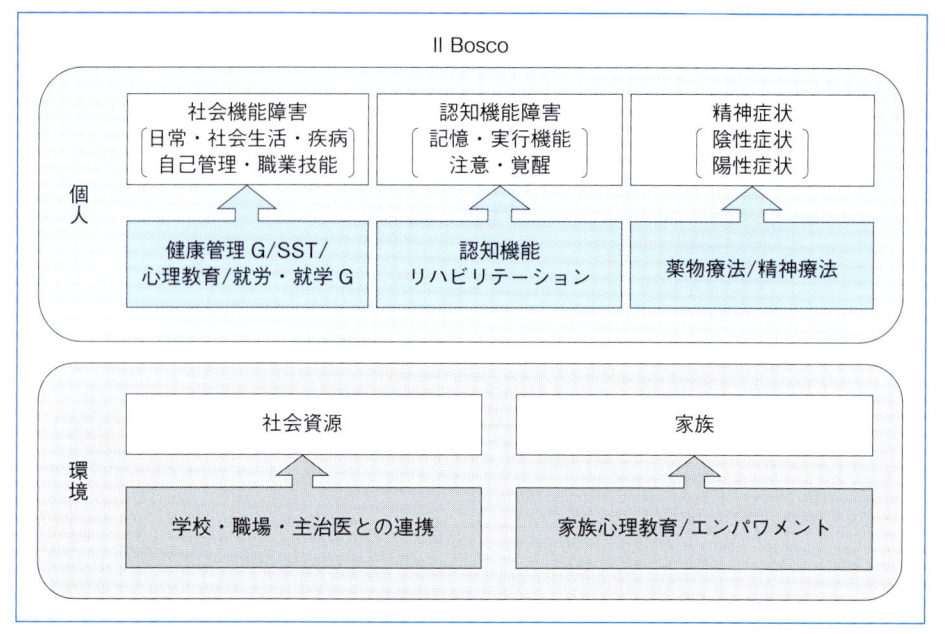

図 8-5　イルボスコにおけるケアとサポート

果が待たれている（図 8-5）．

　このような認知機能へのリハビリテーション手法を用いたアプローチは，近年の薬物療法の進歩をもってしても社会機能障害の改善がなかなか達成されない状況の中，その改善に向けた新たな治療戦略として注目を集めている．これは，認知機能障害が統合失調症の社会機能障害の重要な決定因子であることが明らかとなり，心理社会的手法による直接的な認知機能障害への介入に期待が高まっているためである[14]．また，精神病の前駆期から認知機能障害が存在することが近年明らかになってきている．我々はこれまで統合失調症における認知機能，なかでも前頭葉機能と関係の深い発散的思考（divergent thinking）に着目してきた．発散的思考とは，解法，回答が複数ないしは無数にある際の思考形式で，収束的思考（convergent thinking）に対比され，open-ended な構造をもつ流暢性（fluency）課題がその代表的検査である．われわれは，統合失調症における発散的思考の障害が社会機能障害の重要な決定因子であることを見出し，発散的思考を標的とした認知機能訓練プログラムを独自に開発し，慢性期患者を対象にこの訓練の有効性を明らかにしてきた[15,16]．発散的思考は内発的動機づけとも関連している[17]．イルボスコにおいてはこの訓練プログラムを認知機能リハビリテーションの中心に据え，ユース世代に向けたさまざまな改良を加えて実施している．例えば，地域や屋外での運動や活動と組み合わせた形式での認知機能訓練を試みており，若年層の対象者にも受け入れられやすい実施環境を工夫している．

症例提示

東邦大学での取り組みをより具体的に示すために，症例提示とその当事者の手記の紹介を行いたい．プライバシー保護のため内容を適宜改変している．また，本項への掲載にあたっては，本人および家族に説明のうえ，同意を得ている．

〈症例：22歳，男性，初回エピソード統合失調症〉

【現病歴】X−2年（18歳時），一浪で予備校に通っていたが授業中まわりの目が気になるようになった．生活リズムが崩れ自宅で過ごすことが多くなった．翌年，大学受験は結局うまくいかず音楽の専門学校に通い始めたが，逃げていると感じていた．5月頃，母親に学校のことをとめどなく話し続けることがあり，学校でもみんなが黙っている中で1人喋り続けることがあった．週3〜4日のアルバイトをしながら通学していたが，夏になりアルバイトの忙しさから楽器の練習がおろそかになった．9月からは周囲とのレベルの差を痛感し学校を休みがちになった．X年2月，電車に乗るのを怖がるようになり，「だれかが耳元であれこれ言ってくる」と訴えるようになった．また，水を見るとインスピレーションが伝わってくるように感じたり，寒い日なのに全く寒くないと感じたりするようなこともあった．次第に独語や空笑が目立つようになり，近医Aメンタルクリニックを受診した．3月に駅前で大声をあげるといった逸脱行為がみられ，B病院へ医療保護入院となった．幻覚，妄想，思考伝播，気分不安定などの症状が認められた．8か月間入院し，11月に退院した．入院中に統合失調症と告げられた．

退院後の治療について近隣の保健センターに相談し，東邦大学医療センター大森病院を勧められ，X＋1年1月から外来通院し，同月イルボスコにも通所を開始した．

【生活歴】発育発達に問題なし．小さい頃から母を手伝う優しい子だった．小学生時は体育を苦手としたが，学校を嫌がることは1度もなかった．中学1年時は学校になかなか馴染めなかったが，2年で陸上部に入り友達ができた．部活動は体力づくりを通して心身ともに強くなりたいと思いひたすら頑張った．この頃，同級生からのいじめにも遭ったが，欠席することはなかった．3年では放送委員に没頭し，小学校の運動会の手伝いもした．

高校に入学すると吹奏楽部に所属し，コンクールに向けて猛練習をした．経験者の多い中で大変であったが，親友もできて部活が心の支えになった．先輩に憧れ音大を志望したものの不合格で浪人し，その間ピアノやクラリネットのレッスンも受けた．しかし，周囲は小さい頃から音楽のプロを目指してきた年下の者が多く，レッスンから徐々に足が遠のいてしまった．再び音大を受験したが不合格で，母の勧めもあり音楽専門学校への進学を決めた．

【家族歴】特記事項なし．

【イルボスコでの経過】導入面接において病的体験はおおむね消退していたが，体力低下の自覚が繰り返し訴えられ，会話に広がりは得られなかった．本人は自発性に乏

しく，母が本人を毎朝説得してイルボスコへの参加を促す状態であった．

　初回評価のため面接を重ね，短期目標を生活リズムの確立と集団および対人場面に慣れること，中期目標をイルボスコの中での役割の遂行とした．長期目標については家族とも面接を行い，本人の「もう学校は行かなくていい，アルバイト就労をしたい」，家族の「できることを見つけてアルバイトから始めてほしい」との希望をふまえ，本人の希望と特性に応じた段階的な就労とした．

　プログラムにおいて，模倣や手順の把握など全般的に作業を苦手としていたが，より具体的な指示があると挑戦しやり遂げることができた．対人関係は自発的ではないものの話しかけられれば柔らかな物腰で応じることができたが，とっさの反応や早急な対応は難しかった．

　イルボスコに参加して2か月目からは週5日の利用も可能となり，プログラムの司会や簡単な役割を担う機会を設けた．3か月目には「自分から積極的に話せるようになりたい」と自ら目標を掲げ，徐々に対人交流を拡大しようとする努力がみられた．適宜個別にロールプレイを行うなどの支援を行った．それでも受動的なコミュニケーションが主体にはなっていたが，表情には笑顔が増え，周囲から声をかけられる場面も増えていった．

　しかし5か月目に入った頃から，朝の起床が困難になり参加日数が減った．過鎮静であったこともあり薬剤調整が行われた．同時に目標の再確認を行ったが，本人は再発への不安を訴え，さらなる社会参加を拒んだ．しかし，就労準備のための小グループプログラム参加を経て，「自分の稼いだお金でゲームソフトを買いたい」と，11か月目に自宅から徒歩で通える運送会社での1か月間の短期アルバイト就労（週3日，1日3時間）を開始することができた．自主的に動くことができず注意を受けたりすることもあったが，イルボスコでスタッフと対応を繰り返し検討し，予定通り1か月間継続することができた．クリスマス会ではクラリネットを練習し披露した．

　参加1年に差しかかる際に，イルボスコの期間延長とその際の目標設定を話し合い，引き続きの就労支援を目的にまずは6か月間の延長を決めた．再発への不安が常にあり，ストレス負荷が予想されたり失敗のリスクがあるようなイベントに対して本人は非常に消極的であったため，ストレス対処技能の強化に努めた．また，「問題解決シート」を繰り返し用い，家族のサポートも最大限に活かした問題解決方法の定着を図った．

　17か月目に，レストランのアルバイトをスタッフから紹介された．知っている人に会うかもしれない中での労働に対する不安から躊躇もしたが，事前に作業内容を詳細に調べ，面接に対してもロールプレイなど準備を重ねて臨み，採用通知を得ることができた．週3日，1日4時間の厨房補助作業を開始し，イルボスコは週2回で継続した．1か月が経った頃には，本人は仕事が遅いと気にしているものの，スタッフが様子をみに行った際には着実な上達がうかがわれた．それでも疲労感はしばしば強くみられ，リラゼーション方法の提案などを行ったところ，休みの日にうまく休息

や気分転換を行うことができるようになった．アルバイトを続けるためにもうすこし継続支援を受けたいとの本人の希望により，イルボスコ利用を24か月目まで延長することとした．

19か月目に，職場の支配人から仕事時間を増やすよう提案されたが，「怖くて無理」と結局断った．周囲に迷惑をかけているように感じることがあり，些細なことから不安が増強しやすい状態でもあった．20か月目に，急に頭が冴えたような「調子の悪かったときと同じ」感覚を自覚した．苛々した様子が目立つようになっていった．支配人から健康を害さぬよう退職を勧められもしたが，本人は最終的に就労継続を希望した．それには，一緒に働く同僚が必死に引き留めてくれたことが大きく働いたと，後に母から聞く機会を得た．

不安への対処技能訓練により就労状態が安定するようになり，23か月目に隔週で週4日の勤務に増やした．仕事に対する不安は依然として少なくはなかったが，表情や態度ともに穏やかで，気分も安定していた．映画などレクリエーションへの興味を示す余裕も生まれはじめ，全般的な意欲も向上した．24か月目，「仕事にようやく慣れてきたといえるときがきた」と自信の芽生えがうかがわれた．職場の雰囲気や人間関係を本人なりに観察し，対処できている様子でもあった．同月，イルボスコ参加を終了とした．現在は週5日の勤務にまで増えているが，安定して継続している．稼いだお金の一部は家族に生活費として納めており，「生活も充実している」と笑顔で語った．

当事者の手記

イルボスコでは，卒業生による報告講演会を開催している．スタッフ側ではなく，当事者からみたイルボスコとの関わりと感想を知ることは，支援の取り組みをより充実させ有意義なものとするために不可欠であると考えられる．先に症例提示した当事者が講演会での配布冊子に寄せた手記を，一部を改変し掲載したい．

イルボスコに在籍しながら始めたアルバイトも，もうじき1年になろうとしています．現在に至るまでの経緯，イルボスコの感想などをまとめました．

イルボスコに通うほかに何もしていなかった僕は，そろそろ働く準備をしようと思い，担当スタッフさんに相談し，昨年の1月，まず1冊の就労ノートを作り始めました．ノートの内容は就職することを目指し，そこにたどり着くための日記を書いていくというものでした．1か月ごとに目標を掲げ，達成するために必要な知識や，インターネットから集めた情報などをプリントアウトしてのり付けしました．それを毎週みてもらいながら目標の確認とアドバイスをいただきました．

僕は大きく分けて二種類の仕事に就きたいと思っていました．1つはデスクワークがメインの仕事，もう1つは食事を提供する仕事です．僕はイルボスコのプログラ

ムでも「調理」が好きでした．ノートを作り始めたころはデスクワークを念頭において自宅のパソコンでワードやエクセルの学習ソフトを使って勉強し，就労ノートにも作成したグラフを貼りつけたりエクセルの関数などをまとめたりしていましたが，4月を迎え，この頃から就職ではなくまずアルバイトをしてみる方向に話がまとまってきました．

　ある日，近くのレストランの支配人さんと面談をすることになりました．支配人さんには自分の病気のことを伝え，それを前提に話が進められました．支配人さんから次のことを伝えられました．「長い間続ける覚悟とやる気がないならこの場で言って欲しい．今からでも辞退できるから．お金を稼ぐのはどんな仕事でもそれなりにきついし，働くためには各々の強い信念が必要なのだよ」．

　面接の時には上手く質問に答えらませんでしたが，今こうして振り返ってみると，ここまで僕がアルバイトを続けられたのは僕にとっての「信念」は「僕は料理が好きだ」「料理にかかわる仕事がしたい」というものでした．

　現在僕はレストランで厨房作業の補助をしています．具体的には，たくさんあるテーブルを拭いたり，ダスターを洗浄殺菌したり，ゴミを出したり，お客さんが入り始めてからは，食べ終わった食器をかごに入れ食洗機に入れ，乾燥機に入れます．そして忙しいお昼の時間が終わると，皆さんと一緒にお昼を食べます．僕はその時間が毎回楽しみです．一緒に働く皆さんとお話しながら美味しいお昼をいただけるからです．

　僕は純粋に何かを好きな気持ちがアルバイトや就職を決めるのに必要だと思います．仕事をするうえで多少嫌なことがあっても，この気持ちだけで乗り越えられると思うからです．

　そして今まで僕が働いたどんなアルバイトにも面接がありました．このことから，面接官に「何が伝えられるか」が大事だと思います．アルバイトを始めたいと思った最初の気持ちを言葉にする練習をしてみてください．きっと役に立つと思います．

　イルボスコのスタッフの皆様には改めて感謝の気持ちを伝えたいと思います．ほとんど毎日通っていたので，あるとき誰かに「皆勤賞だね」と言われたことがありましたが，僕が長い間イルボスコに通えたのはイルボスコが僕にとって憩いの場であったからでした．さまざまなプログラムも遠足も楽しい思い出です．長い間お世話になりありがとうございました．

統合失調症の概念の変化

　これまで統合失調症は予後不良な疾患であると考えられてきたことは否めないが，現在においては「リカバリー(回復)」の達成が実現可能な目標となっている．そしてさらには，適切な早期介入による発症の予防さえも現実的な標的となりつつあり，同領域における研究の発展と臨床への応用がますます期待されている．

● 文献

1) 根本隆洋, 水野雅文：統合失調症の早期介入へ向けた包括的な研究の推進. 日本生物学的精神医学会誌 22：3-8, 2011
2) 森田桂子, 武士清昭, 水野雅文：早期精神病に対する専門外来—ユースクリニック. 精神科治療学 23：1059-1064, 2008
3) 武士清昭, 森田桂子, 根本隆洋, ほか：統合失調症の早期発見・介入の試み—特殊外来の現状と課題—東邦大学大森病院. 精神科 17：225-229, 2010
4) 水野雅文：精神疾患に対する早期介入. 精神医学 50：217-225, 2008
5) Jackson HJ, McGorry PD (eds)：The Recognition and Management of Early Psychosis：A preventive approach. 2nd ed. Cambridge University Press, New York, 2009〔水野雅文, 鈴木道雄, 岩田仲生(監訳)：早期精神病の診断と治療. 医学書院, 2010〕
6) 根本隆洋：統合失調症発症以前への支援. こころの科学 160：71-77, 2011
7) 根本隆洋：統合失調症の早期介入. 笠井清登, 村井俊哉, 三村 將, ほか(編)：精神科研修ノート. pp 286-288, 診断と治療社, 2011
8) Mizuno M, Suzuki M, Matsumoto K, et al：Clinical practice and research activities for early psychiatric intervention at Japanese leading centres. Early Intervention in Psychiatry 3：5-9, 2009
9) Kobayashi H, Nemoto T, Koshikawa H, et al：A self-reported instrument for prodromal symptoms of psychosis：testing the clinical validity of the PRIME Screen-Revised (PS-R) in a Japanese population. Schizophr Res 106：356-362, 2008
10) 小林啓之：前駆期における症候学的診断. 水野雅文(編)：専門医のための精神科臨床リュミエール 5 統合失調症の早期診断と早期介入. pp 52-59, 中山書店, 2009
11) McGlashan TH, Walsh BC, Woods SW：The Psychosis-Risk Syndrome：Handbook for Diagnosis and Follow-up. Oxford University Press, 2010〔水野雅文(監訳), 小林啓之(訳)：サイコーシス・リスク シンドローム. 医学書院, 2011〕
12) 羽田舞子：東邦大学医療センター大森病院での精神病早期介入の実践. OT ジャーナル 42：1184-1185, 2008
13) 水野雅文, 村上雅昭, 佐久間 啓(編)：精神科地域ケアの新展開 OTP の理論と実際. 星和書店, 2004
14) 根本隆洋：統合失調症の情報処理 認知機能と社会機能. Schizophrenia Frontier 6：122-126, 2005
15) Nemoto T, Kashima H, Mizuno M：Contribution of divergent thinking to community functioning in schizophrenia. Prog Neuropsychopharmacol Bio Psychiatry 31：517-524, 2007
16) Nemoto T, Yamazawa R, Kobayashi H, et al：Cognitive training for divergent thinking in schizophrenia：a pilot study. Prog Neuropsychopharmaco Bio Psychiatry 33：1533-1536, 2009
17) 根本隆洋, 水野雅文：自発性の改善と社会機能の回復. 精神神経学雑誌 113：374-379, 2011

（根本隆洋, 武士清昭）

第9章

故郷の東京下町へ帰ろう
―東京都墨田区での退院促進・地域定着支援事業
錦糸町クボタクリニックの場合

墨田区の取り組みの特徴：医療機関が事業主体に

　東京下町の墨田区では，2009年度より区の事業として，退院促進・地域定着支援事業(以下，退院支援事業)がスタートした．墨田区の本事業は，他県・他区と違う1つの特徴をもっていた．それは，珍しくもこの事業が「医療と福祉の相乗り事業」の形態で事業委託を受けたことであった．全国的状況をみると，本事業はほとんどの地域では，地域生活支援センターなどの福祉施設か市町村が実施しており，医療機関が事業主体になっているところはきわめて少ない．退院支援事業は，多くは統合失調症の患者の社会復帰であり，退院に際しては医療的判断と医療的支援が必要であると思われるにもかかわらず，全国的には医療機関の参加がきわめて少ないことが，筆者にはとても不思議であった．このため，墨田区において当院が退院支援事業に参加し医療と福祉の相乗りが実現するには，関係部署との間に理解を得る必要があった．それでも，実際にこの事業を実施してみて，医療機関がこのような事業に参加することが地域の連携を取りやすくしたと感じている．

　本章では，退院支援事業において，「錦糸町モデル」を1つの事例として提供し，検討したい．

東京下町の地域特性

1 日本一の精神科医療過疎地

　退院支援事業に診療所が関わることになった背景は，東京下町の地域特性があった．墨田区・江東区・江戸川区3区の人口は約140万人であるが，この地域には元々精神科病院がなく，日本一ともいえる精神科医療過疎地であった．そのため，入院を必要とする患者たちは片道1時間半以上をかけて，東京の西部地区に行くか千葉県，埼玉県，神奈川県いずれか他県の精神科病院に入院せざるを得なかった．図9-1を参照していただくとわかるが，入院は各県に散らばっているのである．したがって，長期入院者の退院と地域定着を考えると，たとえ東京近郊の精神科病院から下町に帰ってきても，その病院への退院後の通院は遠距離のために多くの場合は困難であり，外

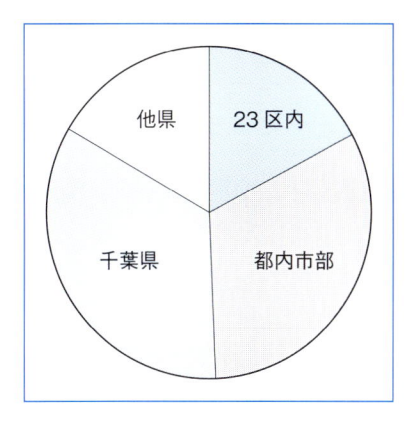

図9-1 墨田区における被保護長期(6か月以上)入院者の入院先病院所在地域(2009年10月)

来通院は地元の精神科診療所に通う必要がある場合が多かった．一般には，退院支援活動は退院後も入院していた当該病院に通院することが想定されていたために，退院支援活動の実施主体は病院ではなく，別の地域生活支援センターなどに委託されていたと思われる．つまり墨田区の特殊性は，この地域に精神科病院がなく，患者が遠方の精神科病院を退院した後は，区内の精神科診療所に通院することにならざるを得ない事例が多い点であったのだが，このように診療所が患者の退院後の治療に責任を負わなくてはならないならば，地域の医療機関として退院支援事業には精神科診療所が参加する必要があると考えた．そうでなければ，精神科診療所の関わりのないところで退院の計画が話し合われ，精神科診療所にとっては唐突に長期入院からの患者の受け入れを余儀なくされる事態が予測された．特に，長期入院をしていた患者は，単なる社会的入院の方は少なく，何らかの精神症状などの社会適応困難な課題を抱えていることが多く，退院直後は医療的支援70％，福祉的支援30％くらいの比率での包括的支援が必要になるだろうと考えていた．そこで，医療機関の関わりも重要であると，退院支援事業を企画していた墨田区に要望することになった．

2 医療・福祉両面で連携した事業受託

たまたま，筆者は墨田区の保護課で長年福祉事務所の嘱託医をしていたため，保護課レベルで2007年頃より退院支援事業の準備の段階から相談を受けていた．当初は，福祉事務所の単独事業として退院支援事業を始める予定であり，筆者の診療所に事業委託する方向で計画は進んでいたが，途中から保健計画課も区民全体を対象にした退院支援事業を開始することとなった．この際，保健計画課としては先行して実施している他区に見習い，医療機関ではなく地域生活支援センターに事業全体を委託する方針で計画が進み始めた．区の中では福祉事務所は保健計画課の方針に従うため，事業の計画はいったん見直しになり，診療所の出番はなくなるところであった．そこで，区担当者などとの話し合いをもち，特に墨田区においては先に述べた地域特性から，医療機関の関わりが重要である事情を説明した．その結果，福祉事務所の生活保護受

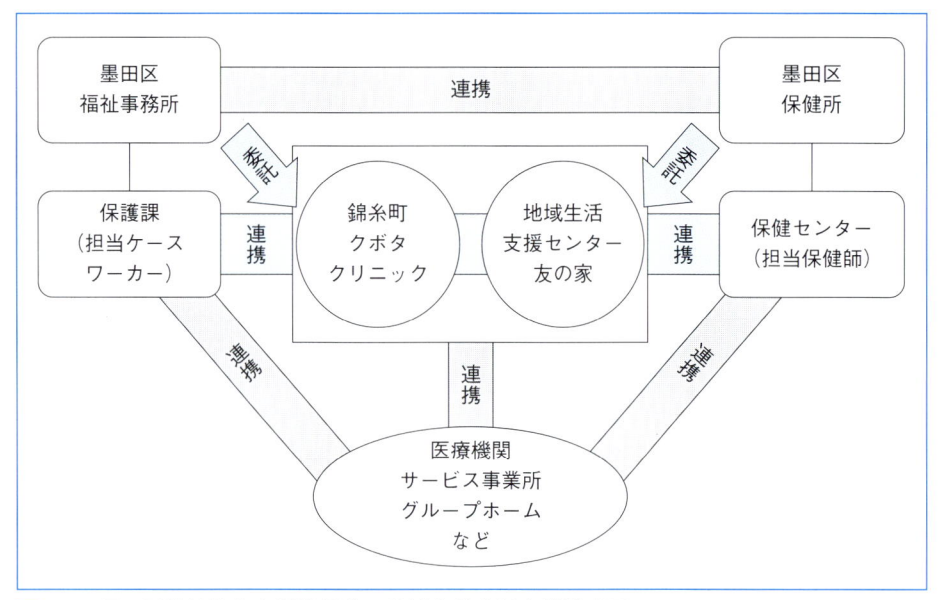

図9-2 墨田区精神障害者退院促進・地域定着支援事業関連図

給者については，「医療法人社団草思会・錦糸町クボタクリニック」が主に担当し，保健計画課の区民全般を対象にした事業については，「社会福祉法人おいてけ堀協会・地域生活支援センター友の家」が主に担当し，両施設の職員が相互に連携しながら，すべての利用者を医療・福祉両面から支援を実施する形で，事業委託の方向がまとまった（図9-2）．こうして，2009年4月に「おいてけ堀協会」の委託事業（委託料年間約600万円）がスタートし，毎月1回の「退院促進・地域定着支援ケース検討会議」（以下，支援会議）が区役所内の会議室で，関係職員を集めて実施されるようになった．遅れて同年10月には，福祉事務所からの予算が出るようになり，「錦糸町クボタクリニック」の委託事業（委託料年間約360万円）も開始したのであった．さらに，翌年の福祉事務所の予算案の中で特筆すべきは，翌2010年4月からは，夜間休日の電話対応について，月あたり15万円程の予算がつくことになったことであった．そこで，専用の携帯電話を用意し，退院促進支援員（以下，支援員）とともに，当院のコメディカル職員が交代で夜間休日の電話対応を受け持つことになった．その電話相談の背後には，判断に困ったときの相談医として医師である筆者が待機していることとした．こうして，この退院支援事業は24時間対応が可能な事業になったのであった．当院にとって1人の人件費にもならないわずかな額で何ができるのだろうかと思っていたが，実際に事業が始まってみると，支援員という自由に動ける職員が1人配置されたことの意義は大きく，また支援会議・ケア会議などを多くもてることによる連携の発展はすばらしいと感じた．区の事業として取り組むことで，区の関係者に集まっていただく時間が定期的に保証されたことが，地域での連携を持ちやすくした．

東京下町での地域ケアの実践

　墨田区の退院支援事業の特徴は，医療と福祉の相乗りの形態であると説明した．

　実際には，錦糸町では約30年以上前から地域ケアの中で医療機関と福祉的活動の共存と連携が行われてきていた．1978年11月の都立墨東病院の精神科救急事業発足に始まり，その退院後の支援のために作られたクラブハウス「友の家」が，その後社会福祉法人「おいてけ堀協会」に発展し，自立支援事業所は徐々に増え2011年11月現在では6か所となっている．また，駅周辺には当院を含めて5軒の精神科診療所がある（図9-3）．また，錦糸町駅からは若干距離があるが，保健所のデイケアや障害者就労支援センターや家族会の自立支援事業所などもあった．このような街の中での複数の拠点を，自身の選択で利用しながら患者達は各自のスタイルで暮らしてきていたのだった．

　筆者のクボタクリニックを紹介すると，当院は1986年4月に錦糸町駅北口のテナントビルの3階で開業した．それまで筆者が勤務していた都立墨東病院と共同作業所との連携を考えながら，錦糸町のコミュニティケアを実践していこうと考えていた．開業後，診療所にも精神科デイケアがあれば，引きこもった患者にとって対人関係を作りやすく，さまざまなグループ活動につながる能力を育てやすいと考えたのであっ

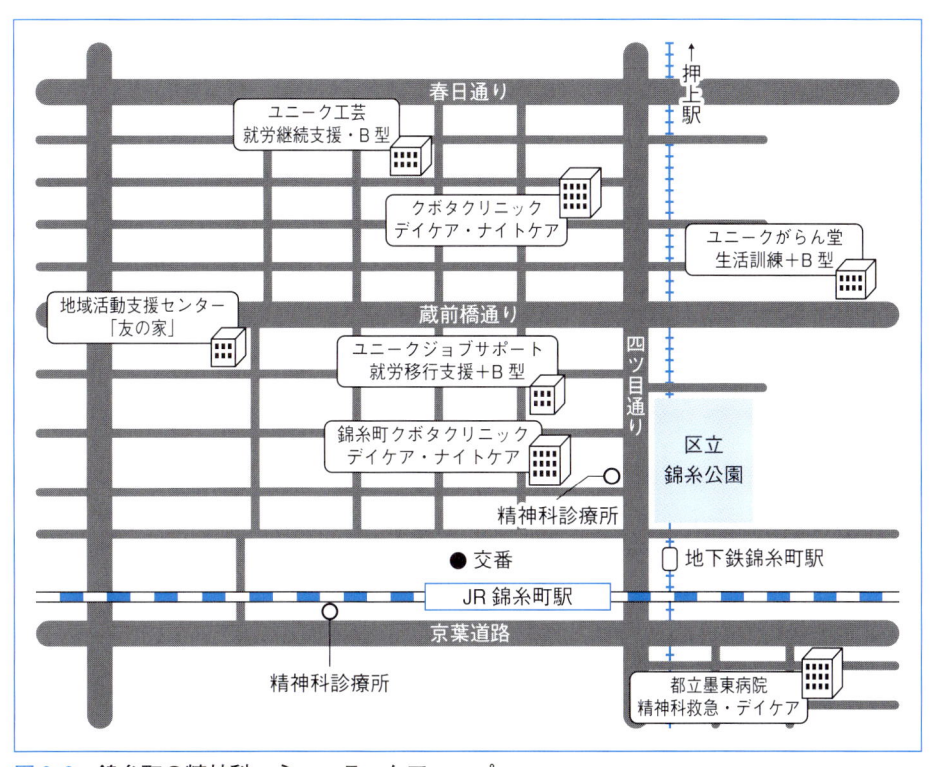

図9-3　錦糸町の精神科コミュニティケアマップ
（窪田　彰：街を私たちの街に―多機能型精神科コミュニティケアとしての錦糸町モデル．精神神経学雑誌 111：1567-1570, 2009 より一部改変）

た．しかし当時は，診療所にデイケアの前例がなく，1988年の診療報酬改定で小規模デイケアの枠が生まれるのを待たなくてはならなかった．

　1990年には，デイケア併設の精神科診療所を新築し移転した．さらに1997年には，駅近くに錦糸町クボタクリニックを開設した．こうして現在，当院は精神科デイケア付設の精神科診療所が2か所になり，2009年8月には，錦糸町訪問看護ステーションを併設した．当院では既に，10年以上前から少しずつ訪問看護を実践してきていたが，徐々に訪問実数が増えてきており，ようやく訪問看護ステーションが成り立つ規模になったからであった．訪問看護ステーションは，常勤看護師3名に非常勤看護師数名で活動し，1か月間に約250件の訪問看護を行っている．訪問看護ステーションの特徴は，当院の患者ばかりではなくどの医療機関に通院中の患者でも，医師の指示があれば訪問看護を実施することが可能な点である．例えば，主治医からの指示があれば，都立墨東病院に通院中の患者の家に訪問に行くことも可能であり，救急病棟をもった病院と訪問看護ステーションとが連携して，より重い患者を地域で支えることも視野に入ってくる．

　こうして，「錦糸町モデル」と呼ばれるこの地域の活動は，精神科外来医療にとどまらず，相談カウンセリング，精神科デイケア，ナイトケア，訪問診療，訪問看護，自立支援事業所という多彩なメニューに加え，都立墨東病院の精神科救急病棟が控えているという，包括的な地域ケアの実践の場になっていることが，退院支援事業が始まりやすい土壌を形成していたといえよう．

　こうして，錦糸町の「包括的精神科地域ケアチーム」をうまく動かしていくには，多様な機能にまたがるため，それらの全体を見渡して，今この患者に必要な支援が提供されているのかをチェックし，本人の求めとの間に離齬がないか調整する役が必要になった．そこで，包括的なケアが必要な事例ごとにケースマネジャー（CM）という役割を作っている．このコメディカル職員によるCMが，外来の主治医をサポートして，診療所の各セクション間の連携の役割を負い，支援全体の計画や情報の整理を受け持つことで，治療の方向を明確にすることができている．

墨田区の退院支援事業の実際

　筆者らは，墨田区の退院支援事業を開始するにあたっては，錦糸町モデルの地域ケアという大きな器を生かして，病院を退院して地域で暮らすことに不安を抱いている患者たちに，安心して生活できる街を提供していこうと考えた．

　事業の概要は，案内文の冒頭に「この事業は，6か月以上入院している精神障害者で，症状が安定し，地域での受け入れ条件を整えることによって退院が可能な方の支援をするものです．患者が地域での生活に円滑に移行できるように支援するとともに，退院後の地域での安定した生活を送ることができるよう，入院先の病院と連携します．墨田区から事業委託を受けた医療法人社団草思会錦糸町クボタクリニックおよび社会福祉法人おいてけ堀協会・地域生活支援センター友の家が窓口となってサポー

トします．その際，福祉事務所，保健所・訪問看護ステーションなどと連携を密にしながら，患者が安心して地域生活を送れるように細やかに支援します」とある．

1 | 対象の選択から本人・主治医へのアプローチ

　事業開始に際して，第1にしたことは，支援員を採用したことである．この支援員は，心理系大学院生時代に当院で実習し，卒業後は当院の非常勤心理士として勤務していたので適任であった．その支援員とともに，まずは対象患者の選択をすることとなった．福祉事務所においては，生活保護受給者の入院患者は，半年に1回病院から送られてくる病状報告書があり，これを調べることで入院期間や現在の病状の概要が把握できた．こうして，まずは入院期間が6か月以上で，年齢的には65歳以下の者で，統合失調症の患者を選んだ．重い認知症など，単身で地域生活を送るには重篤な障害をもった患者については，当初は除外した．筆者らの経験と技術が向上すれば，より重い患者も受け入れることができると考え，はじめは退院の可能性が高い患者に限定したのである．こうして，人口約24万人の墨田区における生活保護受給者で，精神科病院に6か月以上入院している患者総数140人中，当面の退院支援事業の対象に挙げられたのが，約35名ほどであった．そこで，まずはこの患者たちが入院している病院に，支援員と区の保健計画課の職員などが赴き，主治医と本人にお会いし，事業の概要を説明し，本人および主治医それぞれの退院への意思と可能性を確認した．本人が退院を望んでおり，主治医も退院の検討が可能であるということになると，何回かの訪問をへて書類作成の段階に入るのである．

　こうして，本人に退院支援事業申込書を書いていただき，主治医から医師の意見書が揃うと，墨田区庁舎の会議室で月1回開かれる退院促進・地域定着支援ケース検討会議に諮って，正式に支援対象として決まることとなる．この会議が，大変重要な役割を果たしているが，参加するのは墨田区保健計画課職員・保健センター保健師・保護課担当職員・東京都精神保健福祉センター担当職員・おいてけ堀協会の支援員・錦糸町クボタクリニックの支援員・精神科医(筆者)と，それぞれの部署から複数名の担当者が参加して約20名で開催されている．ここでは，支援対象患者の承認に始まり，それぞれのケースの進行状況の報告を受けて，個々の今後の方針について詳細に検討している．

　実際に始まってみると，図9-4のごとく長期入院者の掘り起こし事例ばかりではなく，訪問先の病院や保健センターの保健師らから，入院を繰り返している患者などの困難事例も対象として持ち込まれることになった．

2 | 多岐にわたる支援内容

　この事業における実際の支援内容は表9-1のごとく多岐にわたっている．支援員の仕事の多くは，退院に結びつくまでが重要である．退院後も支援員からのケアは続く

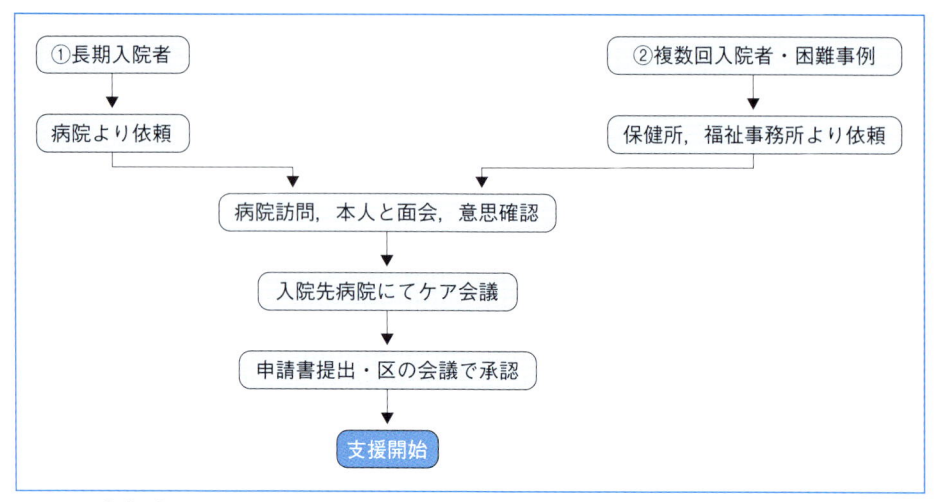

図9-4 事業利用に至るまでの流れ

表9-1 事業における支援内容

- 面接,アセスメント
- 外出同行
- 外泊の支援
- 住居探しの支援
- サービス利用の支援
- 地域生活のサポート機関の提案,関係づくりのサポート
- 支援チーム形成
- 通所先探しの支援
- 通院の支援
- 訪問
- 夜間・休日の緊急時電話相談
- ケア会議の開催

が,多くの場合は地域の精神科診療所の精神科医が主治医となり,当院が受け持つ場合は,精神保健福祉士か看護師か心理士などがCMとして担当する.こうして退院後は,支援員の役割はCMに徐々に引き継がれる.加えて,訪問看護ステーションが訪問看護による支援を引き継ぐ.

退院支援事業としては,支援期間を6か月間としているが,なかなか6か月の間に退院にまで到達しないことが多く,しばしば6か月間を延長して支援することになる.それでも期間としては限られているため,退院後は速やかに地域ケアチームに引き継ぐのが現実的になっている.この場合は,錦糸町モデルは既に包括的な地域ケアが受け皿として機能していることがあり,事業としては受け入れやすかった.さらに,既に述べたようにこの墨田区の退院支援事業として,夜間休日の携帯電話を用いた24時間対応の電話相談を実施している.

このような体制で,約2年間に対象として受理された長期入院患者は,21例であった.それぞれの事例ごとの関わりは,1事例あたり約120回である.支援継続中のものは現在12名,退院に至った者は9名である.そのうちの2名について以下に

経過を述べる．

事例をめぐって

〈事例1：Sさん：61歳　女性　統合失調症　単身　生活保護受給〉

事業導入までの経過

　Sさんは，1983年頃より過呼吸発作を頻繁に起こすようになり，近くの内科を受診していた．年老いた母親と2人住まいであったが，1990年夏頃から「人殺し」などの幻聴が認められ，通行人に向かって家の中から「バカ」と言ったりするなどの奇妙な行動が認められたため，福祉事務所より当院を紹介され初診となった．気分も不安定で，時に希死念慮を訴えるなどあり，A精神科病院へ同年12月より約4か月間入院した．退院後は，当院に通院し2年間ほどデイケアに通所したが，境界性パーソナリティ障害の患者との争いをきっかけに通院を中断している．その後，2000年までに10回以上入退院を繰り返した．2001年頃より母親が介護を要する状態になり，ホームヘルパーや訪問看護師が訪れるようになった．翌年には，ついに母親が老衰で亡くなり単身生活になった．同年秋には閉居の生活になり，過度の肥満のため自室内でも動けず身辺整理もできなくなったため，B精神科病院に入院したが，3か月後に千葉県でも遠方のC精神科病院へ転院になった．こうして引き取り手がないままに，約7年間の長期入院になっていたのであった．

事業開始後の経過

　2009年にようやく退院支援事業が始まり，この事業の対象者を掘り起しているときに，Sさんは私たちの前に再び登場したのだった．同年11月に当院から支援員がC病院へ訪問したが，7年間の年月が経っていたためか，Sさんは退院には消極的だった．「もう知っている人は誰もいないだろう」と，墨田区に戻ることには不安が強かった．そこで，何度かの訪問時の面接の中で，錦糸町や当院の現在の様子を伝え，街やスタッフとのつながりを思い出してもらうことで，退院意欲が芽生えてきた．幸いC病院はSさんの退院に積極的であったため，退院支援事業への導入はスムーズであった．2010年1月には，支援会議で受理され支援開始となり，いよいよ錦糸町に7年ぶりの外出を試みるときには，C病院の車で精神保健福祉士が付き添ってくれた．その後，数回のケア会議を開き，福祉事務所と保健師との調整もつき，アパート探しをすることになり，まずは支援員が地元の不動産屋に交渉し，通院しやすい所で，住み慣れて知り合いも多い場所を重視して探した．物件が2つ出たところで，再び病院からの外出を病院の車でお願いし，本人が実際のアパートを見て決めることになった．Sさんは，体重が104 kgあり足に負担がかかっており，1階の部屋かエレベーターがある部屋でなくては住めないため，条件が厳しく支援員も苦労したようであった．幸い，当院まで徒歩2分ほどの近くにアパートが見つかり，ようやく退院が可能になった．その後，契約を行い，家具を揃え，デイケア・ナイトケアも体験

していただいた．

退院後の経過

　こうした準備期間を経て，同年6月末に退院することができた．退院支援事業に乗って6か月後のことであった．支援会議で，支援はさらに6か月間の延長とした．退院後の治療計画を，週1回の外来通院と，週4回のデイケア・ナイトケア参加と週1回の訪問看護と週1回福祉事務所に生活費を受け取りに行くプログラムで，サポートすることにした．何しろ10年前は，行動化が激しく頻回の入院を繰り返した方だったので，慎重に支援体制を組んだ．しかし，参加する予定だったデイケア・ナイトケアにはなかなか馴染めず，引きこもりがちになったため，デイケアスタッフが自宅訪問をして関係作りをし，ようやくデイケアにつながった．油断するとすぐに体重が110 kgを超えて肥満が進み，また立てなくなってしまう危険があった．本人は，久しぶりに戻った街の昔なじみの友人に食べ物を差し入れしてもらうと，思いっきり食べる姿もみられた．それでもSさんは，もう入院したくないからと，ダイエットの努力をし，少しずつ体重は減少し100 kgとの間を行き来していた．こうして，地域生活を維持し，同年12月末には，Sさんの退院支援事業は12か月間の支援期間満了で終了となった．

　事業終了後は，診療所の外来でのCMを軸にしたサポートになった．その後デイケアでは，仲間との間にトラブルを起こし，デイケアに参加できなくなってしまった．また，Sさんは体を動かすおっくうさから，支援者を自分の思いどおりに動かそうと各支援者に違うことをいうため，支援が混乱しそうになることがあったが，各支援者の連携力で支援がバラバラになる危機を回避したこともあった．Sさんは，多くの関係者の支援を受けて，退院は比較的スムースに進んだが，地域定着にはデイケアなど地域での対人関係の再構築が重要と感じている．

〈事例2：Bさん　50歳　男性　統合失調症　単身　生活保護受給〉

事業導入までの経過

　Bさんは，18歳の受験寸前に自閉的になり，不眠傾向・独語などが出現し，自分は宗教家になったとの言動があり，S精神科病院に3か月間入院している．当時は両親健在であった．以後同病院へ通院し再発予防を続けながら大学を卒業している．27歳のときに精神症状が悪化し，精神科救急経由でH精神科病院に3か月間入院，退院後は墨田区の実家に戻り保健所の紹介にて当院へ初診となった．以後通院を続けていたが，33歳のときに父親が亡くなり母親との2人の生活になっている．38歳のときに通院中断し埼玉県のS市にて単身生活を始めたが，時折実家に帰っては大声を出して近隣より苦情が出ていた．40歳時には，母親が留守中に団地の管理人を殴り，S精神科病院へ措置入院になった．退院後同病院に通院を続けたが，48歳のときに母親が亡くなり単身生活になり，再び通院中断し数か月後には無銭飲食し全裸で騒いだために，N精神科病院へ措置入院している．退院後，同病院へ通院を続け

たが再び通院中断して，被害妄想が悪化して部屋から物を投げ，ボヤを出すこともあった．翌週には部屋にこもり拒絶状態となり，食事も水も摂らないため衰弱しているところを訪問した保健師に発見されて，K精神科病院に措置入院となった．入院当初は不穏状態が続いていたが，徐々に精神症状は改善し5か月後には措置解除になったものの服薬中断にて病状再燃し，一時悪性症候群を疑わせる病状となる事態もあったが，その後は徐々に回復してきていた．

事業開始後の経過

2010年6月に入院先のK病院から担当保健師に「そろそろ退院になる」との連絡があり，地域での支援体制を整えるため，保健師と福祉のケースワーカーより退院支援事業への打診があった．支援員が病院へ訪問し，Bさんの退院支援事業申込書と医師の意見書を受け取り，支援会議に諮って事業の利用が受理された．何度かの支援員の病院訪問の後，初めての外出になった．幸い，都営住宅の自宅はそのまま維持されていたのである．この外出時に当院へ立ち寄り筆者と面接をした．この時に，Bさんは「入院して1年になるが，退院したら今度は薬を飲むようにします」「部屋のベランダに鳩が巣を作っていました」と語ったが，この鳩の巣問題がまずは解決すべき課題であった．数年前に彼がベランダに土を入れて作った花壇に鳩が住み着いてしまい，その土には無数の小さな虫が湧いていた．これは大変人手のかかる作業のため，清掃の専門会社にお願いし清掃してネットを張ってようやく解決し外泊が可能になったのだった．この鳩の巣の処理にまつわるやり取りを関係者が協同することを通して，本人のアセスメントができた．病院で考えられていたよりも，Bさんの理解力や社会性が低いこと，病識のなさが浮き彫りになった．この後，何度かの外泊を繰り返し，退院後の生活の送りかたにつきケア会議を開きBさんと話し合い，地域生活支援センターやデイケアへの試験参加を実施し，錦糸町の地域ケアチームになじんでいただいた．

退院後の経過

こうして，2011年1月にようやく退院の日を迎えたのだった．Bさんを交えたケア会議では，当面は週に1回の頻度でK病院の主治医の外来に通院し，筆者のクリニックには週2回のデイケア参加と，月1回の筆者との面接，週1回は保健所デイケアに参加し，月2回は福祉事務所に通い，生活費を受け取ることとなった．このときに早くも，就労をしたいと希望していたが，これまでの再発は何度も就労問題をきっかけに混乱・再発していたため，K病院の主治医が半年間は仕事を探してはいけないと指示した．同年2月に当院でケア会議をもち，保健師・福祉事務所担当者・訪問看護師・ヘルパー・支援員・CMなどが集まった．このとき共有したのは，本人が退院の2週間後に仕事を探しに行き，福祉事務所に「生保は止める」と言ってお金を放り投げて帰ることがあったが，K病院の主治医より，半年間は就労については待つようにとの約束を確認されおさまったのであった．その後は，K病院への通院は定期的に行い，服薬も継続している．錦糸町訪問看護ステーションからも週1回定期

的に訪問を続けている．こうして，何とか安定した生活が持続してきたのであった．
　同年7月には，ケア会議で本人より就労への希望が再び出され，会議の方向としてはBさんの希望を受け入れ，就労移行支援事業所への通所が提案された．これは，主治医との6か月間は就労を考えず街に馴れることを優先するとの約束の期限がきたためであった．仕事については，ヘルパー2級を持っているので，老人ホームで働きたいとの希望が語られるが，これまで就労をきっかけに再発再入院を繰り返してきただけに，何とか適切で十分な支援がなされ，就労が成功することを願っている．

　この2例に共通しているのは，度重なる入院を繰り返したあげくに長期入院になっていた事例であり，いわゆる困難事例といってよいだろう．退院支援事業がなければ，この2人は一生入院したまま病院で人生を終えていた可能性もある．それを考えると，この退院支援事業のもつ意義は大きい．逆にいえば，長期入院は地域の受け皿の不在が引き起こしている側面もあるといえよう．

退院支援事業の意義

　退院支援事業は，当初東京都においては2004年度より試行事業として都内2か所のみで始められた．それが，厚生労働省からの財政的支援があり徐々に拡大されてきた．東京都においても，各区の事業としては，都から100％の補助金が出るため，取り組む区市町村が増えてきている．実際には，わずか人件費1〜2人分の補助金であり，それで何ができるのかという程度のものであるが，1人の支援員の活躍とともに，それを支えるための関係職種の会議が，地域の連携を生み出している効果が大きい．

　また，精神科診療所が退院支援事業に参加する意義を考えてみると，第1には，支援員という，診療報酬制度に縛られない自由に動ける職種を置くことができたという点である．おかげで，遠方の精神科病院へもアパート探しにも支援に行くことができる．ケア会議にもやっと診療所から参加が可能になったのである．第2には，退院に際しては医療的サポートが重要な役割をもっているが，診療所が関わることにより退院前後の患者本人の不安を受け止め，スムーズな退院を支えることができる．第3には，遠方の精神科病院からすれば，退院後の地域での受け皿としての信頼できる医療拠点があることは，安心して送り出すことができることになる．もしくは，主治医を入院していた病院の医師に継続した場合も，地域の精神科デイケアに担当医がいることで，地域の実情に合わせた支援と緊急時の対応が可能になる．第4には，退院支援事業を進めるために区での支援会議やケア会議が開かれたこと．実際の事例について地域のさまざまな場の職員が集まり討論する場ができたことで，地域の関連機関との連携が成立しやすくなったことである．第5には，わずかではあるが，24時間電話サービスに予算がついたことであった．

　このように，診療報酬制度に縛られていた精神科診療所にとって，退院支援事業が

院内に与えた影響は大きい．診療所の中だけしか見えていなかった職員にとって，精神科病院の様子が，支援員を通じて伝わってくる．診療所職員の視野が広がり，退院患者の受け入れに力になると考えている．診療所の外来で働いている精神保健福祉士や看護師や心理士にとっても，時々は臨時の支援員として遠方の精神科病院に行くことで，普段目にすることのない病院の様子を目の当たりにできて，病院との連携がもちやすくなったと感じている．

今後の課題と制度変更に伴う不安

　東京下町の退院支援事業の概要と実情を述べてきたが，最後に今後の課題について検討する．墨田区における退院支援事業は，ようやく軌道に乗ってきたところであったが，2012年度より制度が変わることになった．制度改定により，区の委託事業（補助金）が終わり，今後は法内化され国の個別給付としての「地域移行支援・地域定着支援事業」に変わることになった．これは，移行期間が3年間あり，多くの市町村では2012年度も補助金を継続する所が多いが，墨田区の保健計画課の「墨田区精神障害者退院促進・地域定着支援事業」および，保護課（福祉事務所）の「墨田区被保護精神障害者退院促進・居住安定事業」は，残念なことに2011年度で終了することになった．したがって，当院の退院支援事業は，改めて新しい国の制度の「地域移行支援・地域定着支援事業」に移行しなくてはならなくなり，東京都から事業者としての指定を受ける必要が出てきた．この場合の実施主体は「指定一般相談支援事業者」になるが，新制度では医療法人も指定を受けることが可能となっている．そのため当医療法人では，2012年3月より自立支援事業所としての「錦糸町相談支援センター」を立ち上げることになった．当センターでは同時に「特定相談支援事業（ケアマネジメント）」も実施する予定である．新しい制度では，地域移行支援サービス費は1件1か月当たり約23,000円，地域定着支援サービス費は1件1か月当たり約3,000円の個別給付になるため，対象患者が相当数いなければ，これまでの補助金に匹敵する収入の確保は困難と推測される．いったいこの事業費で24時間の相談支援体制を確保できるのだろうかと心配である．さらに，地域移行支援事業の対象者は区の保健計画課職員と保健師などによる「障害福祉サービス支給決定会議」で認定されてから「地域相談支援給付」が支給されることになる．このため，これまで新しい事例の掘り起こしを目的に精神科病院に赴いていた活動については，当該患者は給付決定前のため何の給付も受けられず，実施困難が予想される．しかし，今後は保健師や病院からの支援依頼を待っているだけで，本当に支援を必要とする患者が集まるのだろうか心配である．さらに，毎月1回区内の関係諸機関が集まり地域連携の場になっていた支援会議は，今期で終了となった．これまで区内の諸機関全体が関わる構造で実施してきたものが，制度改定により相談支援事業者に任されることとなり，地域連携の利点が失われる可能性が大きい．それほどに墨田区の退院支援事業は，地域ケアの新しい可能性を私たちにみせてくれたのであった．同時に，本事業におけるスムーズな外来医療への導入や疾病へ

の対処などからは，医療機関が退院支援事業に参画する意義を強く感じることができた．

さまざまな困難と不安があるが，2012年4月から新しい制度のもとに「医療法人社団草思会」と「社会福祉法人おいてけ堀協会」が，医療と福祉それぞれの立場から「地域移行支援・地域定着支援事業」を改めてスタートすることになった．私たちは与えられた条件の中で精一杯努力するのみであるが，今後も効果的な地域移行支援・地域定着支援事業を展開していきたいと願っている．

(本論文中の図版は，墨田区退院支援員の金盛厚子心理士が作成したものを用いた)．

● 参考文献
1) 金盛厚子：墨田区精神障害者退院促進・地域定着支援事業の取り組みから．東京都精神科病院協会研修会資料，2011
2) 窪田 彰：精神科デイケアの始め方・進め方．金剛出版，2002
3) 窪田 彰：街を私たちの街に―多機能型精神科コミュニティケアとしての錦糸町モデル．精神神経雑誌 111：1567-1570，2009
4) 窪田 彰：アウトリーチをサービス全体にどう位置づけるか．精神科臨床サービス 11：24-29，2011

(窪田 彰)

第10章

感情労働の社会関係資源―恵友会活動
社会福祉法人恵友会の場合

● 精神保健・福祉の変遷と恵友会のあゆみ

　本法人は1996年に第二種社会福祉事業を行う法人として認可された．その沿革は1983年に遡る．1970年代後半より民間および行政関係職員のボランティアによる地域精神保健・福祉活動への動機付けがなされてきた．日本経済の興隆と物質優先主義に対する疑問，都市在住市民の相互交流，信頼の低下への危機を感じとっていた．しかし何にも増して精神医療・福祉利用者の「権理」(rights)が軽んじられていることへの抗議がボランティア活動に参画した人々には強く認識されていた．公(public)の事業を待つだけではなく，共同体の構成員である公民(public)が自らの足元を改めていこうという静かな意気込みがあった．今様の言葉でいえばプロボノ(pro bono publica：公益のために専門の職能を生かそうとした新ボランティア活動)であったといってよい．

　このような背景のもと全国に先がけて1984年に神奈川県社会福祉協議会が主催する精神衛生ボランティア講座が開始された．その講座終了者，講師の中から実践活動の提案がなされ，同年，横浜市中区寿町(通称：ドヤ街)の中に「憩いの家」と名付けたキリスト教教会の関係者たちを中心にした最初の活動拠点が作られた．その後，ほかのボランティア団体が運営する同様の活動との合併，分離という初期のボランティア活動にはしばしば認められた経緯を経験してきた．1996年，第二種社会福祉事業に属するグループホーム3か所の運営を認可され，社会福祉法人恵友会として新たな出発をすることになった．

　1988年の精神衛生法から精神保健福祉法への改正，施行は法人化への議論に拍車をかけた．それまでは行政からの乏しい設立準備金，運営費をもとにボランティア各人が資金を持ち寄り，かつ無償で活動しなければならなかった．この法律は，精神障害の入院中心の考え方から地域での支援をうたっていた．したがって精神保健・福祉の関連予算が多少なりとも増額された．しかしサービス提供者自身の寄付や，篤志家からの寄付，市民バザー参加などによる資金不足補填には変わりなかった．

　2006年の障害者自立支援法の施行は，障害者の地域支援活動の運営に大きな変化をもたらした．それまでの団体活動による「運営」からNPO法人，社会福祉法人による「経営」と用語も変化した．また障害福祉サービスの利用に要する費用は，食費，水

道光熱費を除いて原則1割負担となった．この法は，3年後の見直しを約束して施行されたが政治の混乱で今日まで法改正はなされていない．しかし医療は別として福祉の領域ではこの利用者負担は地方自治体が補っているところが多い．一方，サービスを提供する側からすると，経済的負担は大幅に減少した．それは利用者の人数によって事業体が得る給付金が変わるからである．サービス提供者側の「経営」インセンティブは高まった．しかしそれでも寄付をいただきサービスの質の向上を図っている現状は続いている．

法人化に先行する十数年間と法人化してから障害者自立支援法が施行された2006年までの10年間，恵友会は施設ごとの運営委員会方式で運営されていた．また補助金も施設ごとに行政を通じて出されていた．この制度のもとでは施設間相互の補助金の繰り入れは難しかった．しかし障害者自立支援法施行後の現在では会計を含め，人事，学事などが法人として一本化される方向で整備されてきている．

2011年1月現在，当法人の経営する事業，制度は以下のようになっている．

自立支援給付事業としては居宅介護，共同生活介護，共同生活援助，就労継続支援B型がある．また地域生活支援事業としては地域活動センターとしての，相談支援，移動支援などがあり，合計13施設で上記の事業を行っている．

年間総予算は概ね3億9千万円ほどで，職員数は常勤35名，非常勤72名である．非常勤の中にはピアヘルパー10名前後を含め，居宅介護支援員（ヘルパー）40名ほどが在籍している．このほか外郭法人として診療所，デイケア，訪問看護制度が協力してくれている．居住施設への嘱託医1名がこの診療所から週1回プロボノとして派遣されている．

運営方針として次のような理念を持っている．

恵友会は法的人格としてsocial capital（社会関係資本）として地域での人間関係を滑らかにする仲介機能としての役割を果たそうと考えている．互いに迷惑をかけあえる社会こそが豊かな社会であるとの認識に立っている．地域社会から日常の精神生活上距離を置かれていると考えられている人々に地域で生活するうえでの支援を行う．サービスを利用する人とサービスを提供する人の協同体であり，理想としてはサービス利用者，提供者の両者の安寧を目指す．それが地域社会の安寧に連続すると考えるからである．従来の公共サービスは，行政が管理的に市民に供給する形態であった．新しい公共では市民も公共サービスの提供者となり得る．行政には市民の自発的活動を支持し，活動の機会，場の提供とともに権限を移譲することが求められている．

自立支援法前後の恵友会の状況

2006年4月1日より障害者自立支援法が施行された．恵友会は直ちにこの法に対応すべく会計方式を整えた．2005年度と2009年度の決算を簡単に紹介したい（表10-1）．障害者自立支援法以降，補助金などから介護給付，訓練等給付に変わった施設がある．先に記した居宅介護事業，共同生活介護事業，共同生活援助事業，就労継続支

表10-1　障害者自立支援法前後の状況の比較

		2005年度	2009年度
職員数	常勤	15人	31人
	非常勤	41人	65人
収支計算書	総収入	201,668,009円	357,014,905円
	前期繰越金〔前期末支払資金残高〕	4,882,154円	61,287,275円
	総支出	191,544,100円	342,335,847円
	当期繰越金〔当期末支払資金残高〕	15,006,063円	75,966,333円
人件費率	総支出額に対する人件費の割合	57.9%	57.1%

援B型事業である．なかでも居宅介護事業は，精神障害に特化した派遣を行ってきた．需要が多く最も給付費の多い事業である．

次に人件費の支出に占める割合は，障害者自立支援法前後で57.9%から57.1%に変化した．変化率は0.8%と僅少に思えるかもしれない．しかし，もし障害者自立支援法改正前年の2005年度に在籍していた常勤職員15名がそのまま2009年までの4年間継続し働き続けたとすれば等級も上がり，給与・賞与，社会保険なども増加する．その結果，人件費率は，60%以上に上昇していた計算になる．

このように同法施行前の補助金制度では補助金の経年的増額は乏しく，必然的に初任給の低い若い職員の入れ替えを行わざるを得なかった．したがって職員間の研修会をとおしての福祉サービスの質，知識，技能の向上および伝達を継続することが困難であった．それでも施設によっては人件費が70%を超える例もあった．同法施行後は，自立支援給付対象事業所の収入の増額に伴い繰越金も増え，さらには積立金の計上も可能となった．したがってサービス内容の特性から不足額が生じる施設には，法人内の施設間あるいは本部を通じての財政的相互協力が可能となった．その結果，新事業展開に際しても自己資金での開設ができるようになった．また非常時への財政的フェイル・セイフ・システム構築への準備がなされてきている．

一方，財政にはゆとりが生じ，事業数，サービス内容の整備が進むに伴い，昨今ますます大きくなってきた問題がある．それは，対人直接サービスを業務とする職員の感情生活についてである．ヒューマン・サービス従事者は毎日が，感情のジレンマに直面しているといってよい．

感情の客観化

個人が強く意識されるようになった「近代」では自己感情の対象化，自己感情の制御は大きな問題となってきた．社会生活の調和は，個々人が自分自身をわきまえることで保たれる．これが個々人の集合としての公共性の暗黙の枠組みとなってきた．「社会」生活では，個々の「私」たちが対人関係を結びながら社交・社会生活を送っている．社交関係の中で生きていくためには互いが互いのためにあからさまな個人感情の表出を控えなければならない．公共という市民意識の高まりは，対人間の激情の表出，た

とえば公開処刑，拷問，決闘，仇討ち，殺人など強い感情の行動化を強く抑制しなければならないという意識を高めてきた．

　ままならない感情状態下で，何らかの激しい行為をすることはある．しかし感情を制御することで暴力への発展を阻止することが市民社会を営むうえで守るべき大切な規範として認識されるようになってきた．私たちは，自分の感情体験を極力三人称化して抑制するように訓練されてきた．

　社交関係の中で生じる他者へのマイナスの感情を抑制するには不愉快な圧迫感，さらには生々しい自己の感情からの疎外感を感じる．だが私たちは，感情を制御するという個人的不自由さを補ってあまりある社会性という広い世界を得ることができる．「共に生きる」とは福祉従事者の間でしばしば語られる．この言葉は，他者の感情を配慮し，自己感情を制御しなければならないという不条理を理解したうえで語られるべきである．私的な感情を制御することで，市民による共同社会という広い世界を得ることが可能となる．市民による共同社会という暗黙の了解があるからこそ社会の中で安全に生活することができる．感情を自己制御した個人同士の人格の対称性を前提としたうえで安心して社会生活を送ることができる．この安心がなければ私たち個々人は何らかの行為をするたびに常に周囲に注意を払い，緊張を強いられる．そのために支払う注意，労力の出費は膨大になるだろう．

感情の交換価値化

　日常のモノ，コトのやり取りには金銭支払い行為が生じている．物品の売買で生じる金銭，労働の対価としての金銭の交換，サービス行為，情報・知識提供と金銭の見返り，またそれぞれが混在した経済行為である．一方，これらの交換過程には，それぞれに対応した何らかの感情の交換も伴っている．したがって効率的な経済行為の成立には上手な感情の管理は有利である．感情管理はこうして経済効果を挙げるための手段として付加価値化される．

　自分の感情を状況，場に応じてコントロールできない人は，組織の中では「他者」とみなされ次第に困り者として異物化されていく．契約を結んで組織に属した場合は公的「私」と私的「私」をまぜこぜにすることは許されない．そこで私たちは公的「私」を振舞う際，その場面に応じた仮面を被ることになる．この仮面のできの良し悪し，かぶり方，外し方の巧妙さは1つの技術となってくる．

　しかし，直接の対人サービス業は感情機能そのものが金銭的に交換可能な商品となる．質のよい感情をやり取りする労働形態は，「感情労働」と呼ばれている．したがって感情労働者にとって売買価値をもっている自分の感情の管理はことさら重要である．感情労働者は所属組織から組織の方針，売り上げ増進につながるように形式的な感情応対を強制されることも多い．そこで感情労働者には所属組織からの指示と己の感情の調整の間に葛藤が生じてくる．自分の本来の感情からの疎外感を覚える．うつ状態，適応障害，燃え尽き症候群といった精神的な消耗状態も生じてくる．さらに対

人サービスでは買い手と売り手の間にサービス情報の理解度に差が生じやすい．サービス終了後になって相互に不愉快な感情を残すことがある．サービス受給者もサービス提供者も互いの不満に耐えなければならないことも多い．商品の売り買いのように品物の質を事前に確認できないことから生じる問題である．

直接対人サービス業

　医療介護や福祉介護は対人サービスの中でも社会的に弱い立場にある人への直接対人サービスを行う．したがって社会からの言わずもがなの強い期待がかけられがちである．「医療・看護・介護は崇高な仕事である．したがってこれに従事する人々は，我欲を離れて奉仕の精神で対応して欲しい」という強い要請である．社会からのこの高邁な期待と，現場での苦しい立場との間で感情の折り合いをつけることはきわめて難しい．直接対人サービス行為を行う人は，このままならない感情の不条理に悩む．慢性のストレス状態に置かれやすい．そこでいくつかの特徴的なストレス軽減行為が生じる．1つは過剰なまでの関係性への深入りである．社会からの批判を受けまいと必要以上の世話焼き，共依存的なマターナリスティックな関与である．反対に最小限の相互関係で済まそうとして形式的な簡略化，単純化した関与もある．最小限の契約行為だけで済ませるというそっけないサービスである．また時にはいじめ，故意の失敗，投げやりな応対，極端に指示的なパターナリズムなどの危害行為さえ生じる．

　医療・福祉のケア従事者は職業上，自己感情の制御を常に意識する必要がある．本来の自己の感情傾向とは必ずしも一致しない異質な自己感情をサービス現場では顕さなければならないことが多いからである．得てして人の役に立ちたいという他人思いの素朴な善意の人々が，社会福祉の仕事を求める．そのような場合，私的な依存関係が交錯し，組織の安定した運営にも支障をきたすことが多い．ケアの現場で生じる本来の生の自己感情と職業上の感情との間での調整がままならず，福祉従事者はしばしば強いストレス状態下に置かれる．業務上生の素朴な感情を抑制しなければならないので，本来の自己感情からの疎外感に悩むことになる．

　しかし医療・福祉の直接対人サービスに限って言えば感情労働は，感情労働者とその受け手であるサービス受給者との互酬的かつ互恵的相互行為である．サービス提供者の感情調整は単なる給料を得るための一方的感情投資または消費ではない．時にはサービス行為を通して受給者から「回復への一助になれた」という感謝の表現によって，自己充足感，満足感が得られることもある．しかしやはり問題として考えておかなければならないことは，医療・福祉の直接対人サービスが慈善，恩恵として取り上げられやすいことであろう．「慈悲的」であろうと努めれば努めるほど，自己の感情は疎外される．それが破綻した際に反動として程度，性質の差はあるが知らずして精神的，身体的反動が生じてくる．

　医療・福祉の直接対人サービス従事者が寛容で，安定した感情生活を送れるためには，まずは経済的対価が保証されることが第一である．そのうえに時に得られる相手

からの満足感の表明，さらには対人サービスを通して見えてくる己自身の負の問題への気付きという他の職種では得難い対価が加わることを評価すべきではなかろうか．対人サービスの経験と自己制御の機会が増えるにしたがってこの仕事は，サービス提供・サービス受給という関係から互酬的かつ互恵的相互関係にあることが理解されてくる．

感情保健

恵友会での経験から筆者は，感情保健を2つの考え方で捕らえるようになった．1つは，感情労働を否定的に考える立場であり，他方は，感情労働を肯定的に受け入れていく立場である．文献を探してみるとやはり社会学領域ではすでに考えられていた．

組織としての制度化の視点からは感情労働の商品化，感情の独立化，交換価値化，感情商品の安定供給の要請，といった概念が使用されている．ホックシールドの思考の線上にある考え方である．この考え方では感情労働がどうしてもマイナスの価値観をもって見えてくる．ホックシールドは労働の商品化，人格の商品化という2つの考えを基に感情労働を考えた．20世紀のサービス産業労働者は感情・人格を商品化（交換価値化）し，売買していると考えた．感情という商品を適切に管理し，よい商品にするということである．交換価値化とは利潤追求のために組織がサービス行為を利用し，その構成員は自分の利益を得るために自分の中に感情表出の二重基準をもつということである．感情，人格が組織によって管理される結果，感情，人格の疎外化が生じてくる．感情の疎外化とは，経済的利益を優先させるために自己の素直な感情のあり方を犠牲にするということである．

一方ヴターズ（Cas Woutars[8]）は，ケア・サービス利用者へ気配り，配慮することそれ自体が，自己感情の肯定につながると述べ，感情労働を積極的側面から捉えている．たとえ所属組織からの形式的な感情管理の要請があっても，サービス提供者は，現場即応的な自発的感情管理が可能であり，それによって利用者の満足度を上げることができるという．結果としてサービス提供者自身の組織内での肯定的評価にもつながる．だから単純に自己感情の疎外が生じるとはいえないという考え方である．感情労働を肯定する以上，相手に喜んでサービスを買ってもらうための感情制御のスキル練磨が必要となってくる．

このように感情を売り買い可能な交換価値，能力と考え，それによって生じるマイナスの効果を主として取り上げる考え方と，感情の交換価値性を積極的に捉え，感情状態の質を高める方法を学んでいこうとする立場がある．

Cas Woutars：オランダの社会学者．現在アムステルダム社会科学研究所と関連したユトレヒト大学で研究している．"The Sociology of Emotions and Flight Atlendants：Hochschild's managed Heart"〔Theory，Culture and Society 6：95-123, 1989〕以降数度にわたってホックシールドという論争を交わした．

筆者は後者の考え方に同意する．現代のような対人関係をことさらに重視する時代では，感情管理のスキル化という欲望はますます高まってくる．感情管理の上手，下手は自己評価，他者からの評価を大きく左右する．ケア行為に携わる人々の多くは嫌々自分の感情を抑制して対人サービスに従事しているわけではない．この仕事の中で喜び，満足，達成感を得られることを期待して働いている人が多い．だからこそ感情葛藤に陥りやすいのである．自己の向上を目差すからこそ一層悩む．ケア行為を社会的に高い価値ある行為と考えるから，ケア行為に熱心となり過ぎることも多い．ケアをしないことは医療福祉倫理では無危害原則に抵触することを知っているからである．

　制度として働く者の側に不断の感情調整の機会を設ける必要がある．そして感情労働は，人間的成長という恩恵が得られる機会が多い仕事であると受け入れられるようにしたいものである．ケア行為に携わる人々の複雑な自己感情を「肯定的」な感情へと変えていくための教育，研修，討論システムを創っていくことが必要である．

　所属組織とケア行為者間での感情の相互浸透的かつ流動的サポート・システムを創っていくことである．いうまでもないがケア行為は人と人の間の行為である．しかも通常，労働賃金のやり取りは所属組織を介して行われる．したがって所属組織とケア行為者間にはいくつかの水準で感情的力動関係が生じる．一次水準としてはケア利用者とケア提供者間の直接的感情保健の問題である．二次水準ではケア提供者間，仲間うちの感情保健の健康の問題である．三次水準ではケア行為者と所属組織間の感情力動関係が生じる．さらに第四水準としてサービス組織とそれが置かれている社会との感情力動関係である．それぞれの水準での意見交換，感情交換，上位水準からのスーパービジョンが必要である．第四水準では広く社会からのスーパービジョンが必要となる．すなわち横の水準での連携，縦の軸を通しての意見交換のシステムの構築が必要である．互いが常に感情を表出し合い，それを逐一フィードバック，フィードフォワードしていくシステムを創っていく必要がある．

恵友会で考えていきたいこと

　筆者は，恵友会活動を感情労働提供の社会関係資源の1つとして考えてきた．ケア労働には自分にとってままならない感情体験をすることはよくあることだ．他者に陰性感情をもたない人など居なかろう．私たちは自分を他者の中に見つける．このことが感情の共感であり，認知的共感につながる．相手にマイナスの感情を見出すということは，己が同価値の感情をもっているということでもある．すなわち他者への感情的批判はおのれ自身への批判ということになる．感情を客観し，対象化しない限り，陰性にせよ陽性にせよ感情に与えられた価値は，自己自身の範囲内に留まらざるを得ない．恵友会活動全体の感情病理を考え，マイナス問題を見つけ，討議していくシステム創りが必要な理由がここにある．

　その際，職員が共有しておくべき認識が必要である．1つには，職員各個人が行う

直接のケア・サービスの背後には社会福祉法人恵友会という社会関係資源が控えているということある．専門職として継続的に働いていくためには各職員が恵友会に所属していることを明確に自覚する必要がある．ややもするとボランティア活動から始まったこのような活動では自分がやりたいからやるのであって，組織からの指示や，指導は嫌だという人が多い．しかし，もし組織に所属せず単独で同様の仕事をしようとしたら大変な時間，労力を払わなければならない．恵友会という組織に所属しているからこそ，取引費用は極力少なく済んでいる．組織が要請する規則という個人的不自由にまして法人格としての社会的な自由が得られるからである．ここでいう取引費用とは経済学からの借用である．何らかの経済行為を行うに際して必要となる情報収集，手続き，信頼確保などに費やされる費用のことである．職員個人のケア・サービスの背後には社会福祉法人という社会関係資源への社会的信用が控えている．だからこそ少ない取引費用で活動できるのである．

　2つには感情の言語化ということである．真面目な性格の職員ほど感情疲労に陥っても他者に依存したり，助けを求めることは難しい．したがって制度として他者どうしが，公式の場で意見，感情のすり合わせをすることは健康的な感情性を維持するうえで重要なことである．閉じた状況での他者批判は，本来は自分に向けられるべき批判を，恐ろしさ，辛さを避けるために他者に投影しているということがしばしばである．日ごとの対人サービスで生じる感情生活の不条理を考察し，感情の病理を改善するためには制度として利用者と職員，職員どうし，外部の人を交えた話し合い，検討会，研究会が必須である．

　心理的苦痛やその訴えは，苦痛を語る人，聞き取る人が主観的に解釈せざるを得ない．したがってわれわれは互いの主観のすり合わせを常に行う必要がある．実は利用者との不断の話し合いそのものがケア・サービス従事者に潜在する未解決な感情を調整する絶好の機会である．互いが主観的に感じている利用者のニーズ，その照合のためのミーティングはいくら多くても多すぎるということはない．言語化困難な感情体験は，他者と語り合うことで自分の問題が見えてくる．また私的な感情体験のすり合わせを通して辛い対人サービスが，一方的な提供ではなく，利用者との互酬的な行為であることが理解できるようになる．「患者さんに多くのことを教えていただいた」「利用者の方に学ばせていただいた」と語るベテランのケア・サービス提供者に出会うことがよくある．きっとケア行為の中での辛い感情体験をとおして，それまでは認めたくなかった，または見えなかった自分自身を再発見できたことへの感謝の言葉なのであろう．

　最後にローテーションについて触れておきたい．人間関係は寄り添えば寄り添うほど良くも悪くも深まる．この深まりは相互に対等な関係であれば相手の容認もまた忌避も許される．しかし人間関係の専門職である医療・福祉の対人サービスでは決して関係性は対等とはならない．以前には擬似家族関係，擬似友達関係など間違った平等性を主張する言葉が聞かれた．このような作為的欺瞞があってはならない．「差別がいけない，平等こそ最優先されるべき」とはあまりにも教条主義である．人間がまた

はそれぞれの人格がただ平等といって済ませられるほど均質，または対称的であろうか．相手を理解できるとは理解する側にすでに内在的に相手がいることである．相手が理解できたということは，相手の中に自分を見つけたということに過ぎない．

したがって平等ということはこの知りえた自分と相手とが共通であったということであって決して関係性の中で平等という意味ではない．どんなに相手の中に自分と同様の世界を見つけたとしても，見つければ見つけるほど捉えることのできない未知の世界が広がってくるのが他者である．相手にこの無限の他者性を認めたうえで互いは，平等であるというべきであろう．

医療・福祉の対人サービスを行ううえでは互いが平等というよりも上記の意味で，互いが互いの尊厳を確認しあったうえでの交流であることを理解していきたい．そのうえで医療・福祉行為を行っていきたい．互いの尊厳をふまえたうえで専門職の知識，技能をもつことが強く要請されてくる．家族や，友人のような付き合いで障害が解決できるわけではない．互いの尊厳の認め合いということにしても，知識，技能の習得ということにしても多くの人との交流，多くの問題との出会いが必要である．言語によって伝達可能な知識体系，技能体系と実際の現場に身を晒されることでしか身につかない知恵または智の世界とがあるということは日常のヒューマン・サービスの中でしばしば気付かされる．

1つの職場に所属する時間が長くなると必ず閉じた動きの乏しい感情生活となり，利用者との陽性，陰性の感情の絡み合いが生じてくる．職員間でも同様である．利用者・職員間での自己愛的感情関係のもつれがのっぴきらない病理的状態にまで発展することがある．妙な遠慮，卑下，慇懃さや偏った感情的攻撃，パターナリスティックまたはマターナリスティックなお仕着せが生じてくる．関係性が健康的に持続されるため，また個別的対応の幅広い知識，技能を修得するための職域，職場，人間関係のローテーションが必要である．

分析に分析を重ねていっても決して理解しきれない奥深い他者が居る．サービス提供者が時間，場所を変えることによってサービス利用者の生活のし方，生き方を知ることができる．また職員が時間，場所を定期的に移動することは，感情関係のしがらみ，特に感情的嫌悪からサービスの質の低下防止になりうるのではと考えている．法人の理事長引き受け4年が過ぎたがこのローテーションの考えをようやく職員会議で議論できるようになってきた．

● 参考文献

1) Hochschild AR : The Managed Heart : Commercialization of Human Feeling. University of California Press, 1983〔石川 准，室伏亜紀（訳）：管理される心―感情が商品になるとき．世界思想社，2000〕
2) 佐藤泰邦，溝口宏平（編）：モラル・アポリア―道徳のディレンマ．ナカニシヤ出版，1998
3) 山岸俊男：信頼の構造―心と社会の進化ゲーム．東京大学出版会，1998
4) Mayeroff M : On Caring. Harper & Row, Inc, 1971〔田村 真，向井宣之（訳）：ケアの本質―生きることの意味．ゆみる出版，1987〕

5) Carol G：In a Different Voice：Psychological Theory and Women's Development. Cambridge, Harvard University Press, 1982〔岩男寿美子（監訳）：もう一つの声―男女の道徳観のちがいと女性のアイデンティティ．川島書店，1986〕
6) 崎山治男：「心の時代」と自己―感情社会学の視座．勁草書房，2005
7) Smith P：The Emotional Labour of Nursing. London, Macmillan Press, 1992〔武井麻子，前田泰樹（監訳）：感情労働としての看護．ゆみる出版，2000〕
8) Kohlberg, Lawrence, Charles Levine, Alexandra Hewer, Moral stages：a current formulationand a response to critics. Karger, 1983〔片瀬一男，高橋征仁（訳）：道徳性の発達段階―コールバーグ理論をめぐる論争への回答．新曜社，1992〕
9) 中山　將，高橋隆雄，ほか（編）：ケア論の射程．九州大学出版会，2001
10) 開　一夫，長谷川寿一（編）：ソーシャルブレインズ―自己と他者を認知する脳．東京大学出版会，2009
11) 鷲田清一：「待つ」ということ．角川選書，2006
12) 小澤　勲（編）：ケアってなんだろう．医学書院，2006
13) Levinas E：Alterite et transcendence. Fata Morgana, 1995〔合田正人，松丸和弘（訳）：個性と超越．法政大学出版局，2001〕

（菅原道哉）

第 11 章

地域の診療所が果たせる役割
新宿東メンタルクリニックの場合

診療所の開設で気づいたこと

　筆者は大学病院への勤務ののちに2004年4月に東京都新宿区内に精神科診療所を開設した．開設にいたるまでは故 Ian R. H. Falloon 先生や水野雅文先生，村上雅昭先生らによってわが国に紹介された，認知行動療法を含めた治療や当事者の第一人称的選択を尊重する支援の統合モデル（表 11-1）である統合型精神科地域治療プログラム（Optimal Treatment Project；OTP）[1]）を勉強し，福島県郡山市内の「あさかホスピタル」（pp 12-23参照）や関連の地域活動支援センター「アイ・キャン」において，佐久間啓先生の指導のもと，病院からの退院促進，（福島県の）退院促進モデル事業，退院後の地域支援[2,3]）などの実践経過に参加した．

　これらの経験をふまえ診療所開設後の当初は所内の多職種によるチームアプローチやアウトリーチをサービスとして強固にすることを目指したが，現実的には（正直なところ）人材の確保は難しく，また一般外来診療のほかに十分な時間を確保することも困難であった．しかし，その一方で地域に目を向けてみると，だいぶ以前からのコミュニケーションがあった地域の社会資源や企業・学校内診療所，母子生活支援施設，婦人保護施設などには多くの積極的，先進的スタッフがおり，新宿区や隣接する練馬区，港区では保健師のしっかりとした地区担当制が敷かれていた．よって，筆者自身，すなわち診療所単体の機能は，地域社会の治療と支援の統合的サービスの1つの構成要素であるとの前提に立ち，現在では各所との連携に傾注しながら臨床を推し

表 11-1　統合モデルの重要性

	医学モデル	生活モデル
目的・目標	治療・社会復帰・再発防止★	独自のライフスタイルの獲得の保障★
主体	医療スタッフ	生活者（利用者）★
アセスメント	疾病・症状★	人と状況の全体性★
関係性	治療・援助関係職員主導	共時性（ともに歩む支え手）対等★
意思決定	正解を要求	自己決定★

★：統合モデル
〔村上雅昭：今，なぜ統合型地域精神科ケアか―みなとネット21の成立．水野雅文，村上雅昭，佐久間啓（編）：精神科地域ケアの新展開―OTP の理論と実際．p51，星和書店，2004 より一部改変〕

進めている．

今回はこれらの経過について記載しながら，退院後の地域維持，社会参加促進の過程における「ミニマムな機能しか持ち得ない診療所」が果たせる役割について思い浮かぶところを示したい．

関わりの留意事項

この項では，臨床実践に際して大切にしている事柄を以下に示す．

1 | 当事者の意志（will）を尊重する

以前に福島県の退院促進モデル事業に参加した際に，比較的長期に入院している当事者からは退院に向けての積極的な意志の表明はなく，このこと自体が退院を妨げる最初の課題であると思われた[4]．少なからずの当事者は認知機能の低下や陰性症状，薬剤による過鎮静，さらにはスティグマなどによって，自らの潜在的可能性に気付かなかったり，意志の表出をためらっていたりするかもしれない．

脆弱性ストレスモデルを尊重すれば，当事者は「守られるべき存在」として周囲による（責任と表裏一体である）決定・指導が肯定されるだろう．しかしながらレジリエンス，つまり当事者の心が本来もつ弾力性，反跳力があれば，それこそが退院の実現や地域での自分らしいライフスタイルの獲得に向けての本人側の脈流となるのである[5]．

2 | 家族も対象にする

本項では精神疾患の家族内集積性については確固たる主張はしないが，一部の家族については何らかの精神病理を有している可能性を否定できないし，少なくとも何らかの困難を自覚したり，医療者などへの要望ももち得たりしているだろう．家族の感情表出についての知見が多く提出されるようになってからは，家族も支援の対象にするべきであるとの認識はほとんどすべての臨床家が共有するところである．

3 | チームアプローチを地域の中で行う

医師以外の職種の配置が院内であっても，地域であっても，可能な限り多くの職種が参加するべきである．さらに当事者の居住先を中心とした地域の中でサービスが展開されるほうが，これを院内で行うよりも，実際の状況に見合った配慮をしやすい．

脆弱性ストレスモデル：vulnerability-stress model. 比較的に軽微なストレスによって，脳の生物化学的機能が変化をきたし，幻聴や妄想などの精神病症状（陽性症状）が発症・再燃するといわれている．

実際の臨床経過

1 入院から外来への移行期

(1) 入院と地域支援の間に生じる断層

　入院中に関わるスタッフは「退院」を支援の目標にすることが多いかもしれないが，一方で，退院後に関わる地域のスタッフは「地域維持」や「社会参加」に向けての取り組みをするであろう．また，最近では急性期の入院をした場合には早めの退院を前提としながら入院治療がなされる傾向があるともいえるが，再発を繰り返しているケースが濃厚な薬物療法と休養によって"横断面的には"状態がよくなったとしても，再発をきたす要因（脳の生物学的傾向，服薬行動の問題，地域でのストレスなど）自体が克服されたことにはならない．

　これらによって，時として入院治療と地域支援の間に"断層"が生じてしまうことがある．ここに当事者が入り込んでしまう危険に注意を払いたい．こうした状況にならないためには，入院中の比較的早い時期から，あらかじめ退院後に生活をすると思われる地域のスタッフも院内のスタッフと連絡を取り合いながら，可能であれば当事者ともコミュニケーションをしたい．

(2) 地域の専門家が関わるメリット

　新宿区では 2011 年度現在，退院促進事業を行っている．地域の社会資源の専門家にそのコーディネータ役を委嘱し，区の保健師もこれに参加をする体裁で実践がなされている．以前には別の診療所などを受診していた者であっても，それが遠所であるとか，本人がそこに再び通院することを厭っている場合があり，筆者に退院後の地域の医療資源として参加を求められることがある．筆者がこのチームに参加をすることの長所は以下である．

- 地域の側から医療的視点に立ったフィードバックを病院側に行える．
- こうした事業が開始されるよりもだいぶ以前から筆者について知悉しているコーディネータや保健師は，入院中から当事者と面接をするが，その際に退院後の通院先である筆者について十分な情報を当事者に伝えることをできるし，筆者も当事者の特徴を早く把握できる．つまり退院後の治療のための"間接的お見合い"をできるのである．

　またいくつかの区では地区担当制のもと，保健師が主体的にケースに関わり続けている．そしてこのような保健師から時に以下のような投げかけが（そのケースを担当していない）筆者に（個人を特定できない程度に一般化して）なされることがある．

　「入退院を繰り返していて今は入院中．そろそろ病院からは退院といわれていてそれだけ具合は今はよいのだろうが，退院後に安定した生活をできる見通しがない」

　このようなケースをその後筆者が担当する可能性が高まった際には，当事者の了解のもと，入院中から筆者も情報提供を受け，保健師を介して病院側にフィードバック

をしたり，外出・外泊時には，保健施設などにて当事者と面接をしたりすることもある．

2 | チームの形成

(1) 立場の違いによる垣根を取り除くには

　地域生活を始めているケースであっても，多職種チームによるアプローチは必須であることは多いと思われる．医学モデルを実践する筆者は病状改善や再発予防に力点を置いてしまい，薬物療法を濃厚化したり，日常はできうる限りストレスを避けるような"非生産的"設定を尊重するべきであるとのアドバイスをしたりしがちである．他方，地域のスタッフの現実感としては，当事者のエンパワメントの余地を尊重したいであろうし，ライフスタイルの獲得を目指したいところであろう．

　このように関わる者によってのパラダイムの相違は一見して根深いようであるし，もしチームを作る場合には特にその端緒期に多少の議論もあるだろう．しかし，たとえ立場や専門領域の違いがあるにせよ，こうした事業に就く者には共通の心的動機があるし，医療と支援の統合モデルについての勉強をそれぞれが深めていけば，実のところは治療と支援は相乗効果を互いに発揮できることに気づくのはたやすい．

　よって関係各機関の時宜にかなった情報交換を可能な限り直接対面や書面，電話などにて行うようにしている．ケースがまだ筆者以外のスタッフの支援を受けておらず，しかしながら日常の様子や社会機能，家族動向などから筆者のみの関わりでは不十分であると思われる場合には，筆者から本人や家族に対して「日常の困りごとや今後どのように社会と接点をもっていったらいいかなど，解決するべき課題があるようですけれども，私だけでの支援には限界もあるので，よかったら一度，地域の保健師さんを訪ねてみてください」と伝え，情報を保健師に提供している．そしてまずは保健師と筆者の"小さいチーム"を作るようにしている．

　このことは保健師の側にあっても同様で，すでに保健師が一定期間以上支援をしているケースであっても，治療の見通しや地域支援のあり方などについて主治医とコミュニケーションを(個人情報の保護というバリアもあるためか)取りづらく，難渋をしている場合がある．保健師のニーズにも臨床家はより一層留意するべきであろう．

(2) 医療者自身にとってのメリット

　またチームアプローチは筆者の作業も以下のように推進する．

- 診察場面だけでは得られない情報を獲得できる．
- 地域の保健師や訪問看護師などのアウトリーチによって服薬行動の生活様態に見合った強化を期待できる．
- 精神科リハビリテーションの長所を地域活動の中で発揮させることを期待できる．
- 通院が中断したケース，残念ながら入院をしたケースに対してのアプローチを依頼できる．場合によっては受診への地域スタッフの同行もかなえることができる．

- 家族支援を地域の中で行える．
- そしてケースに関わっている筆者自身が，「仲間がいる」という安心感をもてる．

これらのようにチームを作ることのメリットは多いが，チームへの筆者の参加のスタンスとして，他者(地区担当保健師，退院促進事業のマネジャー役，地域資源のスタッフなど)にリーダーシップを発揮することをお願いし，筆者自身は「治療責任が一体となっての積極参加をするがチームを支配はしない」ことを旨としている．そしてケア計画が(明文化の有無にかかわらず)醸成されれば，その支援目標を達成する一構成員として機能するようにしている．たとえば，当事者が地域資源の活動中に「幻聴にさいなまされているようである」とか「薬のせいか，眠気があるために作業に集中できない様子がある」などといった情報がもたらされた場合には，外来診察の場面においてこれを医学的視点から再度取り上げ，当事者要望もふまえながら，治療の工夫をしている．

3 | 薬物療法

現代的で時流をふまえた薬物療法の詳細は他書に譲るが，服薬アドヒアランスを尊重するためにも，(超急性期は症状そのものが焦点となるが，以降は)当事者が自らのライフスタイル獲得についてどのようなイメージと進捗をしているかをまずは傾聴している．われわれは歯痛を抱えている場合，それが激烈なものであればこれを即時に取り除いてもらうことを目的として歯科を受診するが，そうではない場合には「歯の具合の悪さ」が「好きな物を食べられない」ことや「来週にせまった楽しみにしている海外旅行を妨げる」ことにならないことを期待して受診する．

よって薬物がかえって当事者のライフスタイルに支障をきたすことを徹底的に避けるように努力をしている．過鎮静その他の副作用をより減じ，服薬回数や外出先での服薬行動の状況などにも留意をした薬物療法を検討したい．また，(多分に理想的に過ぎるかもしれないが)筆者の臨床実感としては，症状が相応に軽減し社会参加もそれなりに果たしてきているケースにおいては，服薬行動それ自体が最後のスティグマになると思われ，このことへの配慮も大切である．これらをふまえると，新規の持効性抗精神病薬は経口量を可能な限り少なくできることや薬物の体内動態の安定化を期待できることなどから，注射剤を過去の管理的な薬物療法の象徴とはまったく違う意味をもつものとして，その利用を積極的に検討したいところである．

4 | より一層の社会への進展を目指す

社会参加を推進するためにもチームアプローチを用いるが，各所の連携が重要である．この項では時点ごとの筆者の作業を記す．

(1) 通院以外には資源の利用をしていない場合

　筆者のところでは地域資源への同行をできるスタッフが現在はいないこともあり，(すでにケースを把握しているかいないかにかかわらず)地区担当の保健師に医療情報を伝えながら資源利用への配慮をお願いしている．

　保健師は地域情報をよく知っており，医療職としての医療的配慮もできるので，当事者と丁寧な面接をしながら，利用によるエンパワメントを期待できる(場合によっては複数の)社会資源への面接，体験参加のコーディネートを進めている．そしてその結果の報告を筆者は当事者と保健師の双方から受けながら，その後の診察場面でこの事柄を取り上げ，当事者の意向を把握するようにしている．

(2) すでに何らかの地域資源を利用している場合

　新宿区を例に挙げると，資源の利用の順番には，「保健機関のデイケア⇒地域資源の所内活動⇒所外活動(就労支援プログラム)⇒ハローワークなどを利用しながらの就労」といった傾向があるようにみえる．

　ここで大切なことは矢印を先に進めていくことである．退院をしたあとに地域資源に参加することは望ましいとはいえ，そこに比較的に長期にわたって"滞在"をすることになり，結局は場所を替えての再施設化[4]現象が起こる結果になるとしたら，筆者らは，当事者の意志の掘り起こしやエンパワメントプログラムの不十分さ，ケア計画の未整備，そして当事者病理の深刻さを認めざるを得ない．もちろん当事者の本来意志や施設の雰囲気がもたらす安心感などにも敬意を払うべきではあるが，「ライフスタイルを将来につなげていく」ための工夫を各自が再確認したいところである．

　筆者は診察場面で当事者から次の段階へトライしたいとの意志が表明されれば，すぐにこれを関係機関に伝達をしている．逆に，資源の側からも適宜，当事者の意向，動向について筆者に報告があるので，それらの内容を診察場面で当事者と確認をしている．

5 ｜ 再発の臨界期

　残念ながら再発の危機がせまっている場合には前記のようなチームの形態を一時的に替えている．つまり，筆者がリーダーシップをとりながらの医学モデルを優先して実践するのである．情報の流通の集積点を筆者に一元化し，場合によっては地域のスタッフにも受診に同席をしてもらうようにしている．

　そして問題点(服薬不全やストレスの存在など)を分析したうえで，当事者に対してもこの場合はリーダーシップを発揮して，休養や薬物療法の調整を提案している．

　もし状態が改善せずに入院を考慮しなくてはならない場合には，入院先の選定や依頼などは保健師と役割分担をしながら行っている．

6 | 家族支援

(1) 家族が抱えている認識

　筆者は自らが担当をしているケースに限らず，区などが主催する講演会や地域の資源での家族の集いなどに参加した場合も含め，家族と対面することが比較的に多い（図 11-1）．そして家族からは以下のような認識を聞いている．

- 「いつになったら病状がよくなるのか？」
- 「薬の量が多いように思える」
- 「本人が苛立っていたり，逆に元気なく何もしていなかったりするが，これは病状なのか，性格なのか？」
- 「いま通っている作業所はもうだいぶ長くなるが，これからどうなるのか？」
- 「結婚や妊娠はできるのか？」
- 「家族がいなくなったあと，1人でやっていけるのか？」
- 「主治医の先生にいろいろと質問をしてみたいが，本人が同行を許してくれない．クリニックに直接電話をしても，何も教えてくれない」

　これらのような家族の認識が残されたままでは，狭い意味での精神病理が改善をしたとしても本人のライフスタイルの維持・向上への家族の貢献をあまり見込めず，家族の負担感の軽減も望めない．本項では，このような家族に臨床家が何を提供できるかについて検討をする．

(2)「家族が治療に参加する」ということ

　家族も医師とコミュニケーションをとっている場合，医師は（もちろん当事者利益の代弁者であることが社会的には求められると思うが）当事者への支持を自覚するタイプと家族への共感をもつタイプに二分別できるようにみえる．ちなみに筆者はどちらかといえば（本人や家族の特徴によって違いはあるが）後者であると認識している．

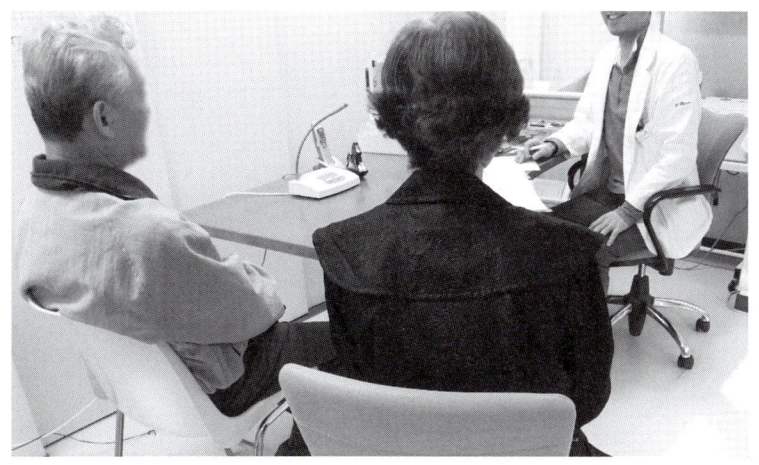

図 11-1　家族との面談風景

このことは本項目の記載の限界であることを前提としながら，家族へのいくつかのサービスを示す．

家族が治療の場に参加することのメリットのいくつかは以下である．
- 当事者のより in vivo（実際の生活場面）での病状や（服薬行動を含めた）生活様態を把握できる．
- 当事者への身近な支援者としての機能強化．
- 家族の側に病理がある場合にはそれへの治療的介入をできる．
- 家族の負担感への心理療法的接近．

もちろん個人情報保護の観点からいえば，たとえ家族であっても当事者情報を不用意に伝えてはならない．逆に，家族の側が相手が医師であることで安心して"本音"を語ることもあるだろうが，これを不用意に当事者に明示することによって家庭内の"不協和音"がますます増大化することもありうる．さらには当事者と家族のそれぞれが，「いったい先生（担当医）はどちらの味方なのか？ どちらの言い分を正しいと考えてくれるのか？」などといった懸念をもつこともあるだろうし，これが特に当事者においては，その思考の偏りをより健康ではない方向に強めてしまうかもしれない．

しかしながら筆者は，「だからこそ」（実際の場としては家庭内ではなく診察室の中ではあるが）当事者と家族が織りなすダイナミクスに身を入れるべきであると考える．なぜならば，家庭内の状況が混乱をしているほど，当事者・家族間の自助作用は弱まっており，そこに治療者が回復への指針という"旗"を明瞭に立て，時には"緩和剤"となり，別のときには"触媒"となることが，まさしく治療行為そのものであると考えるからである．

ただこうしたアクションそれ自体にも当然ながら"副作用"があり，治療者が混乱の"助長役"になってしまったり，当事者，家族の少なくともいずれかから，クレームを受けてしまったりする可能性もある．よって時宜を得ながらも，極力慎重な動作をすることが求められる．

また，家族に対して行うべきことは前記の箇条書きのとおりであるが，外来の一般設定の中でこれを行うことは難しい．よってこうした家族へのアプローチもチームによって提供をすることを検討したいので（図 11-2），筆者は積極的に（家族の了解を得ながら）保健師などに協力を要請している．同様に保健師を含め地域のスタッフも，（ケースの担当が筆者であるか否かにかかわらず）支援する家族へのより広範で医学的視点もふまえた関わりが必要であると認識した場合，筆者に参加を求めてくることが多い．

ここまでの記載をふまえた実際のアクションを以下に示す．
- 当事者の了解を得て，家族と私の対面を以下のいずれかの設定にて行う．
   ①不定期に診察に同席してもらう．
   ②毎回か，2 回に 1 度，診察に同席してもらう．
   ③本人の受診日以外に家族のみの来院を要請する．
- 本人と家族のそれぞれの主観・認識を無批判的に傾聴し，「コミュニケーションの

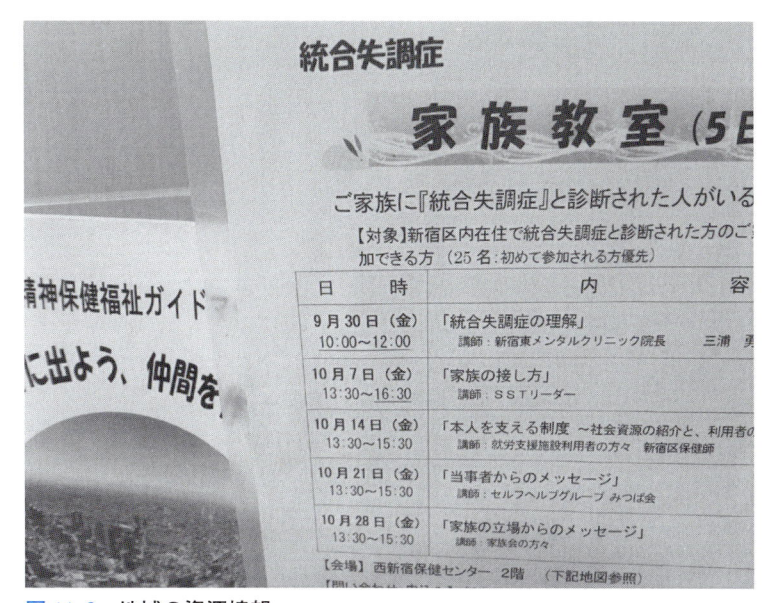

図 11-2 地域の資源情報
筆者のクリニックでは待合室に地域の情報を掲示している．

問題は，いずれか一方にのみ原因があるのではない」こと，よって「治療者も含めた三者がそれぞれに努力をすることで問題は解決に近づく」ことを明確にする．
- 家族の負担感を取り上げ，すでに家族は相応の努力をしていることを明確にして賞賛する．
- 家族に対して精神疾患の病態生理や治療，リハビリテーションについての心理教育を（1回当たりの時間に限りがある場合は複数回にわたって）行う．
- 回復，社会参加までの道のりについて検討を深め，地域の資源の利用を積極的に検討するように促す．
- 急な病状の悪化がみられた場合の対処について検討する．
- 家族の側に（神経症性も含めた）病理があったり，家族が自覚する苦悩が強すぎたりしていると思われる場合には，家族が患者となっての診療録を作成することも考慮する．
- 家族も地区の保健師を訪ねるように促し，（保健師に情報を提供しながら）保健師がリーダーシップをとっての定期的な面談や，（区の講演会・家族会も含めた）地域で家族が利用できる資源の設定をする．

以上である．ただし，いずれの時期であっても，当事者や家族に対して"医療的正解"を一方通行的に押しつけてはならない．家庭内の独自のリズムや（たとえ危うかろうが）均衡を崩すことはかえって危険である．私たちは家庭の自律性（autonomy）を大切にしたい．

7 | 地域の機能強化

当事者の日常への支援が必要であることは少なくないが，医学的な特徴（陰性症状や認知機能障害，持続する精神病症状や再発への状態変化など）が日常の所作動作に影響を与える可能性を否定できない．しかしながら行政の保健機関を除いては，地域資源施設においては医療職が配置されていることは少ない．よって地域においては以下のようないくつかの混乱が時としてみられる．

- 「作業活動などへの積極性がないが，これはたんにやる気のなさだけによるものなのか，それとも病状がもたらしたものなのか？」
- 「眠気などがあって活動に集中していない．薬が多すぎるのではないか？」
- （実は被害妄想によるものであるにもかかわらず）「他の利用者との折り合いが悪いので，活動の場を離すことで対処した」

これらのような状況に医療職として関与をしていくことは地域の基盤強化に必要である．よって筆者は以下のようなアクションをしている．

- 自らが担当するケースを扱うカンファレンスに積極的に参加をする．
- 保健師や各資源のスタッフの勉強会に出向く．
- （筆者は新宿区の自立支援協議会に参加をしているが）行政などが行う基盤整備事業に積極的に参加をし提言をする．同時にほかの参加者の見解を拝聴する．

以上であるが，地域のスタッフにはそれぞれの専門学があり，医学をこれらに絶えず優先させていると受け取られるような所作動作は避けるべきである．また，筆者らは構造化された診察室で限られた時間のみ当事者と対面をしているのであり，地域のスタッフのほうがより当事者の現実に接近をしており，むしろ筆者らが地域から学ぶべきところも多いことに留意するべきである．

● 克服すべき課題

最後に今後の地域の側の機能強化に向けた諸課題をいくつか示して本項を終えたい．

1 | 社会の側に現存する受容の不十分さ

再施設化を防ぐためにも社会の側に現存しているかもしれないスティグマを根絶して，就労の場などを拡充させたい．これは social action であり，行政の努力も必要である．

2 | 地域支援の場における医学的視点による認知機能強化アプローチの進捗困難

近年,認知機能と社会的予後の相関に着目がなされており,これへの治療的介入の可能性について実証的研究がなされつつある[6,7].やがてわが国においてもこれの実践応用が一般化することを期待したいが,このようなアプローチはより臨床的な場においてなされることが望ましいといえるので,地域資源においての採用可能性を探りたいところである.

3 | ローカルバリア

筆者の地域との連携は比較的に強いといえるが,これは行政も含めた地域の側の準備性が幸いにして高いことがその要因の1つである.しかしながら他の地域を参照すると,必ずしも行政のアクションや地域活動が円滑には行われていない場合もある.たしかにこうした諸活動への公的なコストは少なくはないが,理にかなった支援を受けて,相応にエンパワメントがなされた当事者が社会にもたらす将来の果実を,筆者らは期待してもよいのではないだろうか.

● 文献

1) 水野雅文,村上雅昭,佐久間 啓(編):精神科地域ケアの新展開―OTPの理論と実際.星和書店,2004
2) Ryu Y, Mizuno M, Sakuma K, et al:Deinstitutionalization of long-stay patients with schizophrenia:the 2-year social and clinical outcome of a comprehensive intervention program in Japan. Aust N Z J Psychiatry 40:462-470, 2006
3) 三浦勇太:OTPの実践―退院促進や「ささがわプロジェクト」の臨床経過から地域での治療・支援を検討する.精神神経学雑誌 111:319-323, 2009
4) 三浦勇太,水野雅文:再施設化をきたさない脱施設化方法の検討.日本精神科病院協会協会誌 26:67-72, 2007
5) 八木剛平:精神医学のこれから―脆弱性研究からレジリアンス研究へ.日本外来臨床精神医学 7:14-24, 2009
6) Nemoto T, Yamazawa R, Kobayashi H, et al:Cognitive training for divergent thinking in schizophrenia:a pilot study. Prog Neuropsychopharmacol Biol Psychiatry 33:1533-1536, 2009
7) Nuechterlein KH, Subotnik KL, Green MF, et al:Neurocognitive predictors of work outcome in recent-onset schizophrenia. Schizophr Bull 37:33-40, 2011

〔三浦勇太〕

第12章

地域における障害者雇用の現状と課題
株式会社ラグーナ出版の場合

●「やりたい仕事を作る」ために会社設立

　精神病を抱えながら地域で暮らすということは，どのようなことであろう．改めて自問してみる．地域社会の関係性の間で発症し，それまで経験したことのなかった世界が立ち上がる．病により，何かを失い何かを得て，再び社会での在りようを模索する．病院は，その前の人生とその後の人生をつなぐ場ともなろう．そこはもう1度自分らしく生きるための「治療」の場であって，暮らしの場ではない．障害の有無にかかわらず，人は失ったものの代わりに，新しいものを積み重ねて暮らしていくのだと思う．その人の夢や目標，必要としている関係性は，地域での暮らしを通してみえてくるのではないか．そればかりでなく，今生きている時代，文化，社会というものがぼんやりと，時にくっきりと浮かび上がり，必要な「治療」もみえてくるのではないだろうか．

　筆者は現在，精神科病院に勤務しながら，障害者自立支援法に基づく障害福祉サービスの指定事業所である株式会社ラグーナ出版の運営に携わり，現場でサービス利用者とともに働いている．

　病院を離れて，仕事の場で一緒に活動をしてみて痛感したことは，社会的な役割をもつことで病気の回復が進むということである．また同時に，障害をもちながらの就労や生活におけるさまざまな問題，地域の中での生きづらさともいうべき困難もみえてきた．社会で生きるときに，多くの人は働くことを望む．しかし，精神病を抱えながら働ける職場は少ない．そこで「適した仕事がなければやりたい仕事を作ればいい

🔑 障害者自立支援法に基づく障害福祉サービス：障害者自立支援法に定められた訓練等給付の障害福祉サービスには以下がある．
- 自立訓練：利用者が自立した日常生活または社会生活を営むことができるよう，規定する期間にわたり，生活能力の維持，向上などのために必要な支援を行う．
- 就労移行支援：就労を目指し，定められた期間にわたり，生産活動その他の活動の機会の提供を通じて，就労に必要な知識および能力の向上のために必要な訓練，支援を行う．
- 就労継続支援：一般企業への就職が困難な障害者に就労を提供するとともに，生産活動を通じて，その知識と能力の向上に必要な訓練，支援を行う．形態には「A型」，「B型」があり，A型は「雇用型」で，障害者と雇用契約を結び，B型は「非雇用型」で雇用契約を結ばず従来の作業所の形態である．
- 共同生活援助：グループホームなど共同生活を営むべき住居において相談その他の日常生活上の援助を行うこと．

のではないか」と考え，会社設立に至った．障害の有無にかかわらずともに成長し，福祉を受けるだけではなく障害者の側からも社会貢献ができる仕事を目指したいという思いであった．活動開始から5年を経て，多くのことを学び，多くの課題も感じている．生き生きと夢をもって働く利用者の姿に心を打たれ，診察室では分かち合うことのできない喜びを感じる．同時に彼らが置かれている，地域で生きることの厳しさをも感じるのである．

地域への移行が進む現在は，精神医療と福祉の歴史の中の大きな転換期にあり，医療においては，精神科リハビリテーションの発想の転換が進みつつある．また，一般企業とのネットワーク作りの中で，障害者雇用に対する関心の高さを感じている．企業には，長年人材育成をしてきた経験があり，障害者雇用の手法においても学ぶものが多くあることに気がついた．ここでは，ラグーナ出版の活動と雇用の経験を通して学んだ，精神障害者就労支援の背景と現状を述べ，今後の展開を模索したい．

ラグーナ出版について

株式会社ラグーナ出版は2008年，鹿児島市に設立し，精神障害者に対する指定就労継続支援（雇用A型）事業所として，社員40名のうち精神病体験者32名（2011年12月現在）が，出版と製本，印刷業務を行っている．また，2011年4月から，後述する自立訓練事業をスタートし，26名の精神障害の利用者が通所している．

1│会社設立に至った経緯

(1)きっかけは患者のメモ書き

始まりは2005年，後に雑誌『シナプスの笑い』の編集長となる竜人（ペンネーム）のメモ書きからであった．筆者の勤務する病院に統合失調症の診断で入院していた竜人は，隔離室で疎通がとれないほどの激しい幻覚妄想の中にいて，後に「平和な日本で戦争を体験した」と表現する病との闘いの記録を書き綴っていた．彼は退院後デイケアに通い，ある日，そのメモを当時デイケアに勤務していた精神保健福祉士（PSW）の川畑（現ラグーナ出版代表取締役）にみせているところに，筆者も居合わせた．

霊にお尻を触られて掃除を促されるなどのユーモラスな場面や歴史上の人物が霊となって次々と襲いかかってくる描写に，思わず「すごい小説（フィクション）だねぇ…」と感想を伝えると，彼は顔を赤くしながらきっぱりと「小説ではありません．ノンフィクションです」と答えた．「私は死にそうになった」と始まるこのメモは，地球人よりも多い人の数（の幻聴）に責め立てられ，宇宙を巻き込んだ戦いの中で，（妄想の）戦友に，あるときは救われ，あるときはその死に涙を流す．それは，教科書で学んだ異常体験から想像しうる限界を越えて，筆者の心に響いた．竜人は，書き始めたきっかけを，「自分の生きた証を残したい，そして，できるならば同じ症状で苦しむ方々に届けたいからだ」と語った．彼が自分の病気を自覚したのは，病気の体験を書いた

ほかの人の作品を読み，自分と同じだと気づいたからだという．それまでは「誰にも話すな」という幻聴の命令に従い，医師にも打ち明けることはなかった．この話を聴いたとき，彼を救ったのは，同じ苦しみを共感できる言葉だと感じた．そうして彼と同じように，多くの人に言葉を届けたいと思った．こうして私たちの本づくりが始まった．

「売れる本をつくろう」「いいことをして新聞に載ろう」を合言葉に，十数名のメンバーが集まった．当初はこれが仕事になるなどとは夢にも思わなかった．売れるということは，多くの人に認められることであり，社会に役立つことをして認められたい，書くことを回復につなげ，病気のつらい体験を言葉に変えて社会に役立ちたいというみんなの大きな希望があった．竜人は後の自作のあとがきにこう記している．「誰もが人生の中で一度は戦わないといけない．私も統合失調症という病気と戦い，自分の運命を変えようと半生をかけて戦ってきました．この作品を読んで自分を慈しんでほしい」[1]．

作品も集まり，編集会議を重ね，どのような小さなことも話し合いで決定した．雑誌の名前は『シナプスの笑い』．「笑いは回復の象徴である」との意見からだ．販売作戦を練り，直取引で書店に置いてもらった．恐る恐る踏み出した社会への一歩であったが，多くの方々に励まされ助けられ，社会の温かさを実感した．やがて，投稿作品を集めるためにも，広く活動してみたいと思うようになり，2006年，病院を離れ「NPO精神をつなぐラグーナ」を立ち上げた．理事には当初の活動メンバーである精神障害者5名，看護師2名，PSWの川畑，筆者の計9名が名を連ねた．「ラグーナ」とは「干潟」の意味で，海になったり陸になったりしながら，その底では続いていて豊かな命を育む干潟のような場になりたいとの思いを込めている．月に1回自由参加の会を開き，テーマを決めた座談会や企画編集会議を続けた．このような活動を続けるうちに，病院での関わりでは触れることのできなかった当事者が抱えるさまざまな生活の困難さを知り，社会の中でどのような支援が必要かを考えるようになった．このNPOの活動は皆，無報酬であったが，仕事の役割の中で精神状態が安定し，回復が進む印象を受けた．しかし，多くの当事者が仕事に就きたいと望んでいるにもかかわらず，精神障害者の求人は少なく，選択できる職種も少ない現状を目の当たりにした．

折しも2006年の障害者自立支援法の施行により，障害者の就労支援が開始された．これを受けて自分たちの活動を，そのまま仕事にできるのではないかと考えるに至り，2008年2月，株式会社ラグーナ出版を設立した．

(2) 会社設立の2つの目的

このように，弊社設立に至った目的は大きく2つである．1つは出版事業を通して精神病の理解を広めたいということ，もう1つは精神病体験者の仕事をつくり，仕事の中での回復を支援したいということであった．設立3年を経て，就労支援利用者は8名から32名となり，雑誌『シナプスの笑い』も16号を重ね，全国から投稿作品が寄

せられるようになった．雑誌のみならず，メンタルヘルスに関わる単行本の刊行も行っている．また作品を形にしたいという精神病体験者の希望に添いたいと考え，自費出版も少部数から受けている．

2011年3月には事務所を鹿児島中央駅前に移転した．中心街のアクセスのよい場を選んだが，これは社会資源を利用するにも至便性があり，社員も訪れる人も利用しやすく，社会とのつながりを実感することに役立っていると思う．

移転に伴い，自立訓練事業を開始した．障害や強みは個人差が大きい．そのため就労の場において，それぞれのニーズに合わせた細やかな支援の必要性を感じていた．働くことと学ぶことは切り離すことはできない．認知機能の障害を，学びと適切な支援で補うために，自立訓練を活用したいと考えている．

2 | サービス利用者の内訳

弊社の利用者の疾患別の内訳は下記の表12-1と表12-2に示すとおりである．

3 | 就労支援の実際

(1) 本人の意思を尊重した契約

就労支援において，会社と利用者は2つの契約を結ぶことになる．雇用における労働基準法に基づいた雇用契約と，障害者自立支援法に基づいた就労継続支援A型のサービス利用契約である．どちらの契約においても就労の期間の定めはなく，本人の意思に基づいて，就労を継続するか次のステップを目指すかを決めることができる．

当社の場合，勤務は1日3時間，週2日程度から開始し，月末に各部署全員参加で就労支援会議を行い，翌月のシフトを組みステップアップしていく．仕事は，編集，事務，営業，制作の部署に分かれ，各部に職業指導員，全体に2名の生活支援員を配置している．編集部は，出版業務として作品の選定，入力，編集，校正，組版作業，

表12-1　自立訓練利用者の疾患別内訳

疾患	人数（人）
統合失調症	13
うつ病	3
統合失調感情障害	2
双極性感情障害	2
適応障害	2
不安障害	2
気分障害	1
発達障害	1
混合性不安抑うつ障害	1
診断名なし	1

1日定員：12人，登録者数：28人
（2011年11月現在）

表12-2　就労継続支援A型利用者の疾患別内訳

疾患	人数（人）
統合失調症	19
感情障害（うつ）	5
強迫性障害	2
妄想性障害	1
双極性感情障害	1
不安障害	1
てんかん	1
発達障害	1
過敏性腸症候群	1

1日定員：24人，登録者数：32人
（2011年11月現在）

表 12-3 指定障害福祉サービスにおいて事業者に支払われる報酬

利用定員	報酬単価（1 単位＝10 円）	
	就労継続支援 A 型・B 型サービス費 （職員：利用者の比率が 7.5：1 以上）	自立訓練（生活訓練）サービス費 （通所による訓練）
20 人以下	585 単位/日	742 単位/日
21 人以上 40 人以下	522 単位/日	662 単位/日
41 人以上 60 人以下	490 単位/日	629 単位/日
61 人以上 80 人以下	481 単位/日	604 単位/日
81 人以上	466 単位/日	567 単位/日

表 12-4 本人に支払われる給与・工賃

区分	契約の種類	賃金の名称	最低額
就労継続支援 A 型	労働基準法に基づく	給与	鹿児島県 647 円（労働基準法）
就労継続支援 B 型	労働基準法に基づかない	工賃	1 か月当たりの工賃の平均額は，3,000 円を下回ってはならない（障害者自立支援法）

(2011 年 11 月現在)

また，名刺，広報誌，チラシの作成作業も行う．制作部では製本，本の修理などを行う．事務部では会社の一般的な会社の事務をこなし，営業部では取引先を回り，オンライン販売などに対応する．

なお，就労支援にいて事業所に支払われる報酬を表 12-3 に，本人に支払われる給与・工賃を表 12-4 に示す．

(2)「目標」と「健康」という 2 つの自己管理

支援で心がけていることは，常に大きな目標を確認しながら日々の目標を設定すること（目標管理）と，出勤状況，体力，意欲，気分の安定度，集中力を把握すること（健康管理）である．目標管理では，個別支援計画において，まず自分で長期（1 年後）と短期（3 か月後）の目標を立て，各自の目標に添って具体的な月間支援計画を立てる．健康管理では，毎日，睡眠，服薬の状況，業務前と業務後の体調，集中力，疲れ具合，達成度を各自でチェックし，支援員がコメントを記す．これは周囲との作業能力の比較ではなく，自分の状態を把握し，客観的な記録によって自己の評価を高めてもらう目的である．

(3) 社員の紹介

a タイキ（仮名） 27 歳・制作部

19 歳の学生の時発症し，9 か月入院．体が動かず意欲も低下し，絶望的になったこともあるという．約 1 年半自宅療養を続け，徐々に外に気持ちが向かいアルバイトに挑戦する．病気を非開示で働いたが，緊張で疲労困憊し，どのアルバイトも長続きしなかった．考えを変え，デイケアに 1 年間通う．その後，ラグーナ出版に入社し，約

1年半が経過．体力作りに励み，皆勤を目指して自分で心身を整えている．自分の目標を立て，明るく前向きにがんばる様子は職場に生き生きとした雰囲気を作り出している．

働いてよかったことを尋ねると，以下のように答えてくれた．

- 自分も社会の中でささやかながら世の中に貢献しているのだなという充実感が生まれた．
- 堂々と道を歩けるようになった．
- 生活のリズムができた．

ⓑ 星礼菜（仮名）　32歳・編集部

大学では美術を学び，出版社などに勤務するも 25 歳のときに発症し，退職．その後，通院しながら仕事を転々とするが長続きせず，症状が悪化．2 か月入院．ラグーナ出版に入社後は，イラスト，編集と大活躍，3 年を経て短時間正社員となり後輩の育成にもあたっている．

働いてよかったことは，

- 仕事をする自分を大切に思うようになった．
- 人を信じることができるようになった．
- 悲観的に考えることが減った．
- 病気のことで引け目を感じることがなくなった．

ⓒ 白鳩（仮名）　34歳・営業部

高校を卒業後，アルバイトするも長続きせず．その後，家族以外との関わりをもたずに 10 年近くが経過．病気とは思わずにいたが，ある人の勧めで保健所に相談し筆者に出会った．はっきりとした幻覚妄想を認め，構築された妄想に生活全般が支配されており，家族の協力を得て受診，服薬を勧めた．服薬を続けるうち幻覚妄想が改善，現実感も出て生活への意欲も生まれた．デイケア参加のあと，NPO 設立直後よりラグーナでの活動を開始し，就労を続けている．

働いてよかったことは，

- 人との接点ができたこと．
- 規則正しく出勤することで生活にメリハリがついた．
- 社会参加もしている実感で，病気が改善し，両親の心的負担・不安も軽くなった．

(4) 仕事の現場での対処

注意，集中力，問題解決技能の低下など，いわゆる認知機能の低下に対しては，まず長期的な視点が重要だと考える．

仕事の現場では，計画性，初めて取り組む仕事への理解力，適応力，全体の工程の把握，突発的な出来事に対する柔軟さなどが要求される．集中力，注意力の障害は，注意力が低下するというより，すべてのものに注意がいってしまい，必要なものに集中できない，また一度に複数のことがあると混乱するなどが原因として考えられ，それに対しては，仕事を細かく区切って 1 つずつ行う，手順を踏む，繰り返し説明する

などの対処を行っている．対人関係では，相手の考えを察することが難しく，相談できない，などがあり，考えを言葉で伝え，話の道筋をつけるなど普段から心がけている．しかし，障害の有無に関わらず，初めて取り組む仕事や突発的な出来事への対処は，程度の差はあれ困難な場合が多い．「あせらず，確実に」という声かけと，慣れるのを待つ視点が支援者にとって重要だと考える．

4 | 自立訓練（生活訓練）の併用

自立訓練（生活訓練）では，自立訓練のみの利用者27名に加えて，就労支援部から20名の利用者が参加している．

自立訓練の大きな目標は，家庭，地域，社会参加のための生活リズムを確立し，それぞれの場で役割を担える力を身につけることである．プログラムは，疾病理解のための「心の力の育て方」（心理教育），対人関係スキルを身につけるSST，聴き方，話し方教室，体調管理のための栄養教室，ヨガ，スポーツ，就労に備えたパソコン教室，製本教室，趣味を広げる英会話，押し花などがあり，就労部と同じく，各自の必要なニーズに応じて目標管理，健康管理を行っている．両部を併用したことで，生活リズムが安定し，対人関係能力や問題解決能力が向上し，職場での緊張・不安が改善した利用者が増えたと実感している．

5 | ピアの力

利用者に職場の雰囲気について尋ねると，1つに「いじめがない」ことを指摘してくれた．それ以後改めて職場の様子をみてみると，感情的な巻き込みや動揺，他者への干渉が少ない一方で，相互に協力しあう力が非常に大きいことに気がついた．スタッフが介入する前に自助で問題解決の工夫がなされたり，協同作業の達成の喜びを分かち合っている．このことはスタッフにとっても穏やかな居心地のよい雰囲気を作り出していると思う．

6 | 就労支援の開始前と終了後の問題

(1) 支援開始までの問題

当社の利用者は，病院や保健所，当事者間の情報などで来所することが多い．また時には，社会生活の困難さで家に引きこもり，精神科を受診したことがない方からの相談も寄せられる．しかし，現行の制度では，自立支援サービスを受けるためには障害の診断が必要であり，医療が関わっていない場合のサービス受給はできない．この方々をどこで支援するかという問題を考えると，今後の精神医療福祉の役割は大きい．また，どこに相談すればよいのかわからなかったという声もよく聞かれる．支援に到達する前に道に迷わないためにも，適切な情報や相談窓口が必要であろう．

(2) 支援終了後の問題

就労支援で働く自信をつけ，そのあとに一般就労を希望される方は多い．しかし，精神障害者雇用の求人は少なく，職種も限定され，非常に厳しい現状である．

精神障害をもちながら働きたいと思ったら，当社のような障害者自立支援法の就労継続支援事業所での就労のほか，一般企業での就労，もしくは自営で働くこともあるであろう．

後に今後の課題として挙げるが，医療と福祉，職業リハビリテーション機関，雇用事業所などとネットワークをつくり，そのサービスを使いこなすことは今後の課題と考えている．

日本の精神障害者の制度的背景

日本の精神障害者雇用は，2006年の障害者自立支援法とともに始まったばかりである．歴史的背景と制度をたどると，精神病はいつも医療と福祉の狭間にあった．病者としての長い歴史のあと，1993年の「障害者基本法」により初めて法的に障害の認識が入ってきた．つまり，それまでの「精神病者」から「精神障害者」と法的に承認されたことから，社会福祉の対象となったのである．その後，2004年に厚生労働省は，「入院医療中心から地域生活中心へ」というその基本的な方策を推し進める「精神保健医療福祉の改革ビジョン」を打ち出した．

2006年の障害者自立支援法では，「障害者の地域生活と就労を進め，自立を支援する観点から，障害者基本法の基本的理念にのっとり，これまで障害種別ごとに異なる法律に基づいて自立支援の観点から提供されてきた福祉サービス，公費負担医療などについて，共通の制度のもとで一元的に提供する仕組みを創設すること」とし，身体・知的・精神の3障害が一元化された．「就労を進める」とされたこの法において，就労継続支援事業が開始し，企業においても精神障害者雇用が障害者雇用率に算定されるようになった．しかし，障害者雇用の中に身体と知的は雇用が義務づけられているが，精神障害の場合は算定はされるものの，いまだ雇用の義務はない．

つけ加えると，障害者手帳の問題がある．企業が障害者法定雇用率1.8%に算定するには障害者手帳の確認が必要となるが，手帳をもたない精神障害者も多い．また身体や知的の場合，原則として手帳に期限はないが，精神の場合，状態が固定しないことを理由に2年ごとの更新が必要となる．このため，障害の状態が改善すればするほど，次回の手帳の更新時に障害者雇用非該当となる可能性を懸念する矛盾もある．

地域とつながりのある福祉サービスであること

地域生活中心への移行を打ち出し退院支援を進める現行制度の中で，退院後の生活のどこまでを想定できるだろうか．前述のように，日本では「入院医療中心から地域生活中心へ」という基本施策が出されてからまだ間もないが，欧米では脱施設化が進

められて久しい．諸外国の医療・福祉サービスをそのまま日本に応用することはできないが，ここでは，我々が遠い指標においているイタリアの事情について述べたい．

周知のとおり，イタリアでは1978年にバザリア法により，精神科病院が廃止され，その治療は病院から地域へと移され，地域精神保健サービス機関が医療・福祉サービスを担うこととなった．この移行策により，70年代末には多くの人々が病院を離れて地域に暮らすこととなり，その結果，社会的不利益を被るとされる人々，つまり「アルコール中毒者，受刑者及び元受刑者，身体障碍者，精神・感覚障碍者，年少者，精神病患者，薬物依存者，その他社会的排除状態の人たち」のさまざまな生きにくさが，はっきりと浮上してきた．この問題への対応が遅れがちな公的サービスに先んじて，市民が資金も自己調達で自主的に行う「福祉サービスや労働を通じた社会参加を求める実践」[2]が各地で起こった．「従来の制度的枠組みの中では耳を傾けられることのない，さまざまな『生きにくさ』や社会矛盾に直面する当事者たちが，自らの手で克服を探るところから」[3]働く場の提供や福祉サービスの活動が始まり，これはやがて社会的連帯協同組合として組織されていく．

1981年，法的な保護もないまだ早いこの時期に，当時の教皇ヨハネ・パウロ2世は，「働く人々が自分自身の労働に基礎をおいた『共同所有者』になること」を「人生への積極的な参加」として奨励し，社会的連帯協同組合の活動を支持した[4]．1980年代には，社会的連帯協同組合として，市民の自主活動から地方政府レベルの制度化が進み，さらに1991年には社会的協同組合に関する法(国法第381法)が成立した．この法は，「社会的協同組合は，市民の人間としての発達および社会参加についての，地域の普遍的な利益を追求する目的とする」もので，障害者のみならず地域のさまざまな団体の長や個人がボランティア組会員などとなり，このことにより地域の利益を実現しやすくなる．これらは，社会サービスを行う協同組合(A型)と，社会的に不利な立場の人々の労働参加のための協同組合(B型)に分けられる[5]．

このようにイタリアにおける「社会的協同組合は，雇用の調整弁でも，失業対策でも，アウトソーシングの対象でも，『セーフティネット』の一端でもない．そうした機能を担う部分が全くないとはいえないものの，より本質的には，人々の叫びに支えられて形を成す」[6]ものである．日本にそのまま応用できないにしても，こうしたイタリアの手法から学ぶべきものとして，いつも念頭においていることが2つある．まずは，支援は常に地域に根ざしたものであるべきという認識である．障害者の社会参加は地域にとっても役に立ち利益となる，つまり障害者雇用が，単なる支援のためではなく，障害者が働き育まれることで，社会と障害者双方にメリットのある社会的資本となり，長期にわたる効用があるとされる点である．また，前記のように社会的協同組合では，A型，B型としてそれぞれ福祉・教育サービスと就労支援サービスを両輪に携えている．学ぶことと働くことは1枚の紙の両面のように切り離せない．前述のようにわれわれの活動においても，就労支援に遅れて自立訓練(生活訓練)事業を始めたが，仕事上の問題を自立訓練の個別支援により解決し，仕事にフィードバックするという流れは予想以上に効果を成している．これらの活動をより地域に開放し，地域

の人々との交流をもつことができれば，障害福祉サービス指定事業所としても地域に根ざしているといえるのではないかと考えている．

暮らしながら，働きながら，回復するために

1 医療と福祉の連携の重要性

　地域の中で実施される医療サービスには，デイケアや訪問看護などのほかに，アウトリーチなど新たな手法も地域に紹介されつつある．一方，福祉サービスには，障害者自立支援法による種々のサービスのほかに，就労を支援する職業リハビリテーション機関がある．職業リハビリテーション機関とは，ハローワーク，地域障害者職業センター，障害者就業・生活支援センター，障害者雇用支援センターなどであり，これらの機関は，就労を希望する方々に対して個別に適切な支援ができるよう，種々のサービスを整えている．しかしそれぞれ，医療とのつながりは十分とはいえず，相互の連携も少ない．現実的には，就労を希望する当事者が，自分でいずれかの機関を探し尋ねることが多く，そこに医療，特に主治医の就労への勧めがあることは少ない．また職業リハビリテーション機関から医療へのフィードバックも少ない．

　2008〜2009年のハローワークのデータ[7]によると，障害者相談窓口を利用する精神障害者の求職者のうち職に就いたことのない者は5％以下である．精神病が思春期に発症することが多く，就労の経験がないまま療養が長期にわたる場合は少なくなく，この場合，窓口に来るまでの支援も必要となろう．前述にサービスに到達するまでの課題を挙げたが，この5％以下という数字は，サービス受給以前の医療の支援が必要な値を表しているのではないか．また，逆に相談者の10％は4回以上の就職経験であり，これは転職を繰り返すことを示しており，就職後の職場定着率の低さも際立っている．

　就職者の約1/4が就職後1か月未満で離職，約1/3が就職後3か月で離職するという一方，就職後12か月で継続して在職している方が約4割である．在職・離職に関連する項目として，適応指導の有無，求人種類，障害開示などが挙げられている．

　企業ヒアリングによるデータも分析されているが，雇用管理上の問題点としてコミュニケーションの難しさ，体調の不安定さが挙げられている．就労当初は病状悪化や対人関係の問題があったが，対策をはかったことにより問題はあまり起きなくなったとする雇用主も少なくない．この結果からは，就労時の適応指導や適切な対策を図ることにより，就労が安定するということが想定できる．疾患の特性をよく把握している医療支援が適切な時期に介入できれば，当事者にとっても雇用主にとっても安定をみるはずである．障害が固定しないという疾患特性に対しては，これを補強するのが医療と福祉のネットワークの力であると思う．

　就労を希望するときも，雇用を考える企業の側もどこに相談すればよいのかわかりにくい．職業リハビリテーション機関にあるさまざまな情報や雇用支援の制度に関す

る情報も1か所で得られることができるよう窓口を決め，相互に協力し合えるネットワークの構築が必要である．そのためには支援のネットワークに医療を組み込むことは欠かせない．ネットワークの中で医療が機能すれば，地域の支援を利用して入院中からの退院支援，就労の準備なども行えるのではないかと考えている．

地域で生活をするためには，地域の中でのリハビリが効果を上げるはずである．

2 医療の役割としての疾患・障害特性の見立て

3障害が一元化された福祉サービスが提供される中で，精神障害がほかの2障害と大きく異なるのは，障害が固定しないということと，疾患によっても支援が大きく異なるという点である．たとえばうつ病の支援と統合失調症との支援では，その手法は全く異なる．診断はもとより，何がその人の障害であるのか，疾患特性に基づいた支援を見立てて，認知機能障害への対処の仕方など専門的なノウハウを福祉サービスに提供することは，医療の大きな役割であると思う．就労支援の場合，サービス受給決定の前にサービス事業所に医師の意見書を提出し，それをもとに支援計画が立てられる．まずここで適切な情報が提供される意義は大きい．

明確なネットワークが制度的に確立されていない現在，働きたいという希望があれば，主治医，医療スタッフから関連機関と連携をとり，さまざまな支援を希求することもできるのではないか．1人ひとりの地域支援を通じてネットワークが確立できるのではないかと考えている．

3 福祉の役割としての強み(ストレングス)の見立て

実際の仕事の現場で障害がどのような形で現れ，また個人にどのような強み(ストレングス)があるかということは，診療の場面で理解することは難しい．

治療という観点からは，問題を見つけて治療を考えなければならないが，就労の場では，その人のできるところを実践的に見つける必要がある．さらにいえば，できるところに仕事を合わせることもできるのだ．

筆者は，主治医と就労支援の両方の立場で関わりをもつことがあるが，その度に診察室では想像もつかなかった利用者の姿に驚かされる．それまで話題にも上らなかった趣味や得意なことを知ったり，まじめさや思いやりに心をうたれたりする．また本人からは訴えのない生活上の支障に気づき，日中のだるさや眠気が薬の調整で改善することもある．福祉サービスで気づかれる日常の様子が医療にも反映されれば，一層の回復が進むであろう．

● まとめに代えて

ここでは，病院での勤務と就労支援，生活訓練の現場での勤務を通して，筆者が

日々感じている「地域で暮らすこと」について述べた．

病状を診る医師の立場としては，退院や就労への判断に迷うこともあるが，実際に現場に出てみると「地域の暮らしの中で回復していく」ことを目の当たりにする．そのためには，医療と他の支援機関をつなぐネットワークが必須であり，またそのネットワークそのものがゆるやかに多様性をもって地域に開かれ，地域に根づいたものでなければならないと感じている．

最後に，1人の女性の半生を紹介したい．

2009年，当社から初めて刊行した単行本『風の歌を聴きながら』[8]の著者である東瀬戸サダエさんは，統合失調症を発症して45年，家族の引き取りも叶わず，22年間の入院の後に療友と2人で住むことを決断して退院，その生活とともに生きた人々の姿を温かな視線と短歌で綴った．「籠り泣く部屋もなければ ひたぶるに ただひたぶるに大地を歩く」と詠った入院生活から退院して20年，切り詰めつつましやかな生活を「王侯貴族のよう」と喜び，世間に感謝し，「風の歌幾春秋を唄いつつ 残りし生を抱きしめるなり」と唄う．

この本には，中井久夫氏が書評を寄せてくださった[9]．「『統合失調症は私の財産，人生とは最後まで生き抜くこと』と長期療養に『腹をくくった』人の生活の記録である．(中略)統合失調症を『私の財産』にしたのは，真珠を真珠貝が作るに似た命の営みだと感じてしまう．病気は人を豊かにすることもあるのだ．(中略)そういう資質を予想よりも多くの患者が秘めているのではないだろうか」．

「たった一度の人生だから」と彼女が言うとき，このことばの重みに心をうたれる．退院には，家族や主治医の応援があったはずだが，彼女自身が強い決意をもって道を開かなければ，果たしてどのようになっていただろう．

現在ではチーム医療が進められるが，24時間病気と付き合っている人に対して，いまだ医師の役割は大きく責任は重い．治療方針は生活全般に影響を及ぼし，主治医の意見に留まることも一歩を踏み出すこともあり得るのだ．地域で暮らす希望に対して，精神科医は傍観者であってはならないと思う．難しく思えても希望に寄り添い，互いの意見を正直に交わすことによって，道が開けるのではないか．筆者自身，働けるかどうか判断に迷うことがあれば，具体的にその点を伝え，正直に向き合うことでお互いの余裕が生まれた．よく話し合うことで，リスクを恐れず「何かあったら休んでリセットすればいい」と言えるようになった．地域で暮らす支援の最初の一歩は，地域での暮らしを支援するという主治医の意識であると思う．地域で生きようとする方々がその生活を慈しむことができるよう，力を合わせたいと願っている．

会社設立以後，多くの方々のご支援をいただいた．なかでも，障害者雇用を専門に全国6,500社以上の会社を訪問され，研究を続けておられる法政大学教授の坂本光司氏には多くのご指導をいただいている．氏は，「人の幸せは，働くことをおいて得ることは不可能である．なぜなら，人は，愛されること，ほめられること，人に必要とされること，人の役に立つことで幸せになる」[10]と書かれている．筆者は，ともに働くことで，回復を見つめ，ともに喜びともに支える幸福を得た．この体験を，多くの

方々に伝えたいと願っている．

● 文献
1) 竜人：世界はなにかであふれている．ラグーナ出版，2002
2) 田中夏子：イタリア社会的経済の地域展開．p 64 日本経済評論社，2005
3) 田中夏子：イタリア社会的経済の地域展開．p iv 日本経済評論社，2005
4) 田中夏子：イタリア社会的経済の地域展開．p 63 日本経済評論社，2005
5) 田中夏子：イタリア社会的経済の地域展開．p 71 日本経済評論社，2005
6) 田中夏子：イタリア社会的経済の地域展開．p v 日本経済評論社，2005
7) 独立行政法人高齢・障害者雇用支援機構 障害者職業総合センター：精神障害者の雇用促進のための就業状況等に関する調査研究(調査研究報告署 No. 95，http://www.nivr.jeed.or.jp/download/houkoku/houkoku95_summary.pdf)．2010
8) 東瀬戸サダエ：風の歌を聴きながら．ラグーナ出版，2009
9) 中井久夫：図書新聞．2010 年 2 月 13 日付
10) 坂本光司：経営者の手帳．p 212，あさ出版，2010

（森越まや）

第**3**部

座談会

座談会

精神科入院・地域ケアの行方

水野雅文氏（司会） 　　澤 温 氏 　　佐久間 啓氏 　　窪田 彰氏

> 第3部では，執筆者らによる座談会の模様を紹介する．スタッフの意識改革や地域住民への地道な説明，医療と福祉の連携など，これまでの取り組みにおける苦労や工夫を披露するとともに，これからの精神科医療がどうなっていくべきか，その中で精神科病院やクリニックがどういう役割を果たしていくべきかなどについて議論を展開した．

水野（司会）　「地域ケア」という言葉がありますが，病気の発生という点からみますと，病気を早く見つけて早く治療し，できるだけ社会のネットワークの中，ソーシャル・インクルージョンといいますが，その中で患者さんをみていくということが理想ではあります．しかし，もちろんなかには入院をする方もいらっしゃいますし，これからいろいろな意味で精神科の医療サービスの形も変わっていくだろうということは予測されるところだと思います．

一方で歴史的には，長く精神科病院に入院している方，そういう方をなるべく退院させて地域でみていこうという流れがあります．恐らく外国も同じだと思いますが，わが国では特に地域支援，地域での医療というと，よいか悪いかはともかく，まず「入院から地域へ」という流れが議論の前提というか，要するに地域ケアというのは長期入院から退院することで，そこが出発点になってしまっているというところが現実としてはあると思います．もちろんそうではない動きも歴史的にもたくさん出てきていますが，大きな流れとしてはそういう状況があって，どこの病院もある程度はそのことについて意識せざるを得ませんし，必要性も感じているのではないでしょうか．

ただ，長らくこうした退院支援のことがいわれているにもかかわらず，実際に患者さんとどのように関わったり，あるいは病院の経営も含めてどのように展開していけば，地域の中で存在意義がある医療活動をやっていけるかということについては，明確な答えはありません．厚生労働省が

地域ケア実践の歴史と変遷

「こうやるといいよ」とモデルを提示してくれるわけではなく,「数を減らしましょう」とか「地域に出て治療するのが大事です」という話ばかりが伝わるところです.そこで本書では,これまでの入院中心型の医療サービスから地域中心型の医療サービスへの転換という流れの中で,「長期入院患者の退院」という決して簡単ではないテーマに取り組み,成功してきた先生方にその体験をかなり具体的に教えていただきました.全国にはいろいろな病院があり,地域差もさまざまです.1つのひな形をみてみんながそのとおりにやればうまくいくというものではもちろんありませんので,できるだけ多くの先生方に取り組みを紹介していただきました(第2部第1〜8章).

また,むしろ地域から始まって地域で支援していく,急性期治療も含めて地域で完結していくという発想もあります.長期入院の方が入院施設のないところに帰ってきて,その後再入院せずに地域に定着する.そういった点での地域支援をやっていらっしゃる先生方にご登場いただき,経験を紹介していただきました(第2部第9〜11章).

最後に,長期入院の方が退院したあと,生活保護や障害年金を受け取ってはいらっしゃいますが,生活の喜びや自立した経済活動,そしてそれを支えるには収入も必要になってきますので,最終的には就労支援も重要になるかと思われます.せっかく退院したのであれば,特に若いうちであれば仕事をできるくらいにはなりたいという人が多いでしょうし,退院したけれど入院生活よりも辛い毎日が待っていたということでは元も子もありません.そこで「精神障害者の方の就労支援」という観点から「ラグーナ出版」の取り組みを紹介していただきました(第2部第12章).

以上のように,先生方の視点や方針,抱負,コツなどを披露していただく中で,読者諸氏が自分のモデルとしたいところを深く読んで,いいところをまねしていけるような本になればいいなと考えております.

前置きが長くなりましたが,以上をふまえてこの座談会では,よりご自由に日頃のお考えなどをご披露いただければと思います.

地域ケア実践の歴史と変遷

●「よくなったら退院」,それに尽きる

水野 それではまず,ご自身の地域ケア実践の歴史などを振り返っていただければと思います.澤先生から,お願いいたします.

澤 私は1987年にさわ病院の院長になりましたが,それがちょうど精神保健法ができる年でした.社会復帰ということがどうなっているのかよくわからなかったのですが,たまたま精神医療などに詳しいジャーナリストの大熊一夫さんが「イタリアに地域医療を見に行きませんか?」と誘ってくださったので,イタリア,デンマークの状況を見に行きました.そこでたとえば,それほどお金もかけず,製材工場の建物を少し改造して退院者のアパートに変えたり,独り言をぶつぶついって喫茶店でタバコを吸っている人の灰皿のタバコが燃え出して,灰皿が割れても,店員が平気で片づけている様子などが見られ,地域の受け入れ体制も問題なく,「ここまでやっているのだな」と感じたのが私の1つの大きな転換であったのは事実です.

ただ,今思い返してみると,それまで何もしなかったかというと決してそうではありません.1980年頃,私は某大学にいたのですが,パートである民間病院に行きました.そこで女子病棟を診させてもらっていて,ある患者さんを外泊させたら大丈夫そうだったので「では,もう退院だね」と言いました.そうしたら院長から「うちのルールにちゃんと従ってもらわないと困る.開放病棟を通ってから退院するものだ!」と怒られまして….「私は医者になってからそんなルールがあるということは聞いたことがない.だったら辞めさせてもらう」と反論したところ,翌日電話がかかってきて「だったら辞めてください」と本当に辞めさせられました.そのときも「よくなったら退院だよね」という気持ちは自分の中にあったのだろうと思います.いずれにしても先ほど言った1987年は大きな転換だったのは事実だなと思っています.

それから当時知り合ったPaolo Serra先生とい

う方を日本にお招きし，私の病院へきた際に「この病院は患者さんが薬でひょろひょろになっていなくて安心しました．でもなぜ，この人たちがここにいるのか不思議です．患者さんと看護師さんを一緒に地域に出していったらどうですか？」と言われました．「簡単な論理だよな」と考え，それをずっとただ続けてきただけです．そして基本的にはそれに尽きるということです．

- 理想と現実の溝を埋めるために

水野 ありがとうございます．それでは次に佐久間先生，お願いいたします．

佐久間 私は大学にいたり，研修したりしたあと，米国で病院管理を学びつつ，いろいろな人や医療を見てきました．その後，突然自分の地元の病院・あさかホスピタルに帰ることになって，その後しばらくはこの病院をどうしていけばいいかとずっと考えていました．当時の病院は慢性入院患者の多い収容型の病院で，少なくとも病院を運営するのにはどうしたらいいだろうと3年ぐらいひたすら悶々としていました．そうこうしているうちに，「この病院は今まで自分が考えてきた医療とかけ離れているな」「なんとかしなきゃいけないな」と思いました．目の前の現実と自分のやりたいことがかけ離れており，この溝をどうやって埋めていくかということを考え始めました．そんなときに，澤先生の病院を見せていただいたこと，また水野先生に紹介されて Ian R. H. Falloon 先生のイタリアのワークショップに行ったことなどはとても大きかったです．澤先生はわが国の保険や制度にとらわれず，自分がいいと思うことをやっておられることに大変感銘を受けたことを覚えています．

それからイタリアでは現地の精神科医の先生に，今まで自分たち精神科医がやってきたことを「ちゃんと直視しろ」と言われました．「ずっと入院させておくことが本当に必要なのか？」「日本では必要なのか？」というのをかなり言われ，やはり文化背景の違いがあるとはいえ，精神医療の違いを実感して帰ってきて，じゃあ何ができるのかということを考えるようになりました．

でも正直にいうと，大学や研修でちょっと勉強しただけで，地域医療や病院の医療をどう変えるかとか，そういう発想はなかなか培われないのではないかと．私自身もそうでした．国内・国外の医療現場を見て知見を広め，改めて精神科病院がどうあるべきかを考えました．

- 日本一の精神科医療過疎地での取り組み

水野 ありがとうございます．それでは窪田先生，よろしくお願いいたします．

窪田 私は1978年11月に都立墨東病院という東京の下町の総合病院で，わが国で最初の精神科救急事業の始まった際が，錦糸町のコミュニティケアに関わった最初です．

始まって1年ぐらいの間に，救急の患者さんたちは平均在院1か月程度で退院するものですから，外来にそういう患者さんたちが増えてきたのですが，彼らの行き場が全然ない．当時の東京の下町，錦糸町を中心とした周辺は人口140万人くらいのところに精神科病院が1つもありませんでした．外来医療も数えるぐらいしかない．もちろん当時は共同作業所という場もない．デイケアもほとんどやれないという状況ですから，日本一の精神科医療過疎地だと思いました．人口140万人といいますと中規模の県1つに相当しますが，そこに病院が1つもなくて，墨東病院の救急30床ができたのが初めてだったわけですから，これは開発途上型の医療をしなければいけないと思いました．

墨東病院に入って間もない頃でしたが，英国のフルボーン病院やディングルトン病院といった当時の治療共同体で大変有名だった病院を見学させていただきました．それからまた10年ぐらいしてから，今度は英国南部のトーベイという，精神科病院をなくして全部地域ケアにしてしまった地域を見学しました．そのときに，錦糸町のように日本一の精神科医療過疎地は，逆にいえば新しい形の医療ができる基盤があると考えたほうが話は早いと思いました．退院しても病棟に遊びにくるものだから，病棟ホールが退院した患者さんたちでいっぱいになってしまったのです．そこで，退

院した彼らの行き場を作らなければいけないと考え，お金がないから寄付を集めて街中に部屋を借りて，いわゆるクラブハウスをスタートしたというのが，共同作業所も何もなかった時代に最初に取り組んだ活動でした．

間もなく区が補助金をつけてくれたので，わが国で最初に公的補助金のついたクラブハウスとなりました．さらにいろいろな人たちが集まると，仕事もしたいという思いも出てきました．東京都も共同作業所に対する補助金をつけてくれたので，いつしか錦糸町内の徒歩10分圏内に，今では地域生活支援センターとか就労移行支援事業所などが6か所に増えました．

取り組みから8年ほど経過した頃，「そろそろ医長にしてあげるから転勤だ」と言われたのですが，錦糸町に残る決心をして公務員を辞めることにしました．

- 包括的な精神科地域ケアの実践

水野 いざクリニックを開いてみて，何か気づいたことなどありましたか？

窪田 地域ケアとしては，まずデイケアやナイトケアもしなければいけない．さらにグループホームもと思いました．でもそのグループホームは6〜7年で閉めました．というのも，グループホームをやっていたら，都の監査で妙なことを言われたのです．たとえば，利用者は昼間働いて夜帰ってきますので，職員には夕方から翌朝までの勤務にしてもらっていましたら，「世話人は昼間の勤務にせよ」と言われました．理不尽に思い，そこで訪問看護を活発にやってみたら，グループホームよりも訪問看護のほうがお金はかからない．東京のグループホームは1人あたり大体年間200万円補助金が出ますから，6人で1,200万円の税金を使う．訪問看護でやると税金からの出費は半分以下ですみます．そのほうがむしろ手厚いケアができる感じがしたので，患者さんにはアパートに生活してもらってグループホームは閉めました．ちょうど職員も異動の時期だったので，そこは閉めて，訪問看護に切り替えました．そして今から3年ほど前に訪問看護ステーションを立ち上げました．

小さなクリニックでスタートしましたが，気がついたら街の中に小さな場所がたくさんできていて，利用者が場を選んで自分のライフスタイルを作れるようになりました．これはいうならば，包括的な精神科地域ケアというようなものかなと思いました．狙ってやったわけではなくて，お金がないから小さいものを1つずつ，補助金をもらったりしながらこつこつと作ってきたのです．私の事例の中に地図が出ています（p115の図9-3参照）．こうなってみると地域住民は「あそこは精神科というけれども割と普通の人だよね」という話になって，街の人から受け入れられたみたいですね．現在では街の中，徒歩10分圏内に，10か所ぐらい精神保健関係の場所がありますから，職員や利用者としては「この街は私たちの街だ」という気持ちになりました．

水野 近隣住民の方々の反応はどうでしたか？

窪田 私が墨東病院に行ってから30年以上経ちますが，いまだかつて反対運動は出たことがないですね．それくらい街に溶け込んでいます．クリニックを新築するときに地域住民の説明会では多少いわれましたが，高さの問題をいわれたぐらいで，精神科だから嫌だという声はほとんどありませんでした．「もし，うちの自動車に石を投げられたらどうなのですか？」といった質問がありましたが，反対運動というのは今までありませんでした．

●2つの精神科—大学病院と精神科病院との乖離
水野 私は大学病院勤務が長かったのですが，その前の大学院時代に週に2日ほど慢性期の精神科病院に勤務したことがあります．外来もあまり患者さんがこないし，退院する方はかなり高齢で死亡退院に近いような方が多いという状況のその病院に4年間，お世話になりました．その2つの時間，大学病院に行って外来を診ているということと，週に2日の精神科病院で過ごす時間というのが，同じ精神科なのに自分の中ですごく乖離したものに感じられました．そして統合失調症の人はどういった生活のステージを経ていくのだろうという思いが募ってきました．その精神科病院に行った日には，自分でやることを探さなければ特に何もないんです．処方もずっと同じですし，カルテも大抵1週間に1行，「グラット」と書いてあるというようなところです．「これは困ったな」と思っていたところ，先輩の先生から，「そうはいっても1年に1人だけでも退院させるとか，何かしら目標をもって患者さんと関わるというのが大事だ」と言われまして，では4年間で4人，退院させようと．その病院はソーシャルワーカーがいましたので，その人と患者さんと一緒にアパートを見に行ったりしていました．そういうことが自分にとってのソーシャルワークの始まりだったように思います．

そのあとに，1993年からイタリアに2年間留学する機会がありました．元々は神経心理学の勉強で行ったのですが，行く前から「イタリアは精神科病院がないらしいぞ」という話を聞いていましたので，是非行っている間に精神科病院なしで成り立つ実態を見てこようと思いました．現地でいくつかの地域を見ている中で，偶然出会ったのがFalloon先生の本[1]で，そこから彼本人とも知り合うことができました．実はイタリアも病院を閉鎖するということは国会決議で決まりましたが，では閉鎖したあとの患者さんをどうするか，どうやって地域の中でみていくか，あるいは予算措置の仕方をどうするかなどについて，何も決まりはありませんでした．ですから，地域ごとに創意工夫したり，あるいは米国や英国から家族介入やリハビリテーションの専門家と称する方が売り込みにきたりして，地域ごとに全く違うプログラムが動いていたという状況でした．それにしても，病院という名前をなくしただけではあっても，本当にかなりの人が地域のグループホームのようなところで生活している姿を目の当たりにしまして，実はいろいろなアプローチの仕方があるのだなと感じました．

また，脳機能の回復という点で，脳の可塑性というか，長らくいわゆるホスピタリズムといわれていたような刺激の乏しい環境の中にいた人でも，地域に出て行ったり，あるいは地域で生活するというさまざまな刺激が入ってくる中で，だんだんと表情を取り戻したり，生活の仕様が広がっていくといった話を聞くにつけ，いろいろな形で脳機能の回復と社会生活の広がりというものをつなげるような仕事を是非考えてみたいなと思ったのも，このテーマに取り組み始めたきっかけです．

精神科医療の現在と未来

水野 それでは続いて，今日お集まりの先生方は基本的には地域での治療，それからサポートに対して賛成のお立場で，もっというならば「関わるべき」とお考えの先生ばかりだと思いますが，しかしわが国の精神科医療の現状においては，これまでの精神科病院の役割などもあり，必ずしも全面賛成という状況ではありません．そうした中で，それぞれの立場から，これからのわが国の精神科医療がどんな形になっていくのか，あるいは現状の退院支援・地域移行という流れが加速するポイントがあるとしたら，どんな時点で加速していくかについて，わが国の精神科医療全般の未来像やご自身のお考えなどをお聞かせいただけたらと思います．

●残念ながら報酬や罰則がないと何も進まない
澤 先日，厚労省の人とどうして医療観察法の指定通院医療機関が増えないのだろうという話になったときに，私は思いついたことを言いまし

た,「何かメリットがあるか,やらないと罰則を食らうか,もしくは精神論でいくしかないでしょうね」と.退院支援・地域移行も同じだと思います.要するにreward(報酬)かpunishment(罰則)しかない,極論を言うと.「お金が入る」というrewardもあるし,反対に「お金を削られる」というpunishmentもあるけれども,もうちょっと精神論的にいうと,やはり医者になったのだからこれぐらいはやって自己満足したいとか,人の喜ぶ顔が見たいとか,周りから悪くいわれないようにしたいというのもrewardの1つだと思うし,punishmentはやはり罪悪感を感じるから何とかしようというのもあるかもしれない.いずれにせよ,それしかないと私は思っています.しかし最近は精神論のrewardもpunishmentも働いていませんが.昔,厚生労働省のとある課長と話をしたとき,『私も課長になったのだから,諸外国から日本の医療制度についてごちゃごちゃ言われないようにしたいと思った.けれども,財務省に「退院させるより入院費のほうが安ければそれでいいではないか」と言われたら,何もできない』と言っていました.これは真実を表しています.諸外国はnormalization(ノーマライゼーション)という建前をもっているけれども,地域医療の入院費が高いんです.イタリアはどこまでか知りませんが,英国も米国も豪州もカナダも,みんな入院費は高い.だからとにかく削ろうとするわけで,たとえば5だったのを1.5に下げたら絶対安くなります.1日の入院費が外国は5〜10万円,もしくは10〜20万円です.それに対して日本の入院費は通常1〜1.3万円です.でも退院させて症状の重い人にデイケア,訪問看護などを目一杯すると入院費より高くなります.だからみんな退院させることへのモチベーションが働かない.国なんて一番働いていないと思います.「すべきである,すべきである」と言っているときには,絶対動かないと私は思います.2011年9月の「精神科救急医療体制に関する検討会議事録」で,クリニックの先生に対して救急医療についても「手伝うべきである」というお達しが出ましたが,あれも「絶対やらないよ」と私は言っています.やらないと指定をはぎ取るよとか,そのかわりやったらたとえば更新期間が5年から7年になるよとか,何かそういうrewardかpunishmentを与えなければ動かないだろうと思います.

では民間病院がどうかというと,今はこれ以上しんどいことはしたくないという人がいっぱいいるわけです.地域を説得しないといけないし,家族が「ずっと病院に置いておいてくれ」というケースもある.あるいはお医者さんも最初は頑張るけれども,精神科病院パラダイス論で,「もういいではないか,病院の外はストレスも強く大変だから,ずっと病院にいてもよい」と.患者さんも最初は退院すると言っていたけれども,「やっぱり退院したくない」と言い出すケースはたくさんありますね.それらの苦労を乗り越えた先に何か得られるものや喜びがない限りはダメだろうと思います.

• 試行錯誤を積み重ねることの重要性

水野 ありがとうございます.佐久間先生はいかがでしょうか?

佐久間 今の澤先生のお話にも関連しますが,たとえば本来公的医療がやるべきことを突然民間医療に「やりなさい」と言われた場合,民間医療の立場としては何かモチベーションが動くような利点がないと辛いですよね.でも実際は義務感や「地域のために」ということでやっているところは少なくないと思います.

それから今回のテーマでもあるかと思います

が，アウトリーチとなったときに，言うのは簡単だけど実際は精神科病院と地域生活との間のギャップが大きい．厚労省は外国を視察してきて「こうしよう，ああしよう」と言うけれども，参考にしている国はかなり公的にシステムが整備されているところが多いですよね．同じようなことをわが国でやろうとする場合は，民間医療が独自にいろいろな努力をしていると思います．必要なことはまず，入院医療の役割と地域医療の役割を明確にして，実践可能なシステムを構築すること．その成功のカギは人材育成だと思います．

地域医療を進めるうえで国の施策は，突然システムとして理想論を掲げるようなところがありますが，地域医療を担う人材育成が最も大切です．精神科病院での医療を含めた臨床や支援の経験，地域ケアの研修のシステムがあって初めて，地域医療は成り立つものだと思います．

病院のスタッフが，地域で支援する大変さがわからず，いざ退院させてからその支援に苦労したり，試行錯誤するわけです．それを繰り返すことで患者さんが地域で暮らすことがどういうことなのかを病院のスタッフも知ることができる．訪問を繰り返しながら，地域生活での地域医療の必要性を理解する．そういうことがわかったうえでカンファレンスができるようになる．そこで初めて本当の意味で地域医療の在り方がみえてくるのかなと思っています．

以前に澤先生が反社会的行動をとらない人なら何とか退院できるとおっしゃっていました．最近は当院でも毎回の服薬支援が必要な人でもケアホームに退院しています．こういうことが可能になったのも長年地域での支援を経験したスタッフがいるからです．

水野 システムというのは先ほどのrewardやpunishmentという意味での経済誘導といったことでしょうか？

佐久間 それもあるでしょうね．実際，病院のベッドを減らす場合，いろいろな手法があると思いますが，なかなか実現していない．確かに感じるのは，ベッドを減らすということにしてもどんなrewardがあるのか，ということです．現実問題として，わが国では患者さんをいっぱいにしておいたほうが病院の経営は安定するのは事実です．でも，きちんと地域移行を行って，経済的に成り立つ手立てさえあれば，もっといい形で地域医療を展開できるように，精神科ベッドを減らすことも含め，精神科医療を変えて行くことに前向きな考えの先生も増えていると思います．

実際としては，地域移行を全然しないところと，思い切って地域移行の流れで進んでいる病院と，二極化しているのかもしれません．

・診療所は「コミュニティケア型」と「オフィス型」の二極化に

水野 ありがとうございました．窪田先生はクリニックのお立場から，ご意見を聞かせていただけませんか？

窪田 そうですね，私は診療所の立場から，コミュニティケアのできる外来機能をどう充実させ，日本に広げていくかが大きな課題だと思っています．精神科診療所については，今や日本中で3,000施設を超えていると思います．その中で，診療所は大きく2つに分かれていくと思います．1つはコミュニティケアをやる診療所，もう1つはうつ病やパニック障害を診るオフィス型の診療所です．

ここで論じなければいけないのは，コミュニティケアをやる診療所がどれだけあるのかということです．現状でデイケアをやっている診療所は日本全国で約400か所です．デイケアを実施する

と，どうしても数名のコメディカルを雇用せざるを得ない．コメディカルを雇用すると否が応でもチーム医療になって，訪問看護はできるし，福祉相談はするし，地域活動はするしと活動の幅が広がっていくので，この約 400 の診療所にコミュニティケアが期待できると思っています．こういった診療所が徐々にですが 500～600 へと増えていき，さらには多職種・多機能の外来の機能を果たしてくれば，「民間のコミュニティメンタルヘルスセンター」になるのではないか．さらに自由開業制はよいのですが，もうちょっと地域に責任をもてるようなシステムができてくればよいと思います．

　事例で紹介した私の診療所の退院支援・地域定着支援というのは，精神科診療所が初めて地域に責任をもつ仕事を任された例だと思いました．墨田区から入院した人たちの退院を「お宅が責任をもってやってくれ」と任されたわけです．現在長期入院している人の中から退院の可能性のある人を選んで引き受けています．

水野　クリニックが「コミュニティケア型」と「オフィス型」となっていくというお話で，たとえば墨田区の件に関しては，先生のクリニック以外は退院支援・地域定着事業についてほとんど手を挙げなかったということですか？　競合が起きるのかどうかという点はいかがでしょうか？

窪田　私はもともと墨田区の福祉事務所の嘱託医をやっていまして，初めに私に相談がありました．そういう経緯で結局うちの診療所が受けることになりました．でも，2012 年 4 月から制度が「地域移行支援・地域定着支援事業」に変わりますので，ほかのクリニックにも「手を挙げたら」と勧めようと思っています．

水野　興味の示し方という意味では，今の開業の先生方はコミュニティケアに対して関心をもっているのでしょうか？　それとも「なるべくそういったややこしい方はこないでいただきたい」というスタンスの先生が圧倒的に多くを占めているのでしょうか？

窪田　恐らく 2/3 がうつ病やパニック障害を主たる対象としていて，1/3 がコミュニティケアかもしれませんね．その程度の比率だと思います．

　診療所は長くやっていると統合失調症の患者さんが増えてきます．だから古いところほどコミュニティケアに関心をもっています．一方，新しい診療所の外来はうつ病の患者で手いっぱいという実態があります．ここ 10 年で外来のうつ病の患者さんが圧倒的に増えましたから，そちらに対応せざるを得ないという面はあるけれども，これはいつまでも続かないでしょう．

水野　ということは，患者さんが減ってくるということでしょうか？

窪田　減るかどうかはわかりませんが，この勢いが続くわけではない．やがて頭打ちになるし，そうするとまた多様な疾患を診ないといけなくなる．ただここ 10 年間は急速にうつ病が増えてしまったから，それに対応せざるを得なかったと思います．でも基本として統合失調症の患者さんがいますから，この人たちのコミュニティケアをどうするかというのは，精神科診療所を長くやればやるほどそれが課題になってくると思います．

●病院の役割は「地域医療の拠点」

水野　澤先生や佐久間先生の病院は，地域のコミュニティケアと急性期病棟という方向へのスタートを切っていらっしゃいますが，すべての病院が同じようにできるかというと，経済的な不安感などもあって，できるところとできないところが出てきてしまうのではないでしょうか．

佐久間　できる，できないというのは状況によっ

てかなり違うと思います．私は澤先生の病院を見させていただきましたが，大阪という人口の多い状況で救急なども本当に忙しくどんどんやっておられる．一方で，私の病院のある福島県は人口が200万人，病院の医療圏で約55万人ですが，その中に精神科病院がいくつかあるわけです．そうした状況の中で，では病院として何をしていこうか，将来的にどうなっていくかと考えると，「脳と心の総合病院」とでもいいますか，いろいろな領域をカバーしていくことが重要になるのかなと．具体的には，①うつ，②統合失調症，③認知症，④子どもの精神疾患，の4つをきちんとやっていく体制が必要だと考えています．だからこれまで，病院が拠点になって，その地域全体の診療やサポート体制を拡充していくという流れを意識して病院の改革をしてきました．たとえばうつであれば，うつ病の病棟があり，クリニックがあり，リワークデイケアがあり，さらに企業のメンタルヘルスがある，というのを全体の1つの形とする．認知症では，認知症の病棟があって，介護施設やデイケアもあって，訪問看護，訪問介護がある．そうした地域全体でのケアの拠点に病院があるという形です．

先ほども人材育成の重要性を述べましたが，病院の機能やスタッフが外に出て行っても，病院できちっと育ったスタッフが医療だけではなく，福祉サービスなどの地域の機能に浸透して広がっていく，そして地域の人たちと一緒に取り組むことが増えていくというのがこれからの地域医療の在り方だろうと思います．私の病院の場合，病院が全部やるのは大変なのでNPO法人や訪問看護ステーションを作り，それらと連携してやってきたわけですが，NPO法人だから地域も抵抗なく受け入れてくれたというのも確かにありました．補助事業も地域でやるべきことはNPO法人が請けやすかったので，これまで比較的スムーズに進んできました．

繰り返しになりますが，心のケアの拠点となるには，総合的に診られる体制にしなければならないという考えが常にありました．現在は精神科医療に対するニーズはより多様化している．そのニーズに応えられるように，精神科病院はいろいろな生き残り方を考えるべきではないでしょうか．ただ入院させておくという以外にも，いろいろな患者さんに対応する．近年認知症の専門病棟で患者さんのBPSDに対応するというのが多くの病院で進んできています．統合失調症に関してはやはり急性期中心になってくるのは間違いがないでしょう．うつ病治療にも新たな医療の在り方が作れるでしょう．その地域によって病院の求められる機能は違うと思うけれども，それに応じた体制をとっていく必要があります．

●50床だけ切り出してスーパー救急を設置

窪田 佐久間先生の病院は割と住宅街にありますよね？　そういう点では患者さんも診療所にくる感覚に近いものがあるのではないでしょうか？

佐久間 確かに外来はそんな感じですね．

窪田 街外れにある病院がベッドをちょっと減らして，街中に急性期病床を作って外来機能を充実させるというような形の移転をして，リニューアルはできないものか，と思ったのですが．

澤 それはうちの病院でやりました．505床のうちの50床だけ切り取って大阪市内にスーパー救急病棟を作りました．

大阪市は人口260万人ですが，1997年に33床あった精神科病床は2007年には191床しかなくなっていました．10年間で331から191，約2/3に減ってしまった（表①）．しかもその191床は全部総合病院ですから，夜は全部診療しない，つまり無医村です．その結果，「救急を何とかしてくれ」という要望があって，50床だけぽんともっていった．それが今の「ほくとクリニック病院」です．

窪田 たとえば300床の病院のうちの何床かを街中へもっていくというのは法的に可能ですか？

澤 それは圏域がどうなっているかです．県による圏域の考え方です．東京都もOKなはずです．東京でも多摩地区から23区内に持ち込むことは可能です．

水野 ちょっと通いにくい場所にある病院を経営していらっしゃる先生にとっては非常に重要な

精神科医療の現在と未来　169

表① 大阪市内精神科病床数推移（1997～2007年）

	1997	1998	1999	2000	2001	2002	2003	2004	2005	2006	2007
国立大阪病院（大阪医療センター）	12	12	12	12	12						
北野病院	54	54	54	54	54	54	54	54	54	54	20
市立総合医療センター	55	55	55	55	55	55	55	55	55	55	55
大阪赤十字病院	84	84	84	84	84	84	84	42	42	42	42
大阪市立大学附属病院	40	40	40	40	40	40	40	40	40	40	40
府立病院（急性期・総合医療センター）	44	44	44	44	44	44	44	44	44	44	34
逓信病院（NTT西日本病院）	34	34	34								
社会医療センター	8	8	8								
合計	331	331	331	289	289	277	277	235	235	235	191

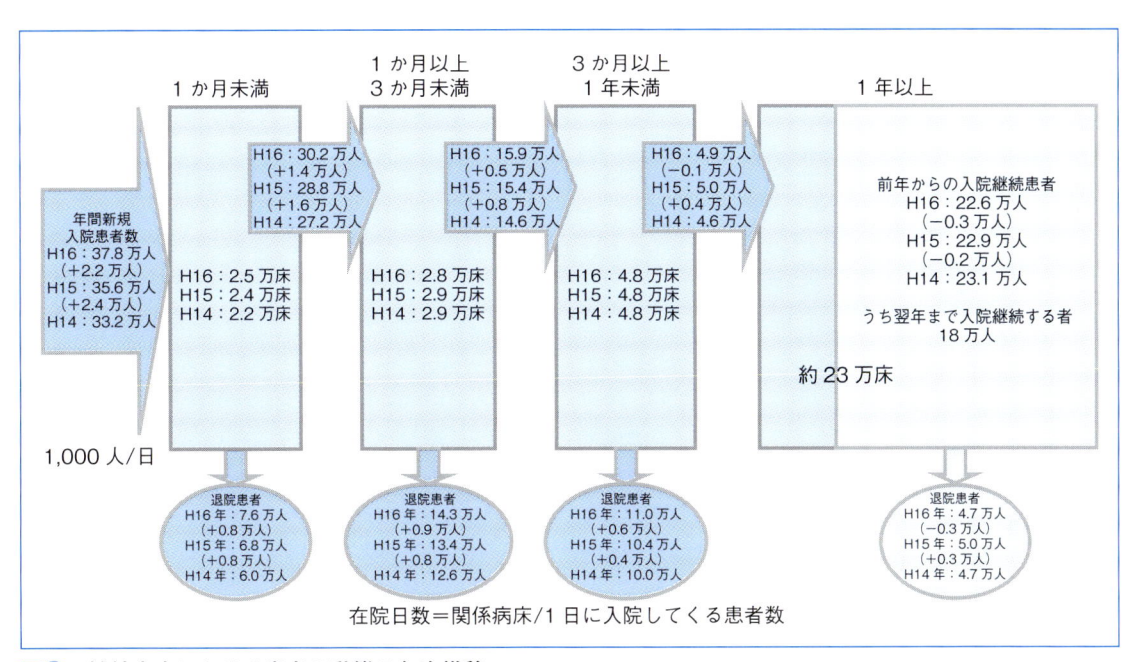

図① 精神病床における患者の動態の年次推移
(http://www.mhlw.go.jp/shingi/2008/05/dl/s0529-8h.pdf)

テーマですね．
澤　そう思います．ただそこまでちゃんとやる気があるかどうかという話ですね．
　図①は厚労省が出しているものですが，これによると全国で1日に1,000人，つまり年間に約36万人が入院していることになります．さらに在院日数については，急性期だと約40日ぐらいで退院していますので，それをもとに図の下の式で計算すると，関係病床・動く病床は4万床，これだけしか要らないんですね．認知症はどうしても時間がかかりますから別ですが，それ以外であれば4万床で十分．あとは動かない病床で，重症の患者さんでなんとかしなければいけない病棟．あとは病院でなくてもいい人たちがたくさんいるというのが，私の結論です．それをどうやって上手に移行するかということが問題です．だからどうやったらいいか相談できるところを作ったらどうかと．

水野　それはあったらいいですね．

澤　そうでしょう．「こうやったらいいですよ」などと助言できると思います．

水野　病院であることをやめて，クリニックになっていってしまうという選択肢もあり得ますね．

澤　確かに病院をやめたところもあります．ただ，24時間化するというけれども，本当に対応するかどうかは別の話．実際に「私は救急がイヤで病院をやめたのに，また救急かよ」とぼそっとおっしゃった先生がいました．冗談かもしれませんが，本当にそういう人はいます．

24時間やってくれるならいいけれども，夜だけ病院に任せるのはやめてほしいという気持ちは，私たちのほうにはあります．結構多いんです．

人材育成の大切さと難しさ

●患者の「外の顔」を見せる

水野　では次に，退院支援・地域移行の難しさについて少しお話しいただきたいと思います．

これまで先生方のお話を伺ってきて，特に課題の1つとしてご意見を伺いたいと思ったのは，若手の医師，あるいはコメディカルスタッフの教育の問題についてです．理念の伝承はもちろん大事ですが，技術（スキル）の教育というのが非常に難しくなっているのではないかと．昔は精神科病院に勤務することで，一通りの技能もさることながら，病像をデパートのように診ることができた．急性期の入院から慢性期の患者さん，それから精神疾患の再発，再燃の恐さというものも必然的に体験できたと思います．でも，現在は，やれ外来のみで病棟なしでできるぞ，やれ早期発見，早期治療，再発予防だという流れになっていて，何となく診察室でお薬を出しているだけでことがすんでしまい，そのまま育ってしまう医師やスタッフも出てきてしまうのではないかと，つい心配してしまいます．

そうした点もふまえ，これから地域化が進んでいく中で，若手の医師やスタッフの教育においてどんな工夫や研修の仕方というのが必要になってくるかということについて，コメントをいただけませんでしょうか．

澤　事例編の第3章（pp 35-44）でも書きましたが，2003年に「地域は病院だ，家庭は病室だ，町中介護病棟だ」ということを言っていました．ある先生には「そんなことを言うと障害者の方に怒られますよ」と言われましたが，退院支援・地域移行をうたうのであれば，病院で入院中に行うサポートを地域の中で全部行える体制にするくらいの気持ちが必要だと思います．

先ほどアウトリーチの話が出ましたが，患者さんと散歩に行ったり，買い物に行ったり，あるいは家に一緒に宿泊したり，ショートステイで一緒に泊まったりすると，その行動によって患者さんの見せる顔が全然違うということに気づくわけです．私はそれが大事だといつも言っています．それに気づくことによって，この人はどこまでできるかというのがわかってくる．なかにはお父さんやお母さんを殺してしまったとか，いわゆる医療観察法の適用対象となる患者さんもいるわけですが，一緒に泊める．ただ，このような患者さんの場合は私も一緒に泊まります．そうしないとスタッフに「院長はきれいごとばかり言っていて，一番怖いことは自分たちにやらせる」と思わせてしまう恐れがあるので，自ら実践するのが一番いいと私は思っています．

あとは，外国を見に行くこと．私の病院に見学にくる人みんなに言うのですが，「うちに来ないで外国に行きなさい」と．うちの病院は英国とイタリアとに2班に分けて研修に行かせたり，米国のサンフランシスコやカナダにも行ったりしました．佐久間先生とロサンゼルスの精神保健施設「ヴィレッジ」を見に行ったり，海外研修というのはかなり強いモチベーションになると思います．ただ，見てきて「あんなことをやっているな」で終わらせてはいけない．そこが一番難しいところです．精神科医で外国に行っている先生はたくさんいますが，「それは外国のことだから」と何もしないでおしまいの人もたくさんいる．それを「自分の病院でもやろう」という気にさせられるかどうかが最大の課題．そのためには誰かが少々強引な

リーダーシップで引っ張っていかないと無理だと私は思っています．

・専門職が力を発揮できる環境づくり

水野 ありがとうございました．佐久間先生はいかがでしょうか．今話に出た「ヴィレッジ」に行かれたのは，やはりスタッフのモチベーションを上げるためという目的もあったのでしょうか？

佐久間 そうですね．ちょうど「ささがわプロジェクト」(p 12)というのを始めるときに，何かをやろうとしても，病院にしかいたことのないスタッフは地域のことを全然知らないわけですよ．だから意識改革が必要だと．そこでまずは澤先生と一緒に見学した「ヴィレッジ」にスタッフを交代で10人くらい行かせました．その後はイタリアにも行きましたね．

　1992年に私が今の病院に行ったとき，スタッフには「病院をこうしたい」「ベッドは減らせるんだ」と私なりの思いを話しましたが，伝わらなかったです．日本語が通じないというか（笑）．「この人は退院できる」「だから地域で暮らせる方法をみんなで考えよう」と言っても，伝言ゲームではないけれども，病棟に行くと全然違う内容で伝わっていたりして，挙句の果てには「職員をクビにするのか？」なんて話になっていたりしました．そういう状況からスタートして，まずは毎年，病院をどうしていくのか，今年は何をやるか，といったことを説明しながら改革してきました．

水野 改革が進むきっかけになったものは何かありますか？

佐久間 やはり大きかったのは事例にも書いた統合型精神科地域治療プログラム (Optimal Treatment Project ; OTP)の導入です．このOTPという1つのツールも含め「ささがわプロジェクト」を考えようというときに，うちの職員，看護師からコメディカル，事務員まで，OTPについて勉強して，それによってやるべきことというか，病院のあるべき姿を伝えながらやってきました．

　専門職の人たちは実は高い理想をもってその職についているので，やりたいことができる機会があれば一生懸命やるし，かなりの力を発揮する．その力をきちんといい方向にまとめて大きな力にしていくということが必要ですし，一方で病院としての計画をきちんと立てないで理想を追うと経営的にも不安定になることがありますので，私の経営者としての役割はその部分をきちんとすることです．結構苦しいですが（笑）．病院の考え方とやるべきこと，これから目指すべきことを明確化して，それにつながる教育をちゃんとしていくことが必要だと思います．

・現場の情報はコメディカルから学ぶ

水野 若手医師の育成という点では，何かよい方法はありますか？

佐久間 若い先生方への研修を考えた場合，コメディカルスタッフから情報を伝えてもらうことがよいと思います．うちの病院も医師が少ないので，みんな忙しいですね．そうすると，地域ケアまで意識がなかなかいかないのが実情です．でもほかの病院，たとえば事例編の第4章の，のぞえ総合心療病院(pp 45-58)は毎朝のようにみんなでケースカンファレンスをやっていてすごいと思いますが，そこまでできなくても，たとえばスーパー救急の病棟で週2回，カンファレンスをやって，そこには看護師やPSW，心理士，PT，OTなどみんなが出て，若い先生が入院・退院のカンファレンスをする．するとコメディカルスタッフから「この方には退院前にどういうサービスが必要か」「訪問看護は必要ではないか」「デイケアにはどうつなげるか」といった意見が出ます．こうしたカンファレンスを積み重ねるうちに，若い先生は「退院したときに訪問看護を利用するとよい」などといろいろわかるようになる．病院の中ではなくて，その人の生活の場をイメージして治療をするようになってきます．これがすごく大事だと思いますし，身についていく．単純に薬物治療をして，退院できるかどうかを1人で考えてやっていたらよい治療ができないので，そのあたりをしっかりシステム化していくのが，病院としては必要なのかなと思います．

図② クボクリニュース
表面(向かって右)は患者さん向けの内容，裏面(左)は専門家向けに研修会やセミナーの予定を掲載している．

• ミーティングによる問題共有

水野 ありがとうございます．窪田先生のクリニックでも若手の先生が外来をやっていますね．

窪田 はい，若手の先生もおられます．ただ，外来は意外とコミュニケーションがとれないんです．病棟だと医師も看護師もみんなで患者さんをみているけれども，外来だと医師は診察室に入ってしまいますから，外にいる看護師にも受付の職員にも患者さんがどんな状態かわからない．これをどうやって1つの医療チームにするかというのが大きな課題ですね．

水野 何か工夫をされていますか？

窪田 1つは毎日の診療後に30分から1時間，レビューミーティングをします．医師をはじめコメディカル，職員全員で「今日の新患はどんな人がきたか」「入院した患者さんはどういう人か」，それから「こんなことが困った，問題になった」などと出し合って，翌日以降に，そのケースに対応できるように話し合っています．

また，私の外来診療の前にコメディカルに20分くらい，患者さんとの面接をしてもらっています．それによって，面接をしたコメディカルは私の患者さんがどんな状態かわかるわけです．私がつい何かを見落としても，そのコメディカルが拾ってくれます．これがチーム医療の工夫の2つ目です．

それからもう1つ，デイケア・ナイトケアスタッフミーティングをしています．これは毎日のデイケアスタッフミーティングのほかに毎月1回，夕方6時半から9時まで，コミュニティケアに関わる人たちが集まり，今起きている課題について今後どうしていくか方針を話し合ったり，また各自の活動を報告し合うものです．これもわれわれの共通認識を高めるよい役目をしていると思います．

水野 ほかにも何かありますか？

窪田 事例検討会もやっています．またここに「クボクリニュース」(図②)という広報紙があります．これは半年に1回，患者さんに配っているものですが，裏面に専門家用の勉強会の予定が書いてあります．自前で勉強会をやるしかないので，職員研修のためにいろいろな勉強会を始めましたが，いざ始めてみたらうちの職員だけではもったいないと思い，東京近隣の3県に図のチラシ(図③)を配っています．1つは新人のソーシャルワーカーや心理・看護の人たちが勉強できるように1年コースで，東京で集められる第一人者の先生方にお願いしてやっているのと，もう1つは精神療法の成田善弘先生にお願いして，年間通して8回の事例検討会を行っています．これは人気で，関東圏から約70名の聴講者が集まります．メリットとしては2つあって，1つは勉強ができ

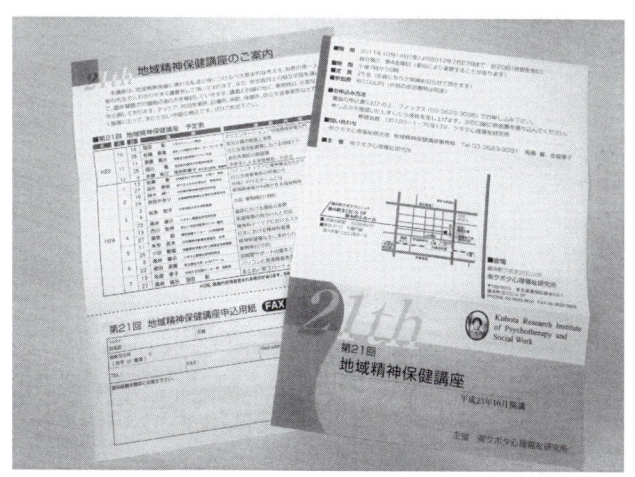

図③　勉強会のチラシ
東京近隣の3県にも配布し，広く参加者を募った．

て，多くの方々と交流ができたこと．もう1つはうちのスタッフの士気を高められるということ，その両方の効果があると思っています．

精神科病院を「経験」させるにはどうするか

窪田　錦糸町モデルの職員に不足していることが2つあります．1つは，うちのスタッフはほとんど病院を知らない．初めからクリニックに採用されて入ってきていますから，精神科病院という場で働いたことがない人が多い．それが退院支援事業で，たとえば東京の八王子方面や埼玉，千葉の病院に退院する意思のある患者さんの支援にいくわけです．スタッフに交代で行ってもらいます．そこで初めて精神科病院に行くという体験を得られて，ここ2～3年前くらいから，やっとクリニックと病院と双方が見える場面が増えてきました．

　もう1つは，クリニックの近くにある福祉法人の自立支援事業所の職員は医療で仕事をした経験が少ないので，週1日でもいいからクリニックに勤めてもらって，医療と福祉の全体が見える視点をもってもらおうと思うのですが，「私たちは福祉ですから」と言ってなかなかきたがらないことがあります．

澤　なるほど，向こうの職員がこないわけですね．その原因としては，福祉の方々の中に医療は敷居が高いと思っている方が多くて躊躇しているのか，もしくは何が何でも患者さんを病院に渡すまいと，病気なのに頑張って引き止めてしまうような人が多いのか，どちらなんでしょうか？

窪田　要するに「自分のテリトリーはここだ」と思っている可能性があります．しかも，週5日勤務すればもう手いっぱいという気持ちがあるかもしれません．「コミュニティケアは私が担うんだ」という自覚がどれくらいあるのかな，と少し心配になるときがありますね．

澤　つまりは入るときに「私は福祉」「私は医療」と分かれちゃうわけですか？

窪田　そういう傾向がありますね．これが今，困ったと思っているところです．医療と福祉の間でなるべく人事交流をしていますが，なかなかこの壁を越えられない．

佐久間　うちはNPO法人と病院との間で2～3年のローテーションですね．とにかく現場を知らなくては病院でも働けないし，病院を知らなくては地域でも働けない．

澤　難しいのは給料体系の問題や，勤続年限が長くなったりしてくると人も動かしにくくなりますね．

窪田　そうです．たとえば就労移行支援に熱が入ってしまった職員がいると，異動しにくくなりますね．

佐久間　それは確かにありますね．
窪田　全体を見渡せる視点をそれぞれの部門の人たちにもってもらうというのは，とても大変なことだと痛感しています．

地域にどう理解してもらうか

● 住民感情は地域や状況によってさまざま

水野　ありがとうございます．ここまで人材育成について伺ってきましたが，それ以外ではいかがでしょうか？　たとえば本書の事例でも多くの先生方が苦労されたと書かれている「地域住民への説明」についてはいかがですか？

澤　地域によってかなり状況は違います．それをどう読むかですね．

窪田　私のクリニックは東京のど真ん中ですから，隣が何をやっていようが無関心．そういう点では反対運動は起きづらい地域だと思います．

水野　かえって都心部のほうがやりやすいのかもしれませんね．

澤　ただ都心部でも，自分のところの商売に関わるとなったら，「えらいことだ」とかなり反応しますよ．先ほど述べた「ほくとクリニック病院」を2003年に大阪市大正区にもっていったとき，最初はクリニックから始めました．何にも問題がなかったです．ところが5年後に病院を開くということで説明会を開いたら，「あのときに認めなければよかった！」と言い出しました．パラシュート部隊みたいに上からぽんと，何もないところに降りてきたのだから精神科病床のほとんどない大阪市民にとっては，アナフィラキシーショックのようなものですね．

逆に，あとから引っ越してきた人は意識が全然違いますよ．さわ病院の周りはもともと田んぼだったのですが，そこにどんどん住宅が増えていきました．新しくきた人たちというのは，「自分はここに精神科病院があることを知っていてきたのだから，共生しなければならない」という意識なので，やはりもともとの住民とは違います．

住民への対応の基本としては2つあると考えています．まずは「3つ要求されたら1つは聞くけれども残りの2つは聞かない」．全部受け入れるのは到底無理です．もう1つは，事例のほうでも書いたけれども，「5年で理解者，10年で応援団」という信念であること．5年くらい経つと大体理解してくれるようになるし，10年くらい経つと誰かがクレームなど身勝手なことをいっていたら，「あんた，それは自分のエゴと違いますか⁉」などと言ってくれるようになる，それが応援団という意味です．そこまで地域を育てていくには，じっくり時間をかけて，地域住民に理解してもらう．講演会などをしてもあまり役に立たない．接触体験をもたせることに勝るものはないですね．

窪田　私もそう思います．たとえば地方自治体が公的に何かをやる場合，まずは地域住民向けの説明会をやらなければいけないでしょう．そうするといろいろな空想が先走るから反対運動になってしまうことがありますね．逆に民間の場合，勝手に部屋を借りてしまって，そのうちに地域住民も気づく．でも1年ほど経つと「別に普通の人だね」とわかってくれて，そのうち「卵があまったから食べないか？」とか「バザーをやるならこれを使わないか？」と向こうからもってきてくれたりする関係になる．だから，私たちは勝手に住んでしまって，「ここは私たちの街です」と居直っちゃいました．だから1度も啓蒙運動はしたことがないんです．

● 家の垣根に鉄条網

水野　地域とつながるのにいろいろな問題もありそうですね．

佐久間　最初に病院を閉じようということになったときには，地域の方々にどう変わるかといったことを説明しましたが，そのときは大きな反対運動は起こらずにすみました．でも実際は細かいところでいろいろありました．たとえば6〜7人住める立派な家をグループホームにと借りました．そうしたら隣の家の住人が，引っ越してきたのが精神障害者だと知った途端にフェンスと鉄条網を張り巡らせました．今時鉄条網ですよ？　隣の家との垣根につけますか？　あれにはびっくりしました．ほかにも，アパートで暮らしていると，違う住

人が捨てたゴミや散らかしたものなのに，絶対うちのメンバーがやったと訴える人とか，いっぱいあります．なかなか理解されない．そういう場合も，われわれは片づけを率先してやって理解してもらうように努めるしかない．なかにはすごく温かい声をかけてくださる方もいますが，やはり精神障害者だとわかった途端に冷たい対応になる方もいるし，いろいろ．そんな中でも少しでもわかっていただくように，一緒に生活し続けるということだと思います．

- 思わぬ形で周囲が味方になってくれることも

澤 精神科病院が近くにきて大喜びする人は九分九厘いません．だけど，何か別の意味で「この病院があってよかったな」というメリットを見つけてくれることが結構ありますね．介護に対応しているとかね．

佐久間 澤先生が2001年に福祉工場をオープンされるとき，私も見学に伺いましたが，反対運動がすごかったですね．

澤 あれはすごかったですね．事例でも紹介したとおり，夜7時から午前1時まで園児の座る椅子に座らされて，ひたすら説教．「勇気ある撤退をしろ」「私のところのマンションに人が入らなかったらどうしてくれるんだ」「お前は大和川病院の院長より悪い奴だ」などいろいろ言われました．しまいには「私の土地は大化の改新以来守っているけれども，この価値が下がってしまったらどうしてくれるんだ」と（笑）．

佐久間 オープニングのときも幼稚園児のお母さんたちが反対の旗をもってずっと立っていましたね．

澤 あれは池田小学校事件の数か月後だったから，タイミングが悪かった．今だから話しますが，1人のソーシャルワーカーはそれが原因でうつになって，自殺をしてしまいました．本当に大変でした．

窪田 それにしても先生はよくやられましたね．

澤 だからこそスーパー救急の「ほくとクリニック病院」を作ったときは何が何でも私が先頭に立つしかないと思って，院長になりました．ところが，クリニックを作った大正区というのは沖縄の人たちが多いのですが，彼らは長老組織がしっかりしています．「上がこんなに必要だというから，しょうがないではないか」と賛成してくれた．反対した人は周りのお店の人たちですが，わずかでした．そして今，反対者はもっと減りました．理由はあの2011年3月11日，東日本大震災です．なぜかというと，大正区というのは海抜0m地帯です．「ほくとクリニック病院」は6階まであるから，津波などがあった際に逃げ込めるというメリットがある．だから病院は必要だと，何も精神科が必要ではなくても，あの建物があることによって私たちの地域は安全だという考えに変わっているわけです．不思議でしょう．本当に何がどうなるかわかりません．

水野 大変いいお話を聞かせていただけたと感じています．

一般診療科との連携

水野 一般診療科との連携という点ではご苦労はないですか？

澤 それは合併症の問題でかなり重要です，日本全国で．大阪では新しいチャレンジとして，「戻しありの搬送」というのを始めます．つまりいったん頼んだけれども，「やはりちょっと悪いから，もう1回引き取って」というのがあり．これは必ず保証することによって，お互いにやりましょうというのが1つ．それと，渡したいところと受けてもいいよというところの間に幅広い溝があります．つまり，向こうはリストカットにしても，過量服薬にしても，意識が覚めたらまた動き出して何をするかわからないと思うから，目が離せず人をつけなくてはいけない．こちらは「呼吸循環や意識が安定してから引き取らせてよ」と精神科のほうは言う．そこにはだから，「お小姓さん」をつけるということ．要するに医療職ではなくていいから．ちょっと横についてあげて，「どこいくの」「看護師さん，ちょっときて」と言う人だけでいい．そのお金だけが大阪府から出るようになった．それは2012年3月からスタートします．

水野 それは大阪府全域で制度化されるということですか？

澤 国から何に使ってもいいお金が下りたらしいです．それを今日の当番のところに渡すということになっている．それによって夜，目が覚めたときに，ちょっとついていてもらって，朝になったら引き取るとか，朝になったら精神科医が見に行くとか，あるいは電話連絡するのです．電話連絡するか，スタッフが動くか，患者さんが動くか．患者さんが動くには戻しありをつける．こういう仕組みが一応できました．

水野 それは病院のほうで用意するということですか？

澤 そうです．向こうは，お金をもらうから．精神科には何もくれないです．そのかわり，精神科病院に入院中の人が何か起きたときに，必ずこのシステムはペアになっている病院は受けてくださいと．さらに最後の砦としては三次救急がこのシステムに乗っている限りは受けると．だから，精神科病院にとっても安心です．精神科は院内で体制に問題があり，転院の必要があったとき，病院を探すのに1時間，2時間というのがいっぱいあったわけです．それが一応なくなるだろうという方向で，おもしろい方向ができました．

水野 佐久間先生はいかがですか？

佐久間 確かに合併症の患者さんをどう診てもらうかというのは一番の課題ですね．精神科だけをやっていると，身体のことがよくわからないので，結局身体の問題となると一般診療科にお任せすることになりますね．しかし，総合病院の救急も非常に忙しいので，精神科で診ている人であれば，このくらいの状態ならそっちで診てくれとか．総合病院の救急に精神科が常にいるわけではないですし．問題の1つとしては，地方では特に，精神科病院がこれまで救急患者をスムーズに受け入れる体制がなかったことが挙げられると思います．身体的な救急治療をお願いした場合に，精神科病院がきちんと受け入れることが大切です．極力うちの病院でも24時間受けることで信頼関係を作って行こうと思っていますが，澤先生の考えたような制度ができるといいですね．

水野 窪田先生はいかがですか？

窪田 やはり診療所ですから，合併症で入院せざるを得ないような患者さんはお願いするしかないわけですが，幸いにして東京都はシステムがある程度整備されていて，比較的スムーズに入院をお願いできていると思います．

　明らかに身体的に問題があるとわかっても，すぐに診断がつかないと，一体どこの何科に相談していいかわからなくなってしまう．その点で苦労するときはありますが，それも近隣の総合病院のERが引き受けてくれるので助かっています．

患者の高齢化

増加する訪問診療

水野 地域の患者さんの高齢化についてはいかがですか？

窪田 25年やっていますから，開業当初からきている方は25歳年をとっているわけで，なかには外来に自力で通えなくなった方もいますね．これは仕方がないので，デイケアに通えない人は介護保険のデイサービスに行っていただくし，精神科医の診察が必要な人には訪問診療をやっています．また統合失調症で糖尿病を併発して，徐々に糖尿病性網膜症になってしまい電車に乗られない患者さん，これも行かざるを得ないですね．つまり徐々に訪問診療が増えてきているわけですが，幸いなことに最近，訪問診療をやりたいという医師がきてくれましたので，機能アップしました．

水野 訪問診療が増えて経営的に成り立ちますか？

窪田 在宅療養支援診療所をとれば成り立つと思います．本当は訪問看護にしても，車を用意して行ければいいのですが，何しろ都心部は駐車するにも苦労してしまうものだから，自転車とバス・電車を使っています．訪問診療はさすがに車を使っています．

澤 距離としてはどれくらいのところまで行くのですか？

窪田 大体車で片道30分ぐらいですから，10km強でしょうか．

澤 同じ地域にまとまっているなら回りやすいですが，ここに行って，今度はあそこにも行ってとなると大変ですね．

窪田 そうなんです．だからいわゆる「一筆書き」をどうやるかが一番の課題ですね．私は自分の車で半日で4〜5人のお宅を回って帰ってくるという感じです．

特養やデイサービスへの移行をどう考えるか

澤 高齢化の問題について，実は悩みがあります．自分のところで診ている患者さんがだんだん高齢化しますよね．そして，患者さん本人がたとえば「特別養護老人ホーム（特養）に行きたい」とか，「デイサービスに行きたい」と言い出した場合，それはもちろん本人の選択ですからいいです．でも，なかには職員の中に「あなたはこの歳になったからデイサービスに行きなさい」とか「この歳になったら特養よね」などと言う人がいる．これまでずっと診てあげてきて，しかも患者さんにしてみたら友達もいるのに一体どうするのか，と思うようなことを言う．これについてはどういうお考えでしょうか？

窪田 うちのデイケアに長期通所していた70歳過ぎの女性患者がいました．あるとき，咳がとまらないものだから近くの総合病院に行ったら，廊下で転倒し骨折してしまったんです．それ以降，歩行がちょっと不自由になったのですが，彼女がきていたデイケアが当院の3階でエレベーターがありませんでした．上るのが大変だし，階段の途中で転んでも困るからということで，やむを得ず近くにある介護保険のデイサービスのほうに移っていただいたのですが，最初は怒りましてね，「デイケアの主任が私を追い出した」と．でも移って3か月もしたら，デイサービスはお風呂にも入れてくれるし，送迎もしてくれるし，同世代の人も多いしで，結構楽しんでいます．外来だけは私のところにくるので「どう？」と聞いたら「行ってよかったかな」と言っています．ただ，いまだにうちのデイケアの主任のことは恨んでいますけどね（笑）．

澤 では，「デイケアに戻りたいか」となったらどうでしょう？　たとえばデイケアを3日使って，デイサービスに2日行ったらお風呂に入れてくれる．そういうミックスもできますが．

窪田 その選択もあるとは思います．ただ，その女性は相変わらず足元はおぼつかなく，3階までの階段は怖いから，きたときに待合室で仲間と会ったり，自分の家に仲間を集めて自助グループができています．

澤 うちの職員の場合，精神科的対応に慣れていても，身体的対応には慣れていないといって，「しんどいことは負いたくない」みたいな印象を受けるときがあります．デイケアとデイサービスで

は通所者1人当たりのスタッフの裁量が違うともいいます．デイケアで高齢者が1人入ってきた場合，うちはある程度年代によってグループを分けていますが，ほかの人はまだ若いではないですか．そうするとデイサービスに送ってしまおうみたいな動きがある．何もかも診たほうがいいというわけではありませんが，それが悩みです．

窪田 私のところでも時にはそういう気持ちになることがあります．まだデイケアに通えるのにと思うけれども，「もう無理だからデイサービスに頼もう」という意見に傾くこともあります．でもこの患者さんはしたたかで，デイサービスに通ってはいるけれども，精神科デイケアに友達が大勢いるから，休みの日などに自分の家に呼び集めています．つまり町の中に自前のセルフヘルプグループを形成しているわけです．デイケアでできた人間関係がセルフヘルプグループに発展し，それを支えにデイサービスへ通っているのです．

- 患者同士の強固なネットワーク

澤 友達が助けてくれるってすごいですね．それはいいな．ヘルパーの資格ももっていないのに．

窪田 ちょっとやり過ぎるときもあってね（笑）．

佐久間 そういう助け合いの関係というのは，意外と患者さん同士でもっているのではないでしょうか，各地域で．

窪田 福祉法人の「友の家」で20周年記念パーティーをやったとき，昔のスライドをみたら懐かしい人が写っていたりするわけです．「あの人たちはどうしているのかな」と聞いたら，メンバーはほとんど全員の動向を知っていました．「あの人はよその区に行って，子どもと暮らしているよ」なんて教えてくれました．私たちの手を離れても，患者さんたちはつながっている．医療と福祉のネットワークには見えないところに患者さんたちのネットワークが存在しています．

精神保健福祉サービスへの民間参入

- 民間参入のメリット・デメリット

水野 それだけのケアネットワークがある地域は非常にレアかもしれませんね．でもこれだけ充実したサービスがあったら，患者さんはよそへ行けなくなってしまうのではないですか？ 結婚とかそういう転機もあるのかもしれませんが．

窪田 結婚もありますし，最近いろいろなサービスが増えています．そうすると各自がおもしろいと思うところへ行動範囲は広がります．

澤 それはありますね．地域活動支援センターなどはどんどん増えますね．患者さんはいくつも登録していて，「あそこはこうだ」と評価したり批判したりしています．だから質がわかります．これはいいことです．

窪田 私も「1つの施設に通うとどうしても閉鎖

的になるから，複数のところに通うのはいいと思うよ」と言ってきましたが，今ではメンバーたちは私に言われるまでもなく3か所も4か所も顔を出しています．1週間の間に周辺の地域活動支援センターを何か所も回ってきたり，よそで「お昼ご飯を作ったら1,000円もらえる」となったら「そちらに行ったらお金になるから」と出かけています．

水野　競争が発生しそうですね．

窪田　かなり競争がありますね．最近では民間企業が就労移行支援事業所を立ち上げていて，すごい勢いで数が増えています．

澤　そうなんですか？

佐久間　郡山市でさえ，今まで認知症のグループホームをやっていた建設会社の部門が，やれ障害者のグループホームだとか，やれ就労継続支援A型だといって開いています．そういうところは営業がすごくて，半年で20人集めろなんてノルマで回っています．

澤　昔の精神科病院が患者さんを集めているのと一緒ですね（笑）．

窪田　民間企業の人たちは営業がうまい．この間も「就労移行支援事業所を立ち上げます」と挨拶にきて，チラシをいっぱい配って回っていました．ホームページをみても福祉法人のものよりずっとよくできています．

佐久間　ビジネスとしてちゃんと成り立たせるという姿勢が表れていますね．

澤　それはいいですね．競争になってきたら質が上がりますからね．

佐久間　グループホームも就労移行支援事業所もそうですが，ほとんど資格のない人たちがやっていますね．

澤　グループホームはそんなに伸びていますか？

佐久間　何軒かできています．私もびっくりしました．

窪田　就労移行支援事業所も全国各地にできていますね．

澤　そうなると質の確保が難しいですね．ちゃんとしてもらわないといけない．

佐久間　そんなにぽんぽんとつくって，一体何をするのですか？

窪田　就労支援です．

佐久間　就労の中身は？

窪田　ほとんどがパソコンの講習会です．だから職員もほとんどがパソコンの専門家です．

澤　たとえばそういうところは就労移行支援で達成率は何％とか，ホームページに載せているわけですか？

窪田　載っています．それを見ると，「数年間で150人就労を達成した」とかすごい数を出して，表にまとめています．

澤　手術の成功率と同じで，この人は就労させにくいからとらないとか？

佐久間　重症の患者さんは行っていないと思いますよ．だから，われわれが訓練しなくてはと思う人ではなくて，障害の程度は軽いけど就労のチャンスのない人がいっぱいいるということだと思います．

水野　うつの方も多いですね．

佐久間　そうそう．だから，そういう人はたくさん行く．そういうところはわれわれとは全然背景が違うし，私なんかは不安でまず選びませんが，若いPSWは「この施設結構いいんですよ，こういう人にはいいんですよ」と選んで病院からでも紹介していますね．患者さんがいいといえばね．

• 入札結果次第で職員全員入れ替え

窪田　今後そういった企業体のものが増えていくだろうと感じるのは，ある県では自立支援事業所の建物を市が作って，サービス提供者は入札制度で決まります．

澤　公設民営ですね．

窪田　各団体が「うちはこんなプランでやりますよ，これまでの実績はこうですよ」とサービス内容や実績を出し合う．そうすると福祉法人より民間企業のほうが勝つときもあります．

　入札で別の会社がとると，職員が全員入れ替わるわけです．精神障害の人たちは，人との長い付き合いで安心して生きているところがあるではないですか．それが5年ごとに職員が全部入れ替わるというのはどうかと心配になります．大阪では

そういう話はないですか？

澤　私の耳には入ってこないですね．

佐久間　たとえば就労継続支援A型にしても，強引に人を集めている感じがありますね．質の担保は大丈夫なのかと．広がるのはいいけれども，専門職がいなくて，知的障害も精神障害も知らない人が受け入れている場合もある．

窪田　その就労移行支援事業所に，1日1人行くといくらお金が入るか知っていますか？　デイケアが今，7,000円くらいでしょう？　就労移行支援事業所は1人平均10,000円ですからね．それが2年で就労率何％かを達成すると12,000円とか，最高13,000円程度まで上がります．しかもデイケアだと6時間いなければいけないのが，福祉にはそういう規定がない．

澤　場所もいらないですね．ものすごく小さいスペースでいい．

窪田　一応最近は1人1坪程度ということはいわれています．

　ただ，デイケアには厳しく資格職種が義務づけられているにもかかわらず，評価が低いのは間尺に合わない感じがしますね．

佐久間　介護保険のデイサービスがスタッフに看護師などがいなくても10,000円ですよね．ところが認知症のデイケアで，資格職種スタッフを多く入れてもほとんど変わらないし，精神科のデイケアにいたってはもっと点数が低い．何でこういうのがまかり通るのかよくわからないですね．

澤　でも効果がどちらでしょうか．厚労省は計算するでしょうね．介護を下げるのか，どっちにするのかわからないけれども．

窪田　多分，医療費削減の方向ではないでしょうか．

佐久間　もっと重たい人を扱っている施設にお金を配分するべきですよね．

澤　軽い人にお金を多く出すのだったらね．

窪田　5年，10年と長く入院した人たちが地域に帰ってきて，PSWなどの支援なしですぐに就職できるほど簡単ではないと思います．

佐久間　絶対ないですね．私のところには知的障害の施設もあって，その人たちの地域サポートや就労支援をしていますが，これから地域に出て生活をしようという人のサポートって実はすごくお金が必要なんですが，そこにはなかなか出ない．精神科でもデイケアの機能分化をして，就労につなげるプログラムをやっているけれども，これは大変な面が多い．逆にかなり重症の人だと，デイケアにきても，変化や改善がないと，ただきているだけで，それは効果がないと思われてしまうかもしれません．状態に応じたデイケアの成果を示すことも必要だろうと思いますね．

窪田　一方でかなり重症で，デイケアで支えているから街で暮らせているという患者さんもいます．

佐久間　それは多いです．そこが理解されていないですね．

補助金や資源の効果的活用

・医療と福祉が連携した退院支援・地域定着事業

水野　では次に，法的制度や補助金を今後の展開へどのように生かしていくかについて考えるうえで，まずは窪田先生にこれまでの取り組みなどについてお話を伺えればと思います．

窪田　2009年4月から墨田区の退院支援・地域定着事業の補助金事業が始まりました．私は25年前から福祉事務所の嘱託医をしていますが，2007年頃に福祉事務所から「生活保護で入院している人たちの退院支援を行う予算がつくが，どうしようか」という相談がありました．最初のうちは福祉事務所にソーシャルワーカーを1人雇用して，その事業をやろうという話だったのが，半年くらいしたら「福祉事務所でやるよりクボタクリニックに委託してやってもらったほうが機能的だから，委託はどうだろう」と言われました．そうしたら，1年もしないうちに区の保健計画課が「退院支援・地域定着支援事業を実施する」と言い出しました．保健計画課が周辺の区の現状を調べたところ，他の区は地域生活支援センターや作業所連合が実施しているのですね．医療機関がやっているところはないのです．しかも私もよく知らなかったのですが，お役所の中では福祉事務所は

保健計画課に従う関係でした．だから，最初私のところに委託しようかといっていた話をなしにして，保健計画課の路線で区の地域生活支援センターに任そうという話に変わっていったのです．

澤　それはあんまりな話ですね．

窪田　先ほどもお話したとおり，東京の下町は精神科病院が少なく，入院するときは片道1時間半から2時間くらいかけて行かなければいけないという特性があります．そこから退院して区に戻ってくる患者さんの場合，半分以上は私たち地域の診療所が診るしかないわけです．つまり，地域生活支援センターが退院促進をして，ある日突然「お宅のクリニックでこの人をケアしてね」と言われるよりは，退院促進に関与し，この人をどうケアするかの検討を一緒に行ったほうがよいし，シームレスな支援ができるので，やはりうちのクリニックでやらせてほしいと言いました．5年も10年も入院していた人の中に，病気が完全に治って福祉だけあれば十分なんて人がそれほど多くいるとは私には思えませんでした．それなりに重症だから長く入院しているので，やはり退院した直後の支援は医療7割，福祉3割くらいの比率が妥当なところではないだろうかと．だから，医療機関が関わらないのはむしろおかしいと主張しました．結果的には保健計画課の事業は地域生活支援センターが受ける．福祉事務所の支援の事業は錦糸町クボタクリニックが受けるというように，相乗りのスタイルになったのです．事例編の図9-2（p114）でも示しましたが，珍しく医療と福祉が事業として連携して受けることになりました．

水野　珍しい形での委託ですが，分担などはうまくいきましたか？

窪田　そうですね，結果的には双方のテリトリーの患者を一緒にみることになりました．福祉事務所は生活保護の患者さんを，保健計画課は区民全体をみるけれども，ともに区民全体を支援するという形で実施しました．

　もう10年くらい前でしたが，東京都が退院促進支援事業を始めたときに，モデル事業で2か所くらいをやって，各所に600万ぐらいの補助金をつけていました．600万円といったらソーシャルワーカー1人雇える程度の金額ですから，そのときは「ソーシャルワーカー1人で何ができるのかな」と疑問に思っていたのが，いよいよわが身に振り返ってきまして…．さあどうするかと思いましたが，とりあえず非常勤の退院促進支援員を1人雇用して，それ以外にもうちのスタッフが交代で埋め合わせて活動する形で事業を受けることになりました．

● 退院促進支援員というフリーハンド

水野　実際に委託を受けてみて，何か感じたことはありますか？

窪田　意外だったというか，「ああ，これはおもしろいな」と思ったのは，この退院促進支援員という役割は自由に動けるということです．

　医療機関というのは診療報酬で保障されないことはなかなかやりづらい．院長が「ボランティアでも構わないからやれ」と言ったことはやりますが，継続的にボランティアでというのはなかなか難しいですよね．たとえば退院支援のために，片道1時間半かかる病院に行って入院中の患者さんと会ってくる，というのは何の報酬も出ませんから，継続的にはできない．また訪問看護も，自宅に行くのは診療報酬を請求できるけれども，ハローワークに行くとかアパート探しをするというのは請求できません．また，保健師さんや作業所，病院の担当者が集まって患者さんの退院について話し合うケア会議を開いていますが，2時間の会議に出席しても医療機関には何のペイもないです，一種のボランティア活動です．

　「コミュニティケアをやるにしたがってボランティア活動ばかり増えてきてしまっていいのかな」と思っていたところへ，この退院促進支援事業がきてくれて大変助かっています．診療報酬に縛られずに週4日，とにかく自由に動けるスタッフです．しかもその業務は，病院に行って退院希望の患者さんの掘り起こしをして，その人たちがアパート探しをしたければ一緒に不動産屋を回る，仕事を探したければ一緒にハローワークに行く．そういった診療報酬で保障されていないよう

な活動をやることが事業目的です．私が感じたのは，初めて診療所が「フリーハンド」をもったなと．要するに自由に動ける人材が1人確保できたということです．これは今までなかったことですね．

• クリニックと病院の関係が緊密に

水野 ほかには何かお感じになられたことなどありますか？

窪田 事業を受けたことによって，墨田区全体の患者さんに対して責任をもたなければいけなくなりました．この地域の長期入院患者さんたちについて，自分たちが責任もって関わらなければいけないという感覚になったのは，大きな変化だと思いました．また，うちのスタッフがいろいろな病院に出入りすることによって，病院との間の垣根がとれて行き来がしやすくなりました．

　もう1つ，私がこの事業をやってよかったなと思っているのは，保健師さんと福祉の方々との距離が縮まったことです．この事業は区がやっていますから，毎月1回区役所で支援会議があります．そこに区の保健計画課の職員と福祉事務所の職員，各保健所の保健師さん2人ずつ，それから地域生活支援センターのスタッフ数人とうちのクリニックから数人が集まって，それぞれの事例を全部振り返るのですね．これが今までになかった墨田区内の地域連携になっています．保健師さんとは時々事例についてやりとりをしたりするけれども，こんなに毎月定期的に集まって会議を継続的に行うのはこれまでなかったことです．

水野 ありがとうございました．

• 医療と福祉を1つにとらえているイタリア

佐久間 うちの病院の場合もNPOでやっていることを，そのままここでやるという形になると思いますね．うちの病院では，地域移行のモデル事業をうちの関連のNPO法人で受けました．ある先生が，うちの病院だけではなくて，地域の4つの病院に出向いて，担当のPSWにOTPの講習をして歩きました．そのお陰で，地域の病院とうちのNPO法人の連携が比較的スムーズにいくようになったので，NPO法人でモデル事業を受けた意味はあったかなと思います．

窪田 ただ，地域生活支援センターの職員とうちの職員と一緒に支援会議をやっていますが，クリニックの職員は，外来でカウンセリング面接をしているから，患者さんのサポートや病状の把握の仕方にも慣れています．医療職の入る意味もあると思いました．

佐久間 うちでは病院とNPO法人でローテーションしているので，スタッフの理解はほとんど同じレベルだと思います．生活支援を経験しているスタッフと病院で病状や活動の状況を把握しているスタッフと，両方とも必要だと思います．地域移行を進めるのは，うちの場合は病院が中心となるので，病院の会議に必ず地域活動支援センターのスタッフがきて話し合いながら退院を進めていくのですが，基本的には窪田先生のお話と変わらないと思います．

窪田 この間，イタリアの精神医療を視察してきた先生から話を聞いておもしろかったのが，イタリアは精神科病院をなくしてコミュニティメンタルヘルスセンターが地域ケアの拠点になっているのですが，職種を聞いてみたら，ほとんどが看護師です．医師はいますが，PSWや心理は少ない．不思議に思って調べてみたら，病院にいた職員をそのままグループホームなど地域ケアに振り分けたので，看護師ばかりになってしまったのです．だから日本と違うのは，日本は制度を厳しくしてデイケアを実施しにくくさせていた．やむを得ず私たちは初めはデイケアの代わりに共同作業所を作ったわけですが，このために「福祉の活動」と「医療の活動」と2つに分かれてしまったわけです．一方で，イタリアにしても米国にしても英国にしても，福祉と医療に分かれてはいないのですね．要するに1つの中で福祉的な動きと医療的な動きがあって，最終責任者を医師にした大きな地域ネットができているのです．ところが日本の場合，医療と福祉の連携はしばしば難しくなっている．「イタリアは日本のような問題は抱えていない」というのは新鮮な驚きでした．

● 医療中心のサポート体制への転換が必要

佐久間 私のところも同様の事業の説明を受けましたが，話を聞いていると，どちらかというと「病院は患者を出さない悪いところで，そこに外から救世主がやってきて，今まで無理矢理入院させられていた患者さんに話しかけて，一緒にどこかに行って，病院から退院させてあげる」というスタンスの説明なわけです．でも，病院のリハビリスタッフやケースワーカーも一生懸命患者さんの退院支援を考えてやっているところに，突然経験もない人がきて退院させるというのはちょっと違うんじゃないかなと思っています．

窪田 そもそも医療と福祉の対立構造を作ったところから始まっているのが間違い．

佐久間 それがおかしいですよね．あと問題なのは専門職がきちんと規定されていない点ですよね．最初の就労の訓練をするとか，地域で生活をサポートするときには，ある程度きちんと専門職がいてやるべきだろうと私は思います．

窪田 退院促進事業もそうですが，どれもほとんどが地域生活支援センターに委託する形になっています．医療機関が担う地域サポート事業はほとんどない．私はもっと医療機関も担うべきだと思います．

佐久間 そのとおりです．

澤 デイケアの人に任せるというのは難しいですか？

窪田 デイケアは通ってくる人を支えることはできても，一緒にハローワークへ行くとか，アパート探しをするとか，病院に面会に行くとかいうことは認められていないんです．

佐久間 しかも身体障害・知的障害・精神障害の3障害同一といいながら，知的障害の人には同行支援があるわけです．地域のスタッフが一緒にいろいろなところに行くこともできる．

窪田 先生方も病院から退院させるときに，退院時の訪問の点数がありますね．あれが逆に，診療所から病院へ訪問に行くことが点数になれば，診療所と病院との連携がもっとよくなると思います．現在の，病院からくるのは点数になり，診療所から行くのは点数にならないというのはおかしなことです．

佐久間 そのとおりだと思います．ただ，先ほどの窪田先生のお話にもありましたが，病院と診療所が連携するための会議に出ることなどは完全にボランティアになってしまうので，結果的にあまり進まないということですよね．

窪田 今の制度は，デイケア，外来，入院はあるけど，その間をつなぐものは全部ボランティアでやりなさいというものです．

佐久間 今は病院でPSWを何人雇っていても，全く診療報酬では出ないですからね．

澤 退院前訪問看護はお金になるでしょう．ソーシャルワーカーを加配しておいても．

佐久間 そうですね．

澤 うちはもともと各病棟にソーシャルワーカーを置いています．

窪田 退院前訪問看護は診療所だとできません．診療所の医師からすると，現状は手足を縛られている感じです．しかも縛られた部分は福祉でやってもらいなさいと．でも，より重い人たちが退院することを考えると，医療が関与すべきだと思います．

佐久間 そのとおりですね．今の制度は本当に対立構造ですよね．

窪田 もう少し病状が固定化した人たちを福祉が支援する．病状がかなり動いていたり，自分が病気だということをなかなか受け入れ切れない人たちについては，医療がちゃんと責任をもって診るという医療チームの充実が必要になってくると思います．

● デイケアの重要性

佐久間 私が思うのはデイケアの重要性です．本書の事例でもデイケアについてはみなさん書かれていますが，現実にはデイケアにきているからサポートできている人たちもいます．特にひきこもりがちな患者さんたちにとってはすごく重要な機能だと思うんですね．でも一方で，3年を超えると週5日に制限されて，そういう機能を安くするというのは，国としてデイケアをどのように考えているのかなと疑問に思います．まだ地域移行が

進んでいないのに，今からデイケアを絞っていってしまったら，この先どうなるのか．退院して数年だけではなくて，患者さんによっては長くしっかりとサポートすることも必要です．医療として包括的・統合的に診ていくデイケアの機能はすごく重要だと思うのですが．

澤 確かに少々抑えがちですね．個別指導みたいなのが入っても，毎日医師の評価が入っているとかチェックが入る．毎日診ても仕方がないではないですか．1週間まとめるとか，月に2回くらい診るとかいうから変化が見えるのであって，毎日診たってわかりませんよね．

佐久間 もっとそれぞれの専門職ができることを増やしていかないといけない．医師の限られた時間は有効に活用されないといけないと思うし，地域ケアでも専門職がそれぞれ責任をもって動けるようにするべきです．チーム医療の原点はそこではないですか．医師の指示だけではなくて，専門職が知識と技術を身につけて判断できるようになっていくことが，地域ケアを広げていくうえで重要だと思います．今のように医師が全部確認してチェックして，などとやっていたら，広がるものも広がらない．

窪田 でも先ほどの企業の就労移行支援事業所のように，医師も精神保健の専門職もいないところのほうが診療報酬が高いというのは驚きです．

佐久間 そういう点では，精神医療は収支が成り立たない設定がされているなと感じます．何でそんなに医療を嫌うのかよくわからないけれど…．調剤薬局についても，薬局を病院から出したことでトータルの医療費は上がっていると思います．システム的によくなっていると思わないし，とにかく病院からはがしとることが目的なのかわからないけれど，地域での支援は本来はやはり上手に医療と連携してあるのが一番よいわけですよね．

窪田 本当はコミュニティケアにおいてもう少し医療の力を存分に発揮できるようなシステムに変わればよいと思いますね．

佐久間 去年ロサンゼルスで見たクリニックでは，デイケアはもちろん，そこで勉強を教えていて，さらに隣にはいわゆる職業訓練センターがついている．クリニックが，外来からデイケアまで，さらには就労の訓練まで統合的な支援をやっているわけです．地域の拠点が確かにできている．こうしたクリニックがたくさんできているということを聞いて，米国は柔軟性があるなと感じました．日本の場合は制度に縛られて，そこが全然変わらないというか，制度自体が変わらないので，公職的な医療と福祉という硬直的な構造のままになってしまっているのかなと．

各施設の取り組みを読んで

●「必要は発明の母」

水野 本書で紹介した各施設の取り組みについてはどのようなご感想をお持ちですか？

澤 自分の地域の患者さんやその土地ならではの問題などをどう読み取って進めていくかという点については，皆さん非常に苦労しているなと思いました．

たとえば事例編の第2章の山梨県立北病院（pp 24-34）．自治体の部長さんが「こんなことやったらどうだろうか」と言ってくれたことがきっかけになって，いろいろと知恵を絞って一気に走り出したということでしたよね．これもやはり地域の条件を読み取っていることは事実ですね．ただそれが公的病院だから走れるが，よくも悪くも周りの民間病院にどういう影響を及ぼすかは考えていないようです．

窪田 山梨県立北病院の藤井先生は「退院させるという気合いが何よりも大事である」と書かれています．確かにやる側の気合いがないと，なかなか前に進まないという面はありますね．

澤 リーダーシップが必要ですね．誰か先頭に立って引っ張っていかないとできないですね．

窪田 そうですね．澤先生の事例を読んでとてもおもしろかったのは，まあほかの事例もそうですが，まず必要性があって，それに対して何かしようとして作っている．「必要は発明の母」という言葉がありますが，制度があるから必要がなくてもやるのではなくて，必要だと思うことを1つずつ手づくりで工夫してやっていく．そうした取り組

みが多い，それは各事例に目を通した感想です．日本の医療のよいところだと私は思います．

- **早期発見にどうつなげるか**

水野　早期発見などはいかがでしょうか．病院や診療所といった医療機関がこれから地域の中で活動していく中で，早期発見・早期介入ということについてどういう役割を果たしていけるのか．

澤　これは逆に水野先生にお聞きしたいのですが，医療はどうしても「契約関係」から始まるではないですか．契約関係のない人に対して，どうやって契約を掘り起こすのか，という話にはなりませんか？

水野　それは慎重にしなければいけないことです．

澤　これは非常に難しいですね．特に民間病院でやるのはね．

水野　全くそうですね．私もそう思っているところです．一般診察科との連携などいろいろな可能性があると思います．

澤　自分から病院にくる人であれば，いろいろフォローすることができますが，それも強制力はありませんからね．あまりこちらからいうと今度は脅しになってしまう．難しいなと思います．

窪田　ただ，診療所をやっていて思うのは，ここ15年くらいはかなり早い段階で患者さんがきてくれるようになりましたね．昔はとことん悪くなってからでしたが，だいぶ変わりました．初期のうちに「僕，何か聞こえるのですが，ひょっとしたら幻聴じゃないでしょうか？」と来院されます．つまり自分からちゃんと幻聴と自覚したうえでくるような人もいます．

　以前，女子高校生が同級生を連れて，2人で待合室に座っていました．「被害妄想があるような気がする」と言って来院したのです．よく話を聞いてみると，確かに被害妄想があるのです．そこで通院してもらうことにしてお薬出して帰したら，その子の親が「うちの娘を精神病にする気か！」と怒鳴り込んできた．「私としてはお話を聞いてみて，やはり病気だと思ったのですが，親御さんがどうしても納得できなければ，通院を無理強いはしません．困ったらいつでもきてください」とその日はお帰ししましたが，半年後に具合が悪くなって，それで結局親も納得して外来につながったケースがありましたね．

澤　たとえば今のようなケースの場合に，水野先生だったらどういう形でつなげるのですか？　切れないようにするにはどうしたらいいか．

水野　どうしても切れてしまうケースは仕方がないですが，たとえばできるだけ最初の段階でフォローアップの電話をかけることですとか，そうしたサポートについての約束を取りつけておいて，経過をみていくことも必要かと思います．

澤　「電話をしていいですか？」という聞き方をするのですか？　難しいですね．

水野　はい．

窪田　しかし，親が怒鳴ってきたときに「電話をしていいですか？」とは，聞きにくいものがありましたね．

水野　そういう意味では，アクセスのしやすさというのは重要です．アクセスのしやすさは診療所のほうがしやすいという面はありますね．病院も街中にサテライトをつくるとか，いろいろな形で対応ができるかと思います．それは患者さんを呼び込むということではなくて，フロントラインに移行するというか，先ほどの窪田先生のお話のように必要性を感じて，それに対応した施設を用意していくのは1つの流れかなとは思います．精神科病院はどちらかといえば人里離れたところを中心に作られてきたという歴史がありますが，今後は若者が集まるような街角とか，人通りの多いところに診療所やちょっと相談ができる場所が増えていくことは，可能性としてあるかなと思っています．

佐久間　保健所などが形を変えて，若者の相談センターをカフェみたいな形にしてやるというのはいいかもしれないですね．

水野　海外では公的なサービスが多いですね．

佐久間　私のところでやっているのは，近くの学校に講演に行って，養護の先生と話をしたり相談を受けたりしながら，とにかく早めに相談してもらうようにすること．でもどこの学校も今，体の

病気についてはすぐ紹介できるのだけれど，心の問題についてはなかなか難しくて，その道筋を求めていますよね．だから，そうしたニーズにつながるのがいいのかなと．

水野 東京都も学校医の中に精神科医が随分増えてきました．

窪田 私も年に5回，1つの高校に行っています．精神科医に時々きてほしいという要請があった学校に，東京精神神経科診療所協会の会員の先生たちが行くようになっていますね．

佐久間 高校に行けたらいいですね．高校は郡山ではなかなか行けていないです．

● 薬とお金の管理をどうするか

窪田 水野先生のお書きになった中で，倫理の問題，要するにパターナリズムの問題を少し論じておかないといけないのではないかと思います．

水野 たとえば先ほども少し話に出たかもしれませんが，地域の中で支援が整ってくると，患者さんは恐らくそこに定着して，その中でしっかり見守られていく．それから個別の支援という意味では，専門家が担当者という形で関わっていくと，そこにはかなり情緒的に密接な関係が成り立ってきて，利用者の方も担当者の方に対して，頼り，支えられ，そしてある程度は期待に沿うような行動をとるようなことも時にはあるだろうと思います．その意味では，援助者側が倫理的な意味で自分の感情をコントロールしながら患者さんの自律性を尊重しつつ関わることが大事になりますね．この辺りは，脱施設化の済んだ欧米では，確かに精神科病院の壁は取り払われたけれど，次に地域の中での囲い込みというか再施設化ができてしまい，当事者が支援のネットワークの中から出られなくなっていることが懸念されています．そのあたりを地域でいろいろな活動を展開していらっしゃる先生方は，どのようにお考えか，もしよろしければ少しずつコメントをいただければと思います．

窪田 再発の危険のありそうな方で難しいのは，服薬管理とお金の管理ですね．住居や食事などはなんとかなりますが．生活保護のお金をもらっても1か月もたない場合があります．そのようなケースでは，当院では福祉事務所の担当者に1週間分ずつにお金を渡して欲しいと思います．でも，福祉事務所は当院に管理して欲しいと思うわけです．今後お金を管理せざるを得ない人が増えてきたら，どうするか迷うところです．

それから服薬管理も，重い人については訪問看護が行ったときに薬を飲むように支援しますけれども，毎回ぴったりついて飲ますかというのは悩ましいところです．自分で生きる場を選ぶ，生活の仕方を選ぶというのが基本だし，自分のことは自分でコントロールする，つまりセルフコントロール・セルフヘルプというのが最終的にゴールだと思っているから，あまり管理してしまうのはどうかなと思っています．当院は薬とお金の管理についてはやり過ぎないようにしていますが，他所では完璧に管理しているところもあります．

澤 お金に関しては，たとえば1か月に1回がダメだったら2週間に1回，それがダメだったら1週間に1回，それもダメだったら3〜4日，それがダメなら毎日渡す，さらにダメならその場で渡すという段階にしています．でも一番大切なのは怠薬による再発とそれに伴う問題です．地域に重い人を残していて，今後絶対出てくる問題が強制外来治療をどこまで考えるか，ということだと思います．これは医師だけの立場ではできないから，やはり法的な面を含めて整備して，誰かにお手伝いしていただいてということを認めないと，「患者さんを放り出しといて！」ということが絶対起こると思います．英国，オーストラリアのコミュニティ・トリートメントオーダーとか，米国のアシスティッド・アラノーペーシェント・トリートメントのようなものが必要じゃないかと．

窪田 かなり重い人たちに対して手厚くサポートをしなければいけない一方，全部の人にそれをやってしまうと自立ができないという問題がありそうですね．

澤 何回か再発したとか，何かトラブルを起こしたとか，ランクを決めていたと思います．そこは医者の個人的な判断では決められないだろうと．

佐久間 措置入院とか医療観察法の人でも，いま

だにそれがないわけですね．
水野　ないですね．
澤　だけど，飲み薬でジスロマック®という1回飲んだら1週間効くという抗菌薬があるでしょう？　あれと同じような抗精神病薬が出たら，絶対に地域精神科医療が変わると思います．訪問看護に行っても，帰り際に「ちょっと薬を飲もうね」と1回飲ませるだけ．もう1回行ったときは薬の話を一切しなくてすみますから，関わり方が変わると思います．デポもそうですが，デポは嫌う人もいますからね．
窪田　どうしても針を刺しますからね．
澤　飲み薬で，週1回でいいというものが出るのを心待ちしています．
佐久間　先生がけしかけるのですね？
澤　そんな話をしたら，ある会社で「考えています」と言っていましたから．それができたら，すごいなと思います．
佐久間　すばらしいですね．
窪田　今，インフルエンザの薬もそうですね．1回吸っておしまいですね．
佐久間　点滴もありますよね．1回だけやる．
澤　それができたらよいですね．救急できた患者さんにすっと吸わせたら治っちゃう．これは最高ですね（笑）．
佐久間　倫理の話からいうと，非常に微妙なところですね（笑）．だけど絶対必要な部分もある．そういうのは病気の特質ですものね．

●長期入院患者は長い目でサポート

窪田　うちの診療所にきている統合失調症の患者さんのうち，半分以上は入院経験がないんです．
佐久間　そこは病院と診療所で状況が大分違いますね．
窪田　大分違います．圧倒的に入院経験のある人のほうが少ない．そういう人たちに対してどこまで管理するか．あまりやり過ぎてしまうのはいいと思わない．うちはもう少し本人の自立性を大事にしたいから，そこはほどほどにしようと思っています．
佐久間　それはもうアセスメントとケアマネジメントの違いですね．最近の急性期の人は比較的短い期間に回復する人も多いけれど，長期入院の人はかなり時間をかけて，5年くらいたって本当の意味で自立できるみたいな人も多いので，やはり長い目で….
窪田　長期の重い方は，2年でデイケア卒業というわけにいかないですよ．
佐久間　そのとおりですね．期間でなく状態に応じた対応ができることが必要だと思います．水野先生の監訳された倫理の本にありましたが，日本でチームが患者さんの主体性を治療にどれだけ取り入れられるかということがすごく重要ですよね．
窪田　主体性の問題をきちんと論じておかないと，支援の基本を知らない支援者が，全面的な管理を在宅でしてしまう可能性がありますよね．
佐久間　一方では「全部自分に任せなさい」という人もいるだろうし，極端になってしまう．
窪田　その程よいバランスをどうしていくか．実はそこが一番専門性を問われるところだと思います．

●大きな効果を生むこともあるピア活動

水野　最近「ピア」ということがよくいわれますが，このあたりについてはどうですか？
澤　私はあくまで味付けだと思っています．やはり病気に関連することで，患者さんたちに責任をもたすのはあまり乗り気ではないというか．ただ，彼ら（患者さん）の言葉のほうが私たち医師の言葉より圧倒的に説得力があることは紛れもない事実．私たちが何度「入院しなさい」と説得してもダメなのに，患者さんに「おまえが入院しないと俺たちが困るんだぞ！」と一言言われたら，素直に入院してしまったりしますから．
窪田　「俺は病気ではない！」と言っていても，デイケアにきてみんなが同じ病気と知って，彼らが仲間だと思ったときに「自分も病気です」と病気を受け入れることがあります．そういう意味では患者さん同士の力というのは大きい．専門家があまり組織的に関わってやるというのはどうしたものかなと，私は一歩引いているところがあります．
澤　先ほど窪田先生がおっしゃった自然発生的なものだといいですね．

窪田　あれは底辺にしっかりとした患者たちの連携が出来上がっていますから，それにお任せしているというのが実際のところです．

澤　ただ，リーダーになる人が牛耳ってしまうから困るときがある．統合失調症の人はみんなこなくなってしまいます．

佐久間　でも，北海道のピア活動はあまり急進的とかそういうのではなく，医療支援が少ないところでピアの人たちが活躍しています．そういうのがすごいなと思いました．今，ちょうどうちの地区ではピアサポーターの養成をしていますが，これはサポートされる側だけではなくて，ピアの仕事をする人たちにとっても「役割がもてる」という意味ではプラスですから，うまくやればいい事業なのかなと思います．

「やってきてよかった」と思ったこと

水野　それでは最後に，退院支援・地域移行にいろいろな形で関わってこられて，よかったなと思ったことをお話いただきたく思います．

澤　先ほど話したことと重複するかもしれませんが，「不安定だからこそもらえる感激」とでもいうんですかね，変な言い方ですが．たとえば7年くらいかけて苦労して苦労して退院させた患者さんがいて，退院して12年経って現在では70歳になったのですが，その人が「今が人生で一番幸せです」なんて言うこともある．それは私にとってはもう最高のごほうびですよね．そういうことが時々だけどあって，大きなサプライズというか喜びを感じられることが，この取り組みをしてきてよかったなと思うときですね．

佐久間　私の場合，「病院は変わらなければいけない」とずっと思ってきて，これまで変えるべきところは変えてきました．その流れの中で，やはり患者さんもスタッフもそれぞれの幸せを見つけるというか，OTPは本人の意思のもとに目標を達成することが基本ですし，スタッフもそういう面でのサポートをすることで，結果的にみんな幸せだなということになるのが一番だと思っています．そして今，地域の方々にも理解していただきながらそうした取り組みをやれているというのは本当によかったですね．

長年診てきた1人の男性患者さんの話なんですが，先日アパートを借りたのですね．ところが東日本大震災でアパートに出入りできなくなってしまったので避難して，その後しばらくしてまた別のアパートを借りたのですが，今度は台風の水害に遭ってまたダメになってしまった．災難続きで大丈夫かな？　と気にしていたのですが，そうした災害に遭いながらも仕事を続けて，つい先日，自分で自家用車を買いました．その姿を見て，本人のパワーはもちろんですが，やはりこれはデイケアをしっかりとやって，NPOで就労訓練をして仕事にも就いて，もちろん災害時のサポートもした結果であって，病院単独ではできない訪問看護やデイケア，生活支援などがチームとしてやってきたからこそできたのだろうなと思うと，これまでやってきた取り組みに意味があるかなと感じますよね．

窪田　私は3つあると思っています．第1には，退院促進支援員という自由に動ける職員を退院支援事業で確保できたこと．つまり，私たちはフリーハンドを手にしたわけです．よく考えてみると，医療機関というのはすごく不自由で，診療報酬制度にガチガチに縛られた自由度に乏しいところでした．そこに自由に動ける人が入ったというのは，とてもよかったなと思います．

第2に，地域に責任をもった機能を初めて任されたこと．今までは勝手にやっている面がありましたが，やはり私たち診療所も地域の精神保健の在り方に対して責任をもたなければいけない．そういう自覚をもって，実際に行政とも関わり合いながらやっていくことが今後より必要になるし，今後の地域における精神保健の展開の在り方を発見させてくれたと思いました．

最後に第3には，病院との連携に大変役立っていることですね．うちの職員はほとんど病院を見たことのない人たちでしたが，おかげで病院に行き来できて，病院との連携を築くことができました．視覚的にも体験的にも，精神科医療の全体像を診療所の職員にも実感することができたという

ことです．そして総じていえることは，コミュニティケアが一歩前進したという感じがする，ということでしょうか．

水野 大変参考になるお話をありがとうございました．

● 文献
1) 水野雅文, 丸山 晋, 村上雅昭, ほか(監訳)：インテグレイテッド・メンタルヘルスケア―病院と地域の統合をめざして. 中央法規出版, 1997

■索引

和文

い

イタリアの精神医療　2,36,154,162,182
イルボスコ　103
医療者のメリット，チームアプローチの　138
医療政策　84
医療と福祉の連携　155
一般診療科との連携　175

う

うつ病をみる体制　168
宇都宮病院事件　25
運動　93

え

エンパワーメント，ナースの　54
栄養サポートチーム　77
援護寮　26,37

か

価値観に基づく臨床実践　6
家族支援　141
介入，緊急の　20
会社設立，精神障害者の　147
回復期のリハビリテーション　18
外泊　95
顔の見える関係　82
患者とスタッフの関係　54
患者同士の交流　93
患者の声　41
感情　127
感情保健　130
感情労働　128
管理栄養士　79

き

機能強化，ダウンサイジングと　27
急性期治療　74

救急・急性期治療の充実　33
共同危機対応計画　6
教育，職員（スタッフ）の　16,51
緊急の介入　20
錦糸町モデル　116

く

クリニカルパス　18
グループホーム　25

け

研修，職員（スタッフ）の　37,51
健康管理，就労支援での　150
健康への配慮　92
言語化，感情の　132

こ

コミュニティケア型の診療所　166
コメディカルから学ぶ　171
雇用　38,146
公立病院での取り組み　24
向老社会における地域ケア　6
抗議，住民の　56
高齢化，長期在院者の　23
高齢者の見守り　38

さ

サクセスフル・エイジング　6
作業療法　88
再施設化　4
再発の臨界期　140

し

ジョブアドバイザー　21
施設の整備　51
指定入院医療機関　32
資源の活用，地域の　39
自己感情　127
自殺予防　94
自尊心，障害者の　38

自立訓練　152
自立支援医療　70
事前指示　6
疾病未治療期間　101
社会関係資源（資本）　126,132
社会性，患者の　86
社会的入院　12
社会復帰訓練　85
社会包摂　3
守秘義務　5
修正型電気けいれん療法（mECT）　87
就労支援　7,21
　――の問題　152
宿泊体験　36
小規格併設型医療観察法指定入院医療機関　32
小規模病院における入院のメリット　92
障害者雇用　146,154
障害者自立支援法　126
　――に基づく障害福祉サービス　146
職員数の変遷，公立病院の　34
職業リハビリテーション機関　155
心理社会的アプローチ　103
診療所の役割　135
診療報酬の縛り　122
人員，公立病院の　33
人材育成　168,170

す

スーパー救急　27,168
スティグマ　3
スポーツを通しての地域支援　79

せ

セクター化　24
生活訓練　36,152
精神科医療過疎地　112,162
精神科医療の目標　85
精神科救急入院料病棟　27,168
精神科地域ケア　2

精神科病院，欧州の　36
精神疾患の治療　12
精神障害者雇用，日本の　153
精神障害者スポーツ　81
精神障害の特異性，就労支援における　156
精神病未治療期間　99
精神保健法　35
脆弱性ストレスモデル　136
全開放，全国初の　85
全般機能評価尺度　17

●そ

ソーシャル・インクルージョン　3,160
早期介入　99
早期精神病ユニット　103
早期治療　89
早期発見　185
相対的依存期　53

●た

タラソフ事例　6
ダウンサイジングのきっかけ　26
他職種との連携　76
多職種チーム　14
多職種チームによるサポート　5
退院させるコツ　30
退院支援事業　112
退院支援システム　18
退院支援の困難さ　45
退院支援の成功のカギ　3
退院支援の内容，墨田区　117
退院支援を実践するポイント　165
退院促進の流れ　59
退院促進の理想と現実　28
代理行為　85
脱錯覚化　57
脱施設化　2

●ち

チームアプローチ　138
　──，栄養指導の　77
チーム医療　73
地域移行，長期入院からの　12
地域移行支援のネットワークシステム　63
地域医療を実践するポイント　166
地域化　2
　──の成功，欧米における　5
地域ケア　160
　──，向老社会における　6
　──の臨床倫理　5
地域支援　19
　──，スポーツを通しての　79
　──，入院と　137
　──の課題　23
地域資源の利用　140
地域住民
　──との関係づくり　56
　──の意見　19
　──の理解と受容　40
地域生活支援　39,55
地域責任分担制　24
地域定着の成功のカギ　3
地域とつながりのある福祉　153
地域の受容性　38
治療環境，精神科の　4
治療共同体　47,50
治療薬に求める特徴　74
治療臨界期　8,100
長期入院からの地域移行　12
長期入院患者　45,187
　──の地域移行支援　65
　──の理解　53
調整入院　96
直接対人サービス業　129

●て

デイケア　48,96,167
　──の重要性　183
デイケアセンター　21
データベース，長期在院患者の　28
デンマークの精神医療　36
伝統的チーム医療　47
電気けいれん療法(ECT)　87

●と

トラブルへの対応　56
統合型精神科地域治療プログラム(OTP)　2,12,105,135
統合失調症患者の肥満　78
統合失調症の概念の変化　110
統合失調症の早期段階　100
統合失調症の治療　12
同形原則　47

●に・の

入院生活　54
入院と地域支援　137
入院のメリット　91
人間関係のローテーション　132
認知機能の低下への対応　151
認知機能リハビリテーション　105
認知症の介護　71
認知症をみる体制　168

脳と心の総合病院　168

●は

バザリア法　2,36
パターナリズムの問題　186
発散的思考　106
発症危険状態　101
反対運動，住民の　39,85,175

●ひ

ピア　152
東日本大震災　43
病院改革のきっかけ　46
病院経営　68
病院の役割　168
病院批判，入院を悪とする　87
病床数　2

●ふ・へ

フランスの精神医療　24
福祉，地域とつながりのある　153
福祉の連携，医療と　155

変革の必要性の伝え方　48

●ほ

包括的地域生活支援プログラム(ACT)　4,97
訪問看護　20,116

●み

ミーティング，院内の　172
未治療期間　8
民間参入　178

●め・も

メタボリック・シンドローム　77

目標管理，就労支援での　150

●や・よ

薬物療法，急性期における　74
薬物療法のスタンス　139

陽性・陰性症状評価尺度　17

●り

リカバリー　7
リハビリテーション，回復期の　18
力動精神医学的チーム医療　45
倫理の問題　186

臨床倫理，地域ケアの 5

● れ・ろ

レジリエンス 136

連携，家族や地域との 20
連携，他職種との 76

老後への準備行動 7

欧文

● 数字

180号法　2, 36

● A

advance directives　6
Assetive Community Treatment
　(ACT)　4, 97
At-Risk Mental State (ARMS)
　　　　　　　　　　　101

● B

Beyond the critical period　8
bio-psycho-social　42

● C

cognitive training　105
confidentiality　5
critical period　100

● D

D-プロジェクト　17

divergent thinking　106
Duration of Untreated Illness (DUI)
　　　　　　　　　　　8, 101
Duration of Untreated Illness (DVI)
　　　　　　　　　　　8
Duration of Untreated Psychosis
　(DUP)　99

● E・G

Early Psychosis Unit (EPU)　103

Global Assessment of Functioning
　(GAF)　17

● I

Il Bosco　103
Individual Placement and Support
　(IPS)　8

● J・N・O

joint crisis plans　6

Nutrition Support Team (NST)　77

Optimal Treatment Project (OTP)
　　　　　　　　　2, 12, 105, 135

● P・R

Positive and Negative Symptom
　Scale (PANSS)　17
Prime-Screen　102

re-institutionalization　4

● S

Schizophrenia Quality of Life Scale
　(SQLS)　17
SIPS/SOPS　101
social capital　126
stigma　3

● V

value-based practice　6
Village ISA　16